조선교통사 자료편

조선교통사 자료편

초판 1쇄 인쇄일	2020년 7월 20일
초판 1쇄 발행일	2020년 7월 27일

지은이	센코카이(鮮交会)
기획·편찬	한국철도문화재단, 한국철도협회
옮긴이	최영수, 배은선, 송상헌
감수	이용상
펴낸이	최길주

펴낸곳	도서출판 BG북갤러리
등록일자	2003년 11월 5일(제318-2003-000130호)
주소	서울시 영등포구 국회대로72길 6, 405호(여의도동, 아크로폴리스)
전화	02)761-7005(代)
팩스	02)761-7995
홈페이지	http://www.bookgallery.co.kr
E-mail	cgjpower@hanmail.net

ⓒ 한국철도문화재단·한국철도협회, 2020

ISBN 978-89-6495-175-0 94300
        978-89-6495-122-4 (세트)

이 도서의 국립중앙도서관 출판시도서목록(CIP)은 e-CIP홈페이지(http://www.nl.go.kr/ecip)
와 국가자료공동목록시스템(http://www.nl.go.kr/kolisnet)에서 이용하실 수 있습니다.
(CIP제어번호 : CIP2020028636)

조선교통사

朝/鮮/交/通/史

자료편

센코카이(鮮交会) 지음
한국철도문화재단
한국철도협회 공동 기획·편찬

BG 북갤러리

《조선교통사》 자료편 목차

I. 연표

II. 통계표

[공무]

[영업]

[공작(工作)]

[전기]

[경리]

[운전]

I. 연표

I. 연표

철도

연월일	철도 사건	관련 사항
1872. 10. 14.		신바시(현 시오도메)~요코하마(현 사쿠라기초) 간(29km) 철도 개업
1885.	미야자키현의 마쓰다 고조가 조선 전역의 교통경제 상태를 조사함	
1889.	역체두(驛遞頭,우정장관) 마에지마 히소카가 일본 철도와 조선, 만주, 중국대륙을 거쳐 유라시아 연락철도를 예상하여, 조선반도 종단철도의 건설을 일본이 할 수 있도록 조선의 주의를 환기시킴	
1889. 7. 1.		도카이도선 신바시~고베 간(605.6km) 전선 개통
1891. 9. 1.		우에노~아오모리 간(731.8km) 전선 개통
1892. 8. -	일본 정부는 철도기사 고노 다카노부를 파견하여, 경성~부산 간을 답사한 후, 철도노선 예정도를 완성	
1894. 8. 1.		청나라에 선전포고
8. 20.	일본 · 조선 양국 정부 간에 경인, 경부 양 철도특허 계약에 관한 잠정적인 합동조약을 체결, 양 철도의 신설권을 획득	
10. -	철도기사 센코쿠 미쓰구 외 수십명은 대본영(大本營)의 명을 받고 경성~인천 간, 경성~부산 간 철도 예정선로를 답사	
1895. 4. 17.		청나라와의 강화조약 성립
5. 4.	영국 · 미국 · 독일 · 러시아 4국 대표자는 조선 정부에 대해 철도 · 전신 등의 이권을 한 나라에 허가하는 것의 부당함을 경고	
1896. 3. 29.	경인철도 부설권을 미국인 제임스 알 모스(James R. Morse)에게 특허	
7. 3.	조선 정부는 프랑스 피브릴사(Fives Lille) 대표 그릴(Grille)에게 경의철도 부설을 특허	
7. 6.	경부철도주식회사 발기인회를 도쿄 니혼바시(日本橋) 구락부에서 개최	
7. 16.	조선 정부에 경부철도 부설 특허를 청구	
7. 17.	조선 정부는 국내철도규칙을 제정하고 궤간을 4ft 8.5inch (1,435mm)로 규정(칙령 제31호)	

☞ 앞 표에 이어서

연월일	철도 사건	관련 사항
9. 3.		러시아는 가시니 조약의 체결에 따라 청나라로부터 동청철도의 부설권을 획득
1897. 5. 4.	경인철도인수조합이 성립되고, 미국인 모스로부터 경인철도 부설에 대한 특허권을 양수받음	
10. 12.		대한제국 선포
10. 28.	경인철도인수조합은 일본 정부로부터 100만 엔(円)의 특별 보조 예약을 받음	
1898. 9. 8.	경부철도 합동조약을 조인하고 부설 허가계약 성립	
12. 17.	경인철도 공사 거래량 거래 계약 확정	
1899. 1. 1.	경인철도는 공사 미완성인 채로 인수조합의 경영으로 이관	
1. 31.	경인철도인수조합은 미국인 모스로부터 정식으로 철도양도증서를 수령	
4. 22.	경인철도인수조합 인천에서 기공식을 다시 거행	
4. –	한성전기회사는 경성 서대문에서 동대문을 경유, 청량리에 이르는 전차선을 건설하여 영업 개시	
5. 15.	경인철도합자회사가 성립되어 경인철도 인수조합의 권리의무를 승계. 본사를 도쿄에 두고, 사무소를 인천에 설치하여, 시부사와 에이이치(渋沢栄一)가 사장을, 아다치 다로(足立太郎)가 총지배인이 됨	
6. 10.	경인선 궤조 부설에 착수	
6. 17.	한국 정부, 경성에서 원산~경흥에 이르는 철도부설권을 국내 철도용달회사에 특허	
6. 18.	경인선 기성구간에 차륜배열 2-6-0형 모가형(Mogul Tank)기관차의 시운전을 실시	
6. 23.	프랑스 피브릴사(Fives Lille)의 경의철도 부설권 소멸	
7. 8.	한국 정부, 경의철도 부설권을 대한철도회사에 특허	
8. –	한국 정부, 황제 전용차량을 일본에 발주, 완성	
9. 18.	경인철도합자회사에 의해 인천~노량진(33.8km) 간 철도건설을 준공하여, 한국 최초의 운수영업을 개시, 인천에 최초로 철도공장을 설치함	
1900. 1. 21.	경부철도 속성건의안 일본의 귀족원과 중의원 통과	
2. 1.	경부철도주식회사 발기인총회 개최	
3. 31.	경부철도 경성지점 사무소를 경성 니현(泥峴)[구 혼초] 구 나카무라 재건축 부지에 설치	
4. 10.	한국 궁내부에 철도원을 설치하고, 경부·경인 양 철도의 감독사무 개시	
7. 5.	한강교량 공사 준공	

☞ 앞 표에 이어서

연 월 일	철도 사건	관련 사항
7. 8.	한강교량 완성에 의해 노량진~경성(서대문) 간 운수영업을 개시하여, 경인선(42.3km) 전선 개통	
9. 13.	한국 궁내부 철도원에 서북철도국을 설치하여, 경의 · 경원 양 철도의 건설을 직영	
9. 14.	외국에서 철도를 부설하는 제국회사에 관한 법률 및 칙령 공포	
11. 12.	경인철도 개업식을 경성역 근처에서 거행	
12. 4.	경인철도 최초의 운전규정을 제정	
12. 11.	경인철도 최초의 신호규정을 제정	
1901. 1. 1.	경부철도 경성지점 사무소를 초동(구 와카쿠사초 혼간지 출장소 뒤)으로 이전	
3. 25.	경인철도는 체신성과 우편물 운송에 관한 계약을 체결, 4월 1일부터 운송 개시	
5. 27.		고베~시모노세키 간 철도 전선 개통
6. 25.	경부철도주식회사 성립, 도쿄에서 창립총회 개최	
7. 2.	시부사와 에이이치, 경부철도 중역회에서 이사회 회장으로 선출됨	
8. 21.	경부철도주식회사 경성~부산 간 철도건설 공사에 착수. 경부철도 북부 기공식을 영등포에서 거행하고, 영등포~명학동 간 공사에 착수	
9. 21.	경부철도 남부기공식을 초량(고관)에서 거행하고, 초량~구포 간의 공사에 착수	
1902. 5. 8.	한국 정부 서북철도국은 마포를 기점으로, 경성~개성 간 경의철도 건설기공식을 경성 서대문 밖에서 거행	
6. 1.	경성철도 부산사무소 준공	
10. 10.	경부선 영등포~명학동 간 건설공사 준공	
12. 30.	경인 · 경부 양 철도 중역 간에 합병 가계약을 체결	
1903. 2. 16.	러시아공사, 경의철도 부설권을 한국 정부에 요구	
10. 31.	경부철도주식회사에서 경인철도를 매수	
12. 28.	경부철도 속성비 보조에 관한 긴급칙령 공포	
12. 28.	경부철도주식회사에 대해 동 철도를 1904년 내에 속성 완공토록 일본 정부의 명령 공포	
12. 28.	철도작업국 장관 후루이치 고이를 경부철도주식회사 총재로 임명, 오야 곤페이를 공사장으로 경성~부산 간 속성 공사에 착수	
1904. 1. 3.	경부철도 마산선의 일부, 삼랑진~낙동강 연안 간 공사에 착수	
1. 29.	영등포~수원 간 우편물 운송 개시	

☞ 앞 표에 이어서

연 월 일	철도 사건	관련 사항
2.10.		일본이 러시아에 선전포고
2.11.	경부철도, 초량에 철도공장 설치	
2.21.	경성~의주 간에 군용철도 부설을 위해 임시군용철도감부를 설치	
3.4.	임시군용철도감부 소속의 철도대대 인천에 상륙, 다음 날 경성 도착	
3.12.	군용철도 용산~개성 간의 노반공사에 착수	
4.1.	철도 촉탁의(嘱託醫)제도를 마련해 건설선의 주요지에 의사를 파견	
4.9.	임시군용철도감부, 개성~평양 간 노반공사에 착수	
6.15.		임시군용철도감부의 요원을 수송중인 상륙환(常陸丸)은 현해탄에서 적함의 수뢰공격을 받고 침몰
6.25.	임시군용철도감부, 평양~신의주 간 노반공사에 착수	
7.1.	경부선용 침목을 탑재한 영국 기선을 부산 앞바다에서 블라디보스토크 함대가 나포(拿捕)	
7.24.	경부선용 교형(橋桁, 거더)·레일을 탑재한 영국 기선을 시즈오카현 앞바다 해상에서 블라디보스토크 함대가 격침	
8.14.	임시군용철도감부, 마산포선 부설을 위해 마산포철도건축반을 설치	
8.24.	겸이포 지선의 레일부설 공사 준공	
8.27.	경원선 군용철도로 부설 결정	
9.4.	임시군용철도감부, 원산철도건축반을 편성	
9.28.		오우라 체신대신 조선~만주를 시찰하기 위해 부산에 상륙
10.28.	경의선 용산~임진강 간 궤조부설 공사 완료	
10.29.	임시군용철도감부, 겸이포에 공장반 신설(1911년 11월 15일 평양으로 이전)	
11.10.	경부선 남북 양쪽의 궤조가 심천에서 연결	
11.10.	임시군용철도감부, 용산 및 원산의 양단으로부터 경원선 건설공사(측량)에 착수(1906년 중지)	
1905.1.1.	경부철도는 초량~영등포 간(약 431km) 건설 속성공사를 완성, 초량~경성 간의 운수영업 개시	
1.14.	대동강교량(목교)을 제외하고 개성~평양 간의 건설공사 준공	
1.26.	평양~신의주 간의 궤조부설 완성	
2.15.	임진강교량 준공	

☞ 앞 표에 이어서

연월일	철도 사건	관련 사항
2.24.	임시군용철도감부, 경의선 운전을 위해 지정열차 운전 수칙을 제정	
3.10.	경의선 용산~신의주 간 속성공사를 준공하고, 직통열차로 1일 1왕복의 지정열차 운전 개시	
3.10.	임시군용철도감부, 구 전환국 자리에 철도리원(관리)양성소를 설치	
3.24.	경성역을 서대문역으로 개칭(남대문역은 그대로)	
3.29.	대동강교량 준공	
4.1.	경의선 편승편재 취급 개시, 화건(貨建)의 여객임률 설정	
4.28.	군용철도 경의선 용산~신의주 간 연락운전 개시	
5.1.	경부철도는 열차운전시각을 개정, 직통급행열차를 초량(부산) 및 서대문(경성) 쌍방으로부터 매일 각 1회 운전(30시간을 14시간으로 단축)	
5.25.	경부철도 개통식을 남대문정거장 구내에서 거행	
5.26.	마산선 마산포~삼랑진 간(40.4km) 속성 공사 준공하고, 열차의 직통운전 개시	
6.24.	용산공장을 설치	
6.25.	마산선 낙동강교량 준공	
8.1.		신바시~시모노세키 간 직통운전 개시
9.5.		일본, 러시아 양국 간 강화조약 성립
9.11.		산요철도회사는 시모노세키~부산 간 연락항로를 개설, 일기환(壱岐丸)(1,680톤) 취항
11.1.		시모노세키~부산 연락선에 대마환(1,679톤) 취항
11.10.	경부철도와 군용철도 경의선 용산~평양 간의 연락운수를 개시하고, 경의선 열차 최초로 남대문역에 직통	
11.11.	마산선에 유임 편승 · 편재 취급 개시	
12.1.	군용철도 평양~신의주 간(청천강 및 대령강은 소증기선 연락) 연락운수를 개시	
12.3.		만주 안동~봉천 간의 협궤선(군용철도) 개통
1906.1.4.	경의선, 일반 대중의 편승 및 탁송화물 취급 개시	
2.1.		통감부 개청, 이토 히로부미 초대 통감이 됨
2.25.	청천강교량(목교) 준공	
3.27.	제22회 제국의회에서 경부철도 매수법 가결(법 제18호)	

☞ 앞 표에 이어서

연월일	철도 사건	관련 사항
3. 31.	'한국에서 제국이 경영하는 철도의 회계에 관한 법률' 공포에 따라 제국철도 회계법 및 제국철도 용품 자금회계법을 준용	
4. 3.	경의선 용산~신의주 간(527.9km) 직통 운전을 개시	
4. 16.	경부선 초량~서대문 간에 11시간 운전의 급행열차를 창설	
5. –	경의선 주요 구간에 다카하시식 쌍신폐색기를 설비	
6. 7.		칙령 제142호에 기초하여 남만주철도주식회사 설립의 건을 공포
7. 1.	통감부에 철도관리국을 설치하여 후루이치 고이(古市公威)를 초대 장관으로 임명	
7. 1.	철도관리국에 총무(경성) · 공무(부산) · 운수(부산)의 3부, 경성 · 영동 · 초량에 보선사무소, 용산 · 겸이포 · 초량 · 인천에 공장을 둠	
7. 1.	경부철도를 매수하고, 경부 · 경인 양선을 통감부 철도관리국의 소관으로 함	
7. 1.	통감부의 복제(服制)에 따라 철도도 판임관 이상의 관리는 제복 착용, 대검(帶劍)을 제정	
8. 7.	인천 앞바다 월미도교량(군용재료 운반선) 준공	
8. 7.	화물교환증을 각 역에서 발행	
8. 20.	현업 종사원의 직명을 신설	
8. –	임시군용철도감부, 평양역전에 '경의철도 창설기념비'를 건립	
9. 1.	군용철도 경의 · 마산 양선을 통감부 철도관리국으로 이관, 조선 내 철도의 통일 경영 개시	
9. 1.	통감부 철도관리국에 임시철도 건설부를 설치	
10. 1.	부산잔교주식회사가 잔교(목조) (구 부산부 사토초(佐藤町) 근처)를 준공하여 사용을 개시, 여객 열차의 승객은 초량까지 부주(艀舟) 연락	
12. 1.		시모노세키~부산 연락항로는 정부의 산요철도주식회사 매수에 따라 일본국유철도의 경영으로 이관됨
12. 11.	통감부철도관리국 운수영업 규정을 공포하고, 동시에 화물 · 수하물 운임을 제정	
12. 20.	경인 간 발착의 대화물에 톤급(瓲扱)을 개시	
1907. 1. 17.	평양시가철도합자회사, 수압(手押)식궤도 영업 개시 (1906년 8월 허가)	
3. 1.	부산항 내에 당국(局) 소증기선을 운행하고, 여객화물의 해륙연락수송을 개시	

☞ 앞 표에 이어서

연 월 일	철도 사건	관련 사항
3.31.	관제 개정에 의해 총무부에 서무 · 경리, 공무부를 인천으로 옮겨 주기 · 감사 · 보선 · 공작, 운수부에 주기 · 영업 · 운전 · 조사의 과를 두고, 임시철도 건설부를 임시건설부로 개칭하여 인천으로 옮겨 주기 · 공무의 2과를 둠	
3. -	제23회 제국의회에서 경의선 건설에 대한 예산 확정	
4.1.	운수영업규정을 정하고, 대화물 임금 외의 요금률을 경의 · 마산 양선에 적용	남만주철도주식회사 영업을 개시(4월 1일 창립기념일)
4.1.		제국철도청 관제 공포
5.16.	초량 및 남대문역에 철도 안내계를 배치	
7.1.	도카이도, 호쿠리쿠, 산요, 규슈의 각 역과 여객, 수소화물 및 화물의 연대취급 개시	
9.9.	초량역에 우산을 상비하여 초량과 잔교 간 일본 연락 승객의 편의를 도모	
9.20.	전(소)선 각 역과 안동역 간에 여객 및 화물의 연락운수 개시	
9.20.	경부선 소정리역 폭도의 습격으로 전소	
9.29.	경부선 증약~대전 간 폭도에 의한 선로 장애로 1개 열차가 탈선 전복되어 다수의 사상자 발생	
12.1.	경성에 동인병원 설립	
12.2.	초량 외 16개 역에 철도 신고부를 게시	
1908.1.1.	수소화물 운임을 일본국유철도와 거의 동일한 임률로 개정하고, 도착역에서 2.4km 이내는 무료배달 취급을 개시	
2.1.	부과(部課) 분장을 개정하여 본국(局)은 4부 9과로, 지방은 용산 · 평양 · 초량에 출장소를 두고, 공장은 초량~용산 · 겸이포의 세 군데로 하며, 인천공장을 폐지	
2. -	운전규정 · 신호규정 제정	
2. -	화물운임 리베이트제도 실시	
3. -	제24회 제국의회에서 평남선 평양~진남포 간 건설 예산 확정	
3.14.		남만주철도 대련~봉천 간 표준궤간으로 개축
4.1.	열차운전시각을 한국표준시로 개정(일본보다 약 30분 늦음)	
4.1.	경의 · 마산 양선에 일반운수 영업을 개시	
4.1.	부산~초량 간을 개통하여 경부선(부산~남대문 간)에 시모노세키~부산 항로 주(晝)행편을 이용 최초로 야간열차를 운전, 제1 · 제2 열차에 식당차 연결	

☞ 앞 표에 이어서

연월일	철도 사건	관련 사항
4.1.	부산 · 신의주 간 직통 급행열차 '융희(隆熙)' 운전을 개시(소요시간 26시간)	
4.1.	여객전무 · 차장 · 열차급사의 열차승무 개시	
4.1.	여객 임률을 개정하고, 3등 1마일당 3전(錢)의 원거리 체감법으로 통일	
4.-	경부 · 경인 양선에 통표식 단선용 폐색기 설비	
4.30.		남만주철도 봉천~장춘 간 표준궤간에 의한 열차 운전을 개시
5.-	승차권의 위탁발권 개시	
7.1.	관광외국인에 대한 승차권 대리 발매를 토마스쿡 · 앤더슨상회 및 영국 침대회사 동양 지배인과 협정	
8.1.	주요 정거장에서 휴대품 일시보관을 개시	
9.17.	역명표 양식의 일정화	
10.2.	한국 황제 화산 어릉 및 수원 권업모범장 행차, 남대문~대황교 임시 정거장 간에 궁정열차를 운전	
11.11.	경부선 부산~초량 간 복선 운전을 개시	
11.11.	경부선 남대문 외 구 경부철도 경성지점 내에 있던 통감부 철도관리국을 용산으로 이전	
11.-	남대문~초량 간에 철도전용 직통전신회선 개설	
12.5.		철도원관제 공포
12.5.		철도원은 내각총리대신에 직속하여 남만주철도회사에 관한 사항을 관장
1909.2.1.	부산~신의주 간 직통 여객열차를 부산~남대문 간 격일 운전으로 변경	
2.1.	남대문역, 공중전보 취급 개시	
3.22.		제국철도회계법 공포
3.31.	용산 철도 수도(水道) 준공	
4.-	남만주철도 안봉선과 연락운수 개시	
6.18.	통감부 철도관리국제를 폐지하고, 통감부 철도청 설치	
6.19.	통감부 철도청분장규정을 제정하고 부제를 폐지, 운수 · 공무 · 건설 · 공작 · 계리 · 서무의 6과를 운영하며, 다시 용산 · 평양에 영업사무소를 설치. 신의주에 압록강 출장소를 설치	
9.1.	평양탄광선 중 대동강~사동 간 및 소동~승호리 간을 한국 정부 농상공부 전용선으로 준공	
9.1.	평남선 평양~진남포 간의 건설공사에 착수	
10.21.	남만주철도 주요 역과 여객 · 수하물의 연락운수를 개시	

연 월 일	철도 사건	관련 사항
10. 29.	폭도 경부선 이원역을 습격하여 역사를 전소	
11. 1.	경의선 '융희(隆熙)' 열차에 음식물 판매 영업인의 승차를 개시	
11. 30.	각 역에 명승지 안내표시를 게시	
12. 11.	용산공장에 화력발전소를 설치	
12. 16.	조선의 철도를 일본 정부 철도원 소관으로 옮기고, 한국철도관리국을 설치한 후, 통감부 철도청을 폐지	
12. 19.	부산궤도선회사 부산진~동래 간의 운수영업을 개시 (1909년 6월 허가)	
1910. 2. 10.	용산운수사무소를 폐지하고 영업 · 운전 2과의 직할로 개정, 평양에 보선 · 건설 양 사무소, 신의주에 건설사무소를 두고, 평양, 압록강 양 출장소를 폐지	
3. -	제26회 제국의회에서 호남선 및 경원선 건설 예산 확정	
4. 1.	철도종사원구제조합을 설치하고, 일본인 고원 · 용인은 강제가입, 판임관 이상은 임의가입으로 하여 사망 · 양로 및 상해보험제도를 도입	
4. 4.		압록강가교에 관한 일본과 청나라 각서 조인
6. 20.	용산 · 대전에 건설사무소 설치	
8. 29.		한일병합 실시, 조선총독부 설치
9. 30.	조선의 철도 소관을 일본 정부 철도원으로부터 분리, 한국철도관리국은 폐지	
10. 1.	조선총독부에 철도국을 설치하여 오야 곤페이 초대장관을 임명	초대 조선총독 데라우치 마사타케 취임
10. 1.	조선총독부 철도국에 서무, 영업, 공무, 계리, 운전, 공작, 건설 및 감리의 8개 과를 설치	
10. 1.	부산역 본 건물 준공	
10. 1.	경원선 용산 이북의 건설공사에 착수	
10. 1.	호남선 대전 이남의 건설공사에 착수	
10. 16.	평남선 전선 개통으로 운수영업 개시	
11. 6.	평남선 개통식을 진남포에서 거행	
11. 27.	조선 동해안 항로와 초량역 경유 옹기 · 청진 · 성진 · 원산 · 울산 간에 화물의 통과운수를 개시	
1911. 3. 31.	용산 · 평양보선사무소를 폐지하고, 부산 외 9군데에 보선장을 설치하며, 평양건설사무소를 폐지하고, 원산 및 목포에 건설사무소를 설치	
4. 1.	철도의 특별회계를 폐지하고 조선총독부 특별회계로 통일, 단 용품 구입 등에 관해서는 조선철도용품 특별회계를 마련	

☞ 앞 표에 이어서

연 월 일	철도 사건	관련 사항
4.1.	조선철도용품 자금회계법 시행	
9.1.	대동강~미림 간의 전용철도를 철도국 소관으로 하고 일반운수 영업을 개시	
10.1.	경원선 원산 이남의 건설공사에 착수	
10.1.	호남선 목포 이북의 건설공사에 착수	
10.24.	만철선과 직통열차권규정을 협정	
10.30.	조선~만주 간 연락화물 통관절차를 제정	
11.-		남만주철도 안봉선 표준궤 개축 완성
11.1.	압록강가교 공사를 준공하여 개통식을 신의주에서 거행	
11.1.	신의주정거장을 이전하여 재래의 정거장을 신의주하 급소로 개칭	
11.1.	남대문~장춘 간에 주 3회의 조선~만주 직통 급행열차 운전을 개시	
11.1.	조선철도 경유 만철선 안동과 철도원 간에 여객 · 수하물의 연락운수를 개시	
11.1.	경의선 개량공사 준공, 최고 경사는 1/100, 최소 곡선 반경은 20쇄(鎖)	
11.1.	압록강교량 완성, 부산~봉천 간 직통운전 개시(일본 · 조선 · 만주 간 철도 연락운송 체계 확립)	
11.9.	겸이포공장을 평양으로 이전하여 평양공장으로 함	
11.20.	압록강건설사무소를 폐지	
12.1.	격일운행의 시모노세키~부산 연락 주 행편(낮)을 매일 운항으로 하고 주야 2회 발착	
12.1.	경부선 야간열차 '융희(隆熙)'를 매일 운전으로 개정	
1912.1.1.	열차운전시각을 일본의 중앙표준시로 개정	
4.1.	여객임률을 개정하여 3등 1마일당 2전(錢)의 거리비례법을 채용	
4.1.	신의주~안동 간 운임은 60%를 철도국, 40%를 남만주 철도로 하기로 결정함	
4.1.	사무분장규정의 개정에 따라 서무 · 계리 · 운전 · 공작의 4개 과를 폐지하고 총무 · 기차의 2개 과를 설치	
5.1.	조선~만주 상호간에 급행열차권 및 침대권의 직통 취급을 개시	
6.15.	전(全)선 열차운전시각을 개정, 부산 · 장춘(신경) 간 직통 급행운전을 개시, 시모노세키~부산 연락선은 화 · 목 · 토 3편을 9시간 30분 운항	
6.15.	남대문역에서 수하물 및 여객 휴대품의 배달취급을 개시(요금 1개당 10전)	

☞ 앞 표에 이어서

연 월 일	철도 사건	관련 사항
6. 15.	부산역 잔교파출소를 가설, 조선~만주 직통열차 발착을 개시	
6. 15.	철도, 경편철도 및 궤도의 영업에 관한 조선경편철도령 및 철도운수규정의 제령을 공포	
7. 1.	화물운임을 개정해 화물에 4등급을 두어 근(近)급, 톤(ton)급 외에 차(車)급을 창설	
7. 15.	부산스테이션호텔 개업	
7. 30.		연호를 다이쇼(大正)로 개정
8. 1.	목포~원산 건설사무소를 출장소로 개정	
8. 15.	부산~안동 간 급행열차에 일등침대 취급 개시	
8. 15.	신의주스테이션호텔 개업	
9. 1.	한강제2교량 준공	
9. -	본국(局) 청사를 용산역전에 신축	
10. -	부산잔교 및 제방공사를 준공, 해륙연락설비 완성	
12. 1.	경부·경의 직통 여객열차 및 경인선 객차에 최초로 열차 전등을 사용	
1913. 1. 31.		시모노세키~부산 연락항로 고려환(3,029톤) 취항
2. 13.	승인화물취급인규칙을 개정	
3. 1.	시장행 여객에 대한 할인왕복승차권 발매 및 수하물 특별운송을 개시	
4. 1.	부산 신 잔교 완성, 주요 열차는 신 잔교에서 발착, 조선~만주 직통 급행열차 외, 부산~안동 간에 급행 여객열차 2대를 운전 개시	시모노세키~부산 연락항로 신라환(3,021톤) 취항
4. 1.	경부·경의 양선에서 식당차 영업을 개시(도급을 직영으로 개정)	
4. 1.	경의선에 야간열차 창설	
4. 29.	경부선 왜관역에서 제1열차와 제2열차가 정면으로 충돌하여 중경상자 다수 발생	
5. 1.	일본~만주 여객 및 수하물 연락운수 취급을 개시	
5. 1.	경부선 제1·제2 열차에 침대차를 연결	
5. 29.	조선~만주 국경 통과철도 화물관세 3분의 1 경감에 관한 결정을 북경에서 행함	
5. -	철도원·조선철도·남만주철도에 의한 3선 연락운임 문제에 관한 제1회 회의를 도쿄에서 개최	
6. 10.	조선선과 시베리아 경유 유럽 주요 도시에 여객 및 수소화물의 연락운수를 창시	
7. 1.	주요 역에서 창고 영업을 개시	

☞ 앞 표에 이어서

연월일	철도 사건	관련 사항
7. 2.	철도원 간사이선 및 규슈선과 연대 상호간 소화물 착불 취급을 개시	
9. 1.	조선철도 및 조선 소개를 위한 총독부 출장자 대기소 내에 도쿄영업안내소를 개설(도쿄시 시바구 사쿠라다 홍고초)	
9. 17.	동인병원을 용산철도병원으로 개칭	
10. 1.	경봉선 간에 일본~중국 여객 및 수소화물 연락운수 취급 개시	
11. 1.	조선~만주 간 급행열차에 2등침대차 연결	
12. 25.	노량진~용산 간의 복선운전 개시	
12. 29.	조선 경유 봉천 이북행 소량 취급 면포 외 15품종의 3선 연락운임에 대한 협의 성립, 1914년 4월 1일부터 실시	
1914. 1. 1.	일본~만주 화물 연락운수를 개시	
1. 11.	호남선 정읍~송정리 간 준공, 대전~목포 간(260.7km) 개통, 개통식을 목포에서 거행(1. 22.)	
3. -	제31회 제국의회에서 함경선 제1기 공사로 원산~영흥 간 및 청진~회령 간 건설 예산 성립	
4. -	목포출장소를 폐지, 평양공장을 용산공장의 분공장으로 함	
5. 1.	면사 등 12품종에 대한 일본 · 조선 · 만주 간의 특정할 인운임제도를 실시	
6. 21.	용산건설사무소 폐지	
6. 30.	청진건설사무소 설치	
6. -	경부선 개량공사에 착수	
7. 1.		철도원, 시모노세키~부산 간 항로용으로 시모노세키 잔교를 사용 개시
8. 16.	경원선 세포~고산 간 준공, 경성~원산 간(222.1km) 전선 개통, 개통식을 원산에서 거행(9. 16.)	
8. 23.		독일에 선전포고
9. 1.	경편철도 보조 내규에 따른 보조율을 연 60%로 하고 1년을 한도로 개시	
9. -	전북경편철도회사에 보조금 교부(사설철도 보조의 효시)	
10. 1.	함경선 원산 이북 및 청진 이북의 건설공사에 착수	
10. 10.	조선호텔 영업 개시	
10. 21.	함경북도 경성~나남 간 수압(手壓)궤도 영업을 개시 (1914년 4월 허가)	

☞ 앞 표에 이어서

연 월 일	철도 사건	관련 사항
11. 1.	일본~만주~러시아 여객 및 수하물 연락운수를 개시	
11. 17.	전북경편철도회사선 이리(익산)~전주 간 영업 개시 (1914년 3월 허가), 국유철도와 사철 간의 연락운수를 최초 실시	
11. 27.	제1회 주요 역장 회의를 용산에서 개최	
1915. 1. 1.	일본~중국 간 여객 연락 구역을 경한 · 경수 · 진포 및 호령의 4개 철도로 확장	
3. 10.	조선~만주~러시아 여객 및 수소화물 연락운수에 의한 취급에 대해, 출발역에서 러시아 정부의 수입으로 러시아 국유철도운임의 2할 5푼을 전시세(戰時稅)로 징수 개시	
3. 31.	철도국 원산출장소 폐지	
4. 1.	조선총독부 철도국의 직원 구제 조합규칙을 개정하고, 조선인 종사원도 조합원으로 함	
4. 28.	원산건설사무소를 설치	
5. 1.	안봉선 경유 3선 연락운임의 실시를 1년 연장(2월 남만주철도로부터 폐지 제의에 대한 협의의 결과로 연기)	
8. 10.	온정리 금강산호텔 영업을 개시	
10. 1.	일본~중국 주유권(周遊券) · 순유권(巡遊券) 취급 개시	조선총독부 시정 기념일로 정해짐
10. –		시정 5년 기념 조선물산공진회에 철도특설관을 마련하여 참가
10. 3.	조선철도 1천마일 달성 축하식을 경성 경복궁에서 거행, 건설계획 제1기 완성을 축하	
10. 4.	용산철도공원에 조혼비(弔魂碑)를 건립하여, 제막식 거행	
10. 4.	관설철도 25년 이상 근속자, 오야 곤페이 장관 외 15명 표창	
11. 1.	조선가스전기회사에서 부산우편국 앞~부산진 간 전기궤도의 영업을 개시(1910년 5월 허가)	
12. 20.	함흥탄광철도회사에서 함흥~서호진 간의 궤도 영업을 개시(1913년 9월 허가)	
1916. 5. 1.	안봉선 경유 3선 연락운임 실시에 대해 6개월 추가 연장	
5. 15.	제4회 일본~중국 연락운수회의를 경성에서 개최	
7. 22.	오사카시 북구 우메다초 오사카 하급소 내에 철도국 출장원을 상주	
10. 1.	화물 대금상환 취급을 개시	
10. 1.	경성 · 인천 · 부산 · 평양의 주요 도시에 시내 화물취급소를 설치	
10. 16.	청진에 철도국 출장소 설치	

☞ 앞 표에 이어서

연월일	철도 사건	관련 사항
10. 26.	3선 연락운임 문제는 데라우치 수상의 알선에 의한 관계자 협의를 거쳐, 할인품종 및 할인율을 개정하여 지속 실시	
11. 1.	경부선 개량공사 준공에 따라 금오산역을 폐지하고, 새로이 구미역과 대신역을 신설	
11. 1.	경부선에 1등침대차를 연결	
1917. 3. 1.	신문잡지의 특별운송 취급을 개시	
6. 1.	철도원과 당국선간에 화물 대금상환 취급을 개시	
7. 1.	일본~중국 연락 각 역 상호간에 왕복승차권 발매를 개시	
7. 31.	총독부 철도국을 폐지하고 총독관방철도국(후에 철도부)를 설치(초대국장 히토미 지로), 감리, 공무의 2개 과를 설치	
7. 31.	조선총독부 철도국 종사원 구제조합 해산	
8. 1.	칙령 제90호에 기초하여 조선의 국유철도 및 부대사업의 경영을 만철에 위탁, 경성관리국을 설치, 국장 대리 요코이 지쓰로	
8. 1.	만철 위탁경영에 따라 만철은 조선총독부 투자액에 대해 100분의 6(후에 100분의 4로 개정)의 납부금을 조선총독부 특별회계에 납부	
8. 1.	조선철도용품 자금회계법 폐지(7. 25. 법률 제28호)	
8. 1.	만철 사원공제제도를 실시하여 용원, 고원 및 본봉 70엔 미만의 직원을 강제 공제사원으로 함	
9. 28.	만철 이사 구보 요조가 경성관리국장으로 취임	
10. 1.	전(全)선 열차운전시각을 개정, 부산~안동 간 직통 열차를 증편	
10. 22.	경성관리국 분과규정이 개정되어 본국(局)에 서무 · 경리 · 운수 · 공무의 4개 과를 두고 대전건설사무소는 폐지	
11. 1.	부산~안동 간 직통 열차를 봉천까지 연장 운전을 개시	
11. 25.	함경선 청진~회령 간 전선 개통	
12. –	사원저축제도를 마련하여 사원 신원보증금 적립과 함께 실시	
1918. 1. 11.		제1차 세계대전의 휴전조약 성립
2. 1.	열차에 서고를 비치하여 1 · 2등 여객에게 열람 가능토록 제공	
2. 12.	함흥탄광철도가 함흥~장풍리 간(인력철도) 영업을 개시(1916년 9월 허가)	
3. –	제40회 제국의회에서 진해선 진해~창원 간, 함경선 영흥~수성 간 건설 예산 확정	

☞ 앞 표에 이어서

연 월 일	철도 사건	관련 사항
4. 1.	경편철도 보조내규 중 보조율을 연 8푼으로 개정	
4. 1.	소화물 취급 생선에 대한 특정임금을 제정	
5. 10.	경원선에 1등차를 연결	
5. 12.	유럽 전란의 영향을 받아 조선~만주 직통열차 운전을 중지	
5. -	오노다 시멘트 제조회사 전용철도 미림~승호리 간을 건설비로 매수하고, 평양~승호리 간을 평양탄광선으로 일반 운수영업을 개시	
6. -	금강산(철원~내금강 간) 자동차 영업을 개시	
7. -	도쿄 영업안내소를 폐지하고, 만철 도쿄지사 내에 조선·만주 안내소를 둠	
7. 1.	내금강에 장안사호텔 영업을 개시	
8. 30.	시베리아 소요가 발발하여 시베리아 출병을 위해 9월 25일까지 약 1개월간 매일 군용열차 8대 운전	
10. 1.	일본~중국 연락 소화물에 대해 대금상환 취급을 개시	
11. 20.		대련~봉천 간 복선 개통
12. 1.	개천경편철도 개천~천동 간의 영업 개시에 의해 신안주~천동 간 전선 개통(협궤)(1916년 5월, 1917년 12월 허가)	
1919. 1. 10.	경성관리국 분과규정이 개정되어 서무과를 폐지하고 비서실을 설치하여 1실 3과가 됨	
3. 31.	서대문정거장을 폐지	
3. 31.	시장행 여객에 대한 운임요금 할인 및 수하물 특별 수송 폐지	
4. 1.	급행열차권 발매 개시	
4. 1.	일본여행협회에 대해 승차권류 위탁발매 개시	
4. 1.	경성철도학교를 개설하고 본과·전신과·도제(徒弟)과 및 강습과를 설치	
4. 1.	사우회를 창설하여 상담·강연·오락·조변(調弁) 및 운동의 5부를 설치. 일용품을 염가로 공급하는 조변부는 본부를 용산에 두고, 지부를 전선 주요 장소에 설치	
5. 8.	총독관방철도부장으로 아오키 가이조를 임명	
6. 25.	조선중앙철도회사선 포항~학산 간을 개업하고, 대구~학산 간 전선 개통(1916년 2월 허가)	
8. 20.	총독관방철도부장으로 와다 이치로를 임명	
8. 20.	특수화물 보관료 및 유치료 제정	
8. 21.	남대문기관고를 용산으로 이전	
9. 1.	각 역 하급소에서 우표류 및 수입인지 판매 개시	

☞ 앞 표에 이어서

연월일	철도 사건	관련 사항
9. 2.		사이토 조선총독 착임, 남대문역 앞의 폭탄 작렬로 인해 사상자 발생
9. 11.	발착 소화물에 대해 운임 및 요금의 착불, 후불 취급 개시	
11. -	수소화물 운임을 일본, 조선, 만주 모두 동일하게 개정	
11. -	톤(瓲)급의 폐지, 최저 톤수 제정, 생활필수품 운임의 할인, 근거리 운임의 인하 등 화물운임 개정을 실시	
12. 1.	경인선 및 경원선의 일등차 연결 폐지	
12. 3.	승인운송점규정 제정	
1920. 1. 5.		철도성 관제 공포
1. 15.	조선~만주 직통여객 및 소화물취급절차를 제정 실시	
1. 15.	조선~만주 간 여객운임을 통일하여 1마일당 1등 7전, 2등 4전 5리, 3등 2전 5리로 인상	
2. 5.	건설사무소를 폐지하고 공무사무소를 초량(부산) · 대전 · 용산(경성) · 평양 · 원산 및 성진에 설치	
2. -	길장철로와 여객 · 수소화물 및 화물의 연락운수를 개시	
3. 1.	제1차 세계대전으로 인해 일본~만주~러시아 연락운수 폐지	
3. 1.	조선~만주 직통화물 운수규정 제정	
4. 10.	대화물 배달 취급을 폐지	
6. 1.	대화물 임금 개정	
6. -	선차(船車) 연대화물의 접속비를 신설하는 등 화물 운임 및 발착 수수료를 약 30% 인상	
6. -	조선사설철도령을 제정하고, 11월부터 시행	
6. 27.	역명 및 정차 시분 환호의 표준을 제정	
7. 21.	만철 경성도서관을 철도학교 내에 개설하고, 연선 순회문고, 가족 순회문고, 열차 내 문고 외에 아동 도서관도 개설	
9. 15.		철도성 설립(칙령 제144호)
10. 15.	경부선 초량~부산진 간에 복선 운전을 개시	
11. -	조선전용철도규정(총독부령)을 제정	
12. 21.	경의선 여객열차 남대문역에 직통	
1921. 1. 11.	수소화물 운임요금을 개정	
1. 11.	신문잡지특별운송취급절차 제정 실시	
2. 12.	총독관방철도 부장으로 유게 고타로를 임명	
4. 1.	조선 사설철도 보조법 제정, 건설 자금을 보조 대상으로 하고, 보조율을 연간 8푼 한도, 보조연한 10년, 보조금 최고액 250만 엔으로 함	

☞ 앞 표에 이어서

연월일	철도 사건	관련 사항
10. 25.	조선중앙철도회사선, 불국사~울산 간을 개업하여 경동선 전선 개통(1916년 2월 허가)	
11. 21.	조선호텔에서 승차권 발매 및 소화물의 발송취급을 개시	
12. 1.	2품종 이상의 혼재차량 취급 개시	
12. 15.	조선우선회사 항로를 열어 함경선 북부와의 여객 · 수소화물 연락 취급을 개시	
12. –	진해선 건설공사에 착수	
1922. 3. –	제45회 제국의회에서 평원선 서포 · 고원 간 건설 예산 확정	
5. 18.		시모노세키~부산 연락항로에 경복환(3,619톤) 취항
5. 20.	관리국의 사무분장 규정을 개정하여 서무 · 감독 · 영업 · 운전 · 보선 · 건설 · 기계 및 경리의 8개과로 하여, 과에 계를 설치하고, 또한 사찰원을 둠 현업 감독기관으로 영업 및 운전 파견원을 부산 · 대전 · 용산 및 평양에 둠	
8. 10.	사원표창규정을 제정	
10. 1.	곡물 외 14품종에 대해 대화물 소량 취급 특정 운임을 설정	
10. 21.	청진~나남 간 여객 자동차 영업을 개시	
10. 30.	평양의 유옥(柳屋)여관을 매수하여 호텔 영업 개시	
10. 31.	안봉선 경유 3선 연락운임은 만철의 사정으로 인해 폐지	
11. 12.		시모노세키~부산 연락항로에 덕수환(3,619톤) 취항
11. 19.	경의선 남시~차련관 간에 급행 제2 열차가 탈선 전복, 다수의 사상자 발생	
12. 1.	남조선철도회사에서 송정리~담양 간 전남선 영업을 개시(1918년 8월 면허)	
12. –	공려사(共勵舍)를 설립, 용산역 구내에 수산장(授産場)을 설치	
12. –	함흥탄광철도 함흥~서호진 간 영업 폐지	
12. 21.	인천해안선을 개통하여 화물 취급소를 설치	
1923. 1. 1.	남대문역을 경성역으로 개칭	
1. 1.	도중하차 제한을 폐지	
1. 31.	용산공장에서 3등침대차 제작 완성	
2. 11.	경부선에 최초로 3등침대차 사용을 개시	
3. 1.	사철보조법이 개정되어 보조기간 15년, 보조금 연간 최고액 300만 엔으로 개정	

☞ 앞 표에 이어서

연월일	철도 사건	관련 사항
3.8.	경부선 밀양~삼랑진 간 호우에 의한 토사붕괴로 제2열차 전복, 다수의 사상자 발생	
3.12.		시모노세키~부산 연락항로에 창경환 (3,619톤) 취항
5.20.	평양부에서 부내 및 평양역전~신창리 간의 전기궤도 영업을 개시(1922년 7월 허가)	
6.5.	만철경성관리국을 경성철도국으로 개칭하고, 본국(局)에 6개 과를 두어 보선 · 건설의 양 과를 공무과로 통합	
6.5.	파출원제를 폐지하고 운수사무소를 부산 · 대전 · 경성 및 평양에 둠	
6.5.	용산공장을 경성공장, 초량공장을 부산공장으로 개칭	
6.6.	만철 이사 안도 마타사부로 경성철도국장, 차장은 구로사와 아키쿠로가 임명됨	
6.18.	오사카 출장원 대기소를 폐지하고 오사카 조선 · 만주 안내소로 합병	
7.5.	경인선에 증기동차 운전을 개시	
8.25.	함흥탄광철도 함흥~장풍 간 폐지	
9.1.	조선중앙, 서선식산, 남조선, 조선산업, 조선삼림 및 양강척림의 6개사를 합병하여, 조선철도주식회사를 설립	관동대지진
9.6.	관동지방 재해 구휼품 무임수송을 실시	
10.1.	화물운임을 개정하여 보통화물을 5등급으로 하고, 발착 수수료 폐지, 원거리 운임의 체감을 실시	
10.15.	경부 · 호남 양선의 일부 열차에 증기난방 사용을 개시	
11.-	사조철로와의 사이에 여객 · 소화물 및 화물의 연락운수를 개시	
1924.2.-	성진공무사무소를 폐지하고, 원산공무사무소 성진파출소를 설치	
3.18.	총독관방철도부 건물 화재로 인해 소실	
4.1.	사원제를 개정하여 직원 및 고원(雇員)의 2분제로 함	
5.1.	3등침대차를 부산~봉천 간 직통 열차에 사용	
5.1.	경인선의 증기동차 운전을 폐지	
6.1.	여객 및 화물의 운송규칙을 제정	
6.1.	신의주 하급소~만철 사하진 간에 증기동차 운전을 개시	
9.1.	열차 내 중요한 전보 · 전신을 게시하여 여객 열람이 가능토록 함	
10.9.	만철 위탁경영의 해제에 반대하여 사원의 권리를 옹호할 목적으로 전사원에 의해 10월회를 결성했지만, 위탁해제 방침을 제외한 요구가 용인되어 1925년 2월 19일에 해산됨	

☞ 앞 표에 이어서

연 월 일	철도 사건	관련 사항
10. 28.	만철에 대한 위탁경영의 해제가 내각회의에서 결정	
11. 1.	도문철도회사선 회령~동관진 간 전선 개통, 영업운전 개시(1919년 3월, 1920년 3월 허가)	
1925. 1. 20.	오사카상선회사 항로 원산~청진 간과 여객의 연락운수를 개시	
3. 20.	화물대금상환규정을 제정	
3. 31.	칙령 제108호로 남만주철도주식회사에 대한 위탁경영을 해제	
3. 31.	조선총독과 만철 사장, 위탁해제계약서 및 관련부속협정서에 조인하고 위탁경영을 마침	
4. 1.	조선총독부의 직접경영에 복귀하여 철도국을 설치, 사이토 총독 참석 하에 개청식을 거행	
4. 1.	철도국 사무분장 규정을 제정하고, 본국(局)에 서무 · 감독 · 영업 · 운전 · 공무 · 기계 · 경리의 7개 과를, 부산 · 대전 · 경성 · 평양에 운수사무소 및 공무사무소를, 평양에 경성공장의 분공장을 설치하고, 또한 경성철도학교를 철도종사원양성소로 개칭	
4. 1.	철도경리는 모두 만철 위탁경영 전의 상태로 되돌리고, 용품자금회계는 3. 30. 법률 제18호에 따라 자금 300만 엔이 됨	
4. 1.	사설철도 보조금 최고액을 450만 엔으로 증가 개정	
4. 1.	조선총독부 철도국 현업원 공제조합을 조직(칙령116호), 조합원은 갑을의 2종으로 하고 공상 · 폐질 · 요양 · 질병 · 퇴직 및 유족의 각 급부를 주며, 부대시설로 저금 · 금융 · 소비 및 수산(授産)의 각 부를 설치함	
4. 1.	만철 사우회를 철도국 국우회로 개칭, 소비부를 현업원 공제조합의 부대사업으로 이관하여 보건사업을 새로이 마련	
4. 1.	만철 경성도서관을 조선총독부 철도도서관으로 개칭	
4. 1.	평양 유옥호텔 직영 개시	
5. 1.	경부선 사령전화의 사용 개시	
5. 26.	철도국장 오무라 다쿠이치 착임	
6. 1.	재단법인 철도교양조성회 설립	
6. 15.	조선철도회사 경남선 마산~진주 간 영업을 개시(1918년 7월 면허)	
7. 17.	한강의 수위가 12m에 달하여 한강철교 교대(橋臺) 유실, 용산역 구내, 철도국(局) 청사 및 관사 일대 외 각 소의 피해증대(최근 60년 만에 최대 침수), 경부선이 10일 간 불통	
8. 1.	평양유옥호텔을 평양철도호텔로 개칭	

☞ 앞 표에 이어서

연월일	철도 사건	관련 사항
9. 1.	일본~중국 국제 연락운수를 개시	
9. -	모스크바에서 국제철도 연락회의를 개최, 동중국철도의 탈퇴로 인해 협정 미성립	
10. 15.	경성역을 신축 준공하여 신역사에서 영업 개시, 위층에 구내식당을 신설	
10. 20.	원산공무사무소를 폐지, 경성공무사무소 원산파출소를 설치	
12. 7.	모스크바에서 아시아 · 유럽 연락운수 제1회 회의를 개최, 철도국(局) 대표 출석	
12. 25.	회령탄광선 전세열차에 여객편승을 개시	
1926. 1. 1.	마일권 발매 개시	
2. -	조선철도망조사위원회의 안건에 기초하여 와카쓰키 수상을 시작으로 요로에 조선철도의 보급촉진에 관한 건의를 행함	
4. 1.	동인회에 위탁경영 중인 용산철도병원을 직영함	
4. 25.	축현역을 상인천역으로 개칭	
5. 6.	평원선 서포방면으로부터 건설공사에 착수	
6. 15.	1 · 2등침대차 및 식당차에 객차 신고함을 배치	
10. 22.	베를린에서 아시아 · 유럽 연락운수 제2회 회의를 개최, 시베리아 경유 연락협정 성립	
11. 1.	진해선 창원~진해 간 전선 개통, 개업	
12. 10.	맹중리~박천 간(사리선)을 박천선으로 영업선에 편입	
12. 24.	총독부령으로 국유철도운수규정을 개정	
12. 24.	사설철도에 대한 허가 및 인가권을 철도국장의 권한으로 이관	
12. 25.		연호를 쇼와(昭和)로 개호
1927. 1. 21.	함평궤도 학교~함평 간 궤도영업을 개시(1926년 5월 허가)	
3. -	제52회 제국의회에서 조선 산업개발을 위해 철도12년 계획으로 도문 · 혜산 · 만포 · 동해 · 경전의 5개선 합계 약 1,384km의 건설, 사설철도 5개선 합계 약 337km의 매수 및 기설선 및 매수선의 개량에 요하는 예산 230,000천엔이 확정, 1927년 이후 12년 계획으로 착수	
4. 1.	운전통계 및 공사관계에 미터법을 채용	
4. 15.		우가키 가즈시게가 조선총독 임시대리로 취임
6. 1.	국유철도여객 및 화물운송규칙과 그 취급세칙을 제정	

☞ 앞 표에 이어서

연월일	철도 사건	관련 사항
6.1.	철도국선과 철도성선 간에 이어 철도국선 경유 철도성선과 남만주철도회사선 간의 여객·화물운송규칙 및 그 취급규칙을 제정	
7.11.	터우 6(Ten Wheeler 6)형 기관차 2량을 최초로 경성공장에서 제작	
8.1.	시베리아 경유 아시아·유럽 각국 간과의 여객 및 수하물 연락운수를 개시	
9.1.	철도국(局)선 경유, 조선 내 사설철도와 철도성선 간과의 여객 및 화물의 연대운송규칙 및 취급세칙을 제정 실시	
9.1.	일본·만주 국제여객 및 수하물의 연락운수규칙 및 취급세칙을 제정 실시	
9.15.	경남철도 죽산~장호원 간을 개업하여 천안~장호원 간 전선 개통(1919년 9월, 1925년 9월 면허)	
9.30.		도문철도의 두만강 국제철교 가설공사 준공(1933년 8월 상삼봉교로 개칭). 11월부터 영업 개시
10.1.	철도국선·만철회사선 간 여객과 화물의 연대운수규칙 및 취급세칙을 제정 실시	
10.1.	전북철도 이리(익산)~전주 간(협궤)을 매수, 경전북부선으로 개칭, 표준궤 개축공사에 착수	
10.12.	만철 소관철도와 철도국선 및 조선 내 사설철도 간에 화물의 연락운송규칙을 제정	
10.20.	도문선 동부는 웅기방면부터 건설공사에 착수	
11.1.	천내리철도 용담~천내리 간의 철도를 차용하여 운수영업을 개시	
11.7.	철도성선 발착 특별 소량취급 화물의 운임에 착불취급 개시	
11.15.	경성부 종로거리에 시내영업소를 개설	
12.1.	함경선 미개통 구간 반송~군선 간에 자동차 연락을 개시	
12.10.		야마나시 한조가 조선총독으로 취임
1928.1.1.	조선철도 전남선 송정리~담양 간을 매수, 광주선으로 개칭	
2.2.	동해북부선은 안변방면부터 건설공사에 착수	
4.18.	조선국유철도, 사설철도, 항로 간 화물연대운송규칙 및 동 세칙을 제정	
5.-	사설철도령 일부를 개정, 사채발행액 한도를 확장	
7.1.	조선철도 경동선(협궤) 대구~학산 간 및 경주~울산 간을 매수, 동해중부선으로 개칭	

☞ 앞 표에 이어서

연 월 일	철도 사건	관련 사항
7. 10.	철도국용 화물운송규정을 제정	
8. 11.	회령탄광선 회령~계림 간 운수영업 개시	
8. 30.	아시아~유럽 국제여객 및 수하물 연락운수 취급범위를 프라하·빈·로마까지 연장	
9. 1.	함경선 반송~군성 간 개통하여 함경선(624km) 전선 개통, 10. 1. 나남에서 개통식 거행	
9. 1.	경성~청진 간 주요 여객열차에 식당차 연결	
10. 11.	대구~경주 간에 최초로 3등 경유동차의 운전 개시	
12. 25.	조선철도회사 충북선 청주~충주 간을 개업하여 충북선 조치원~충주 간 전선 개통(1917년 8월 면허)	
1929. 4. 1.	도문철도회사선(협궤) 회령~동관진 간 및 상삼봉교량을 매수, 도문서부선으로 개칭	
4. 18.	경전북부선은 전주방면부터 건설공사에 착수	
5. 23.	혜산선 합수 부근 철도예정선의 항공측량을 위해 평양 비행 제6연대 및 육군참모본부의 협력에 의해 부근지형의 항공사진 촬영	
6. 15.	아시아·유럽 연락열차 부산~장춘(신경) 간에 철도국의 1·2등 차량을 직통	
8. 17.		사이토 마코토 조선총독으로 취임(2회째)
9. 6.	제주도 순환궤도 주식회사가 김녕~협재 간 수압(手押) 궤도의 영업을 개시(1927년 8월 허가)	
9. 12.		시정 20주년 기념 조선박람회 개최(회기 50일간)
9. 20.	경전북부선 이리(익산)~전주 간 표준궤 개축공사 준공, 표준궤에 의한 운전 개시	
10. 31.	승인운송점규칙을 폐지하고, 지정운송취급인규칙을 제정	
11. 6.	부산, 대전, 경성, 평양, 청진에 철도운수위원회를 설치	
11. 15.	조선철도 함북선(협궤) 고무산~무산 간의 운수영업을 개시(1919년 6월 허가)	
12. 6.	경인선 및 전주~군산 간에 경유동차 운전 개시	
1930. 2. -		일본국유철도 가솔린동차 최초 운전(오카이)
4. 1.	미터법을 실시하여 영업거리의 mile단위를 km단위로 변경하고, 마일권제를 킬로미터권제로 개정	
4. 1.	여객임률을 개정하여 1km당 3등 1전(錢) 5리(厘) 5모(毛), 2등 2전 8리, 1등 4전 4리로 함	

☞ 앞 표에 이어서

연 월 일	철도 사건	관련 사항
4.1.	화물임률을 개정하여 보통등급 10급, 특별등급 20급으로 나누고, 소구급·톤급 및 차급의 3급 종별을 둠	
4.1.	조선운송주식회사 창립총회 개최, 운송합동분규 일단락	
5.1.	사설철도 보조금 연간 최고액을 500만 엔으로 증액	
6.1.	조선운송주식회사를 지정, 운송취급인으로 정함	
7.10.	동해남부선은 부산진방면부터 건설공사에 착수	
8.1.	청진에 공장 신설, 경성공장의 분공장으로 함	
9.1.	인천발 경성착 보통화물의 혼재취급에 대해 특정 운임을 설정	
9.16.	창고영업을 조선운송회사에 위탁	
10.1.	부산공장을 부산진에 이전 개축	
10.25.	웅기에 청진출장소의 파출소를 두고 운수사무를 분장	
11.1.	경성궤도에서 왕십리~독촌(뚝섬) 간의 경유(輕油)궤도 영업을 개시(1927년 3월 면허)	
11.12.	국유철도 직원 제1회 영년(永年) 근속자 표창식 거행, 277명에 대해 표창장과 공적장을 수여	
12.25.	남조선철도 광주~여수항 간 전선 개통(1927년 4월 허가)	
1931.4.1.	조선철도 경남선 마산~진주 간을 매수, 경전남부선으로 개칭, 진해선을 동선의 지선으로 함	
4.1.	철도종사원양성소 본과, 공작과의 학생모집을 휴지	
4.12.	조선운송 합동문제가 해결되어 협정각서에 정식조인을 행함	
4.15.	열차 출발전호 차장수적(手笛, 호루라기)을 폐지하고, 역장전호로 개정	
4.21.	평원선 동부는 고원방면부터 건설공사에 착수	
4.26.	만포선은 순천방면부터 건설공사에 착수	
5.1.	혜산선은 길주방면부터 건설공사에 착수	
5.11.	도문서부선의 표준궤 개축공사에 착수	
5.-	하마구치 내각의 감봉정책에 반대하여 철도국(局)원 일동이 5월회를 결성, 결의하여 요로에 전보를 보냄	
6.15.	아시아·유럽 연락운수에 영국이 가입하여 런던 행 여객 및 단체의 취급을 개시	
6.-	일본통운회사도 조선운송주식회사에 참가하여 제2차 합동 성립	
6.17.		우가키 가즈시게 조선총독 취임

☞ 앞 표에 이어서

연 월 일	철도 사건	관련 사항
7. 1.	금강산전철 금강구~내금강 간을 개통하여 철원~내금강 간 전선 개통(1919년 8월, 1931년 2월 면허)	
8. 1.	경남철도 충남선 남포~판교 간을 개통하여 천안~장항 간 전선 개통(1919년 9월 면허)	
9. -	제주도궤도회사 영업 폐지	
9. 18.		만주사변 발발
10. 15.	조선철도 경북선 예천~안동 간을 개통하여 김천~경북 안동 간 전선 개통(1919년 10월 허가)	
10. 20.	총독부 훈령 제41호에 철도국원표창규정 제정	
12. 1.	조선 경동철도(협궤) 이천~여주 간을 개통하여 수원~여주 간 전선 개통(1920년 3월 면허)	
1932. 3. 1.		만주국 성립
4. 1.	호텔, 구내식당 및 식당차 업무를 조선철도호텔경영주식회사에 위탁경영	
4. 1.	여행기념 명승역명 스탬프를 제정하여 날인을 개시	
6. 1.	제62회 제국의회에서 백무선(협궤) 백암~무산 간 건설 예산 확정	
7. 1.	부산~안동 간 직통화물 열차운전	
9. 1.	조선철도회사 황해선 연안~토성 간을 개통하여 토성~동해주 간 전선 개통(1929년 5월 면허)	
9. 1.	특별 톤(ton)급제도를 실시	
10. 1.	경성궤도 왕십리~동대문 간 개업(1931년 9월 허가)	
10. 4.	철도국장 요시다 히로시 착임	
11. 1.	개천철도 신안주~천동 간(협궤선)을 빌려 개천선으로 개칭하고 영업을 개시	
11. 1.	도문서부선 회령~상삼봉 간 표준궤 개축공사 준공	
11. 16.	백무선은 백암방면부터 건설에 착수	
12. 1.	웅기 및 진남포 양 항의 해륙연락설비 완성	
12. 1.	경인선에 반동(半銅)제의 경량객차(경성공장 제작) 사용 개시	
1933. 2. 9.		만주국은 국유철도의 신선건설 및 철도 경영을 만철에 위임
3. 1.		만철은 만주국 정부와의 협정에 기초하여 철로총국을 봉천에, 철도건설국을 본사 내에 설치
4. 1.	전(全)조선 열차운전시각 개정, 경원 · 함경선에 최초로 급행여객 열차를 운전	

☞ 앞 표에 이어서

연 월 일	철도 사건	관련 사항
4. 1.	부산~봉천 간에 급행 제1 · 제2열차(히카리)를 운전, 부산~신의주 간을 약 4시간 단축(부산~안동 간 소요시간 17시간)	
4. 1.	경성~청진 간에 화물열차 직통운전 개시	
4. 1.	진남포 조탄기(操炭機)의 사용을 개시	
4. 1.	차용 경영 중인 개천철도 신안주~천동 간을 매수, 개천선으로 개칭	
5. 1.	조선총독부 철도국분장규정을 개정하여 본국에 8개 과를 설치	
5. 1.	운수 · 공무의 각 사무소를 폐지하고, 새로이 철도사무소를 부산, 대전, 경성, 평양, 원산, 청진의 여섯 곳에 설치	
6. 20.		만철이 시공 중인 남양도문교 준공
7. 1.	조선철도 황해선 동해주~해주 간을 개통하여 사리원~해주 간 전선 개통(1919년 10월 10일 허가)	
7. 15.	개천선(협궤) 천동~개천 간의 표준궤 개축공사를 준공하여 만포선에 편입	
7. 30.	철도국관제를 개정하여 '육운(陸運)의 감독에 관한 사항'을 국장 권한에 추가, 주로 자동차 운수행정의 통제를 행함	
8. 1.	도문동부선의 건설공사 및 서부선의 표준궤 개축공사를 준공하여 경성~웅기 간의 간선 개통	
9. 1.	만철에서 웅기~나진 간 철도건설 및 나진축항 공사에 착수	
9. 1.	만주국 경도선과 연락운수 개시	
9. 1.	경성공장에서 제작한 중유동차를 근거리 여객수송에 사용 개시	
9. 1.	만철과 대금상환 화물 취급을 개시	
9. 7.	조선자동차교통사업령 공포	
9. 10.	신흥철도 송흥선 함남 송흥~부전호반 간 개통. 조선철도 함남선을 거쳐, 함흥~부전호반 간 전선 개통(1920년 12월 면허)	
10. 1.	함경선 수성 이북, 청진선, 회령탄광선 및 도문선의 철도를 만철에 위탁경영	
10. 1.	청진에 만철 북조선철도관리국을 설치	
10. 1.	청진철도사무소를 폐지하고, 성진에 철도사무소를 설치	
10. 1.	경성공장 청진분공장을 청진공장으로 개칭	
10. 15.	길장 · 길돈 양 철로와 철도국선 간에 연락운수를 개시	
1934. 2. 11.	신형 1등전망차량이 준공되어 부산~봉천 간 급행열차에 연결	

☞ 앞 표에 이어서

연 월 일	철도 사건	관련 사항
3. 28.	조선사설철도보조법 개정(4월 1일 실시) 보조보합(건설비에 대해 연간 6푼), 보조연한(15년) 익금보류 기타에 관해 규정함	
3. 31.	압록강 개폐교의 개폐를 폐지	
3. -	만주국이 천도경편철도 표준궤 개축공사를 준공, 청진 및 웅기로부터 상삼봉 또는 남양을 경유하여 신경에 이르는 직통열차의 운전을 개시	
4. 1.	조선철도호텔경영주식회사에 위탁경영하던 여관, 구내식당 및 열차식당을 철도국 직영으로 환원. 부산스테이션호텔을 부산철도회관, 신의주스테이션호텔을 신의주철도회관, 온정리호텔을 외금강산장, 장안사호텔을 내금강산장으로 개칭	
4. 1.	직영하던 차내 판매영업을 민간경영으로 이행	
4. 1.	철도종사원양성소 본과 중, 업무과 및 운전과의 학생모집을 휴지	
5. 1.	용산~경성 간 복복선 공사 준공	
7. 1.	시베리아 경유 아시아 · 유럽 연락여객 · 화물의 운수규칙을 제정	
7. 23.	남조선 지방 일대의 호우로 인해 낙동강이 범람하여 경부선 물금 · 구포 간 선로연장 약 1km 유실, 열차운전불능(복구는 8월 1일)	
7. 23.	경부선이 수해로 불통되어 철도성으로부터 신라환을 임차해, 8월 2일까지 부산~여수 간 1왕복, 부산~목포 간 2왕복 임시운항	
11. 1.	전(全)선 열차운전 시각을 개정, 전면적으로 운전속도를 향상, 부산~신경 간에 직통 급행열차 '히카리', 부산~봉천 간 '노조미'를 편성하고, 경성~웅기 간 직통 여객열차 및 경성~청진 간 직통 화물열차를 신설	만철, 대련~신경 간에 특급 '아시아' 운전개시(701.4km를 7시간 30분)
11. 1.	신흥철도 상통~구진 간에 개업하여 조선철도 함남선에 접속(1933년 7월 면허)	
12. 1.	조선자동차교통사업령 부속법령 공포(사업령과 함께 1935년 4월 1일부터 시행)	
1935. 1. 22.		북만주철도 양도 교섭(일본 · 만주 · 소련 3국간) 성립
3. 1.	철도국원 및 그 가족을 피보험자로 하는 생명보험 이용조합을 창설	
4. 1.	조선자동차 교통사업령 및 그 부속법규의 시행	
4. 1.	철도국선과 북조선 경유 일본해 기선 북조선 항로 간 일반여객의 연락수송을 개시	
5. 20.	철도국 관리 및 대우관리의 제복을 제정	

☞ 앞 표에 이어서

연 월 일	철도 사건	관련 사항
5. 22.	일본 · 만주 양국 간에 두만강 국경을 통과하는 열차의 직통운전 및 세관절차 간소화에 관한 협정 성립, 즉일 실시	
6. 1.	철도국 문장(紋章) 개정	
7. 3.	경부본선 경성~부산 간 6시간 운전의 속도시험을 실시	
8. 1.	경성역 외 3개 역에서 취급중인 수하물의 배달을 각 역에서 개시	
8. 11.	평양~성진에 건설사무소 설치	
8. 30.	신흥철도회사선 중 사수~구진 간은 장진강 수력발전댐 공사 준공에 따른 수몰 때문에 영업을 폐지	
10. 1.	철도박물관 신설	
11. 1.	만철 북선선 웅기~나진 간의 철도건설(1932년 8월 면허) 및 나진항 제1부두의 축항 준공으로, 북조선 경유 일본~조선~만주 간의 교통에 신기원을 이룩함	
11. 1.	동만주철도 훈춘 두만강교량 중심~훈융 간(1934년 9월 허가)의 협궤철도 운수 개시	
12. 16.	동해남부선 좌천~울산 간의 준공에 의해 부산진~울산 간 전선 개통	
1936. 3. 1.	남조선철도 전남 광주~여수항 간의 철도를 매수하여 송정리~여수항 간을 송려선으로 하고, 또한 동(同)사 부대사업인 자동차 운수사업을 매수하여, 철도국 최초의 직영 자동차 운영을 개시	
3. -	철도국 국가(大空晴れし : 넓은 하늘 맑고)를 결정 발표	
4. 1.	공작과 철도전화 등의 업무를 분장	
5. 1.	경부, 호남, 경원, 함경 각 선에 정기화물 열차를 신설	
5. 27.	제69회 제국의회에서 중앙선 건설비 예산을 확정	
6. 1.	신의주하급소선을 신의주강안선으로 개칭하고, 여객 열차 운전시각을 설정	
6. 1.	만철은 청진, 웅기의 2항을 조선총독부로부터 빌려 나진과 함께 북선 3개항 병용 경영에 임함	
6. -	경부선 수원~군포 간 복선공사에 착수	
7. 1.	보선정장을 선로반으로 개칭	
7. 1.	재단법인 철도강생회 설립, 주요 역의 매점 및 짐 운반 등의 영업을 실시	
7. 15.	중앙선 북부 건설을 위해 경성건설사무소를 설치	
7. 21.	국우(局友)회관 준공	
8. 5.		미나미 지로(南次郎) 조선총독 취임

☞ 앞 표에 이어서

연월일	철도 사건	관련 사항
9.1.	대만총독부 교통국선과 만철소관 만주국 국유철도선과의 사이에 철도국선 경유 여객의 수하물 및 소화물의 연대운수를 개시	
9.20.	철도와 항공 간 연락운송을 개시. 대일본항공 및 만주항공 간에 여객수하물 연대운수를 개시	
10. -	철도국 현업원 공제조합의 부대사업으로 주택부를 신설	
11.1.	순천철도사무소를 설치	
11.3.	중앙북부선 동경성방면부터 건설공사에 착수	
11.16.		시모노세키~부산 연락항로에 대형선 금강환(7,081톤) 취항, 운행시간을 주야편 모두 7시간 30분~7시간 45분으로 단축, 흥안환(7,080톤)도 1937년 1월 31일부터 취항
12.1.	동해남부선 울산~경주 간 표준궤 개축공사를 준공하여 표준궤에 의해 부산~경주 간을 연결	
12.1.	전선(全線) 열차운전시각을 개정하여 부산~경성 간 (450km)에 특별급행열차 '아카쓰키(あかつき)'를 신설(6시간 45분)	
12.1.	중앙남부선 건설을 위해 경북 안동에 건설사무소를 설치	
12.15.	신흥철도 흥남선 서함흥~서호리 간 전선(全線)의 운수 영업을 개시(1931년 4월 면허)	
12.16.	경전북부선 곡성~순천 간 준공으로 전주~순천 간 전선 개통하여 이리(익산)~여수항 간을 전라선으로 개칭	
12.18.	중앙남부선은 영천방면부터 건설공사에 착수	
1937.1.1.	소련연방 경유 부산·경성·평양과 에스토니아, 라트비아, 리투아니아, 독일, 폴란드 간의 화물 연락운수를 개시	
1.21.	조선철도 황해선 수교~장연 간 개통으로 사리원~장연 간 전선 개통(1919년 10월 허가)	
3. -	제70회 제국의회에서 부산진~삼랑진 간 및 대전~영등포 간 복선공사 예산 확정	
4.1.	조선철도용품자금회계법을 일부 개정하여 자동차 교통사업의 용품도 취급함	
4.28.	부산발 만주 파견부대 수송 처리기관으로 5월 4일까지 부산에 임시철도관리부를 설치	
5.15.	만주사변 이래 취급을 중지한 일본·중국 연락 중 북령 철로관리국선 도착화물의 운송을 개시	
5.19.	조선철도 황해선 취야~옹진 간의 운수영업을 개시하여 해주~옹진 간 전선 개통(1919년 10월 10일 허가, 1935년 12월 10일 면허)	

☞ 앞 표에 이어서

연월일	철도 사건	관련 사항
5. 20.	철도국 군사 및 총동원 관계서류 취급규정을 제정	
6. 1.	사무분장규정을 개정하여 전기과 설치	
6. 1.	부산 · 경성 · 평양에 개량사무소를 신설	
6. 1.	조선국유철도 여객운송규칙을 전반적으로 개정	
6. 1.	철도 여직원의 복제(服制)를 제정	
6. 19.	철도국방공위원회규정 제정	
7. 2.	철도국수해방비규정 제정	
7. 7.		중일전쟁 발발
7. 16.	전쟁 발발에 따른 북중국 파견 부대수송을 위해 8월 4일부터 9월 30일까지 전선(全線)에 걸쳐 군용열차를 주로 하는 임시열차 운행을 설정	
8. 6.	조선경동철도 수인선 수원~인천항 간의 운수영업을 개시(1935년 9월 면허)	
8. 12.	사무분장규정을 개정하여 조사과 신설	
8. 14.		군기(軍機)보호법 제정(10월 10일 시행)
9. 18.	철도국 기념일 제정	
9. 29.		방공법시행령 공포(10월 1일 시행)
9. –	철도국기(局旗) 제정	
11. 1.	혜산선 봉두리~혜산진 간 영업 개시에 의해 길주 · 혜산진 간 전선 개통	
11. 15.	만철과 협동해 만주행 소구급(小口扱) 화물에 직통 운임을 설정	
12. 1.	웅기~회령 간 자동차노선(회웅선)을 설정하고, 철도와 동일한 경영을 만철에 위탁	
12. 1.	동해북부선 간성~양양 간의 영업을 개시하고, 안변~양양 간 개통	
1938. 1. 1.	자동차선 1개 차량 적재 소구급(小口扱)화물의 집화 및 배달급을 개시	
1. 15.	성진건설사무소를 폐지하고 성진철도사무소에 건설계를 둠	
1. 15.	원산철도사무소 건설계를 폐지하고, 강릉건설사무소를 신설	
2. 1.	화물운임을 개정하여 등급을 정리 축감하고, 톤급(瓲扱) 및 특별 등급을 폐지하며, 차급(車扱)의 최저톤수를 15톤으로 하는 외에 택급(宅扱)제도를 신설	
3. –	제73회 제국의회에서 경성~평양 간 복선공사 예산 확정	
4. 1.	경전서부선 전남 광주역을 광주역으로, 신광주역을 남광주역으로 개칭	

☞ 앞 표에 이어서

연월일	철도 사건	관련 사항
4.1.	단체여객운송취급수속을 제정	
4.1.	부산철도회관을 부산철도호텔로 개칭	
4.23.	인천부영(府營)철도 인천항~화수정 간을 빌려 영업 개시	
5.1.	경부선 영등포역을 '남경성역'으로, 경원선 청량리역을 '동경성역'으로 개칭	
5.1.	조선철도 함남선 전선(全線)을 신흥철도회사에 양도	
5.4.	철도국장으로 구도 요시오 착임	
5.5.		국가총동원법 실시
5.29.	철도, 항공여객 연락운송규칙을 제정	
6.12.	용산철도병원을 경성철도병원으로 개칭	
6.28.	사무분장규정을 개정하여 공무과를 폐지하고 보선과, 개량과의 2개 과를 설치함	
7.1.	동해중부선 대구~영천 간의 표준궤 개축 준공으로 영업 개시	
7.7.	일부 동차의 운전을 중지하고 증기열차로 교체	
7.10.	조선평안철도 진남포~용강온천 간의 운수영업을 개시 (1936년 9월 면허)	
7.12.		소련군, 장고봉에서 불법 월경
7.16.	조사과에서 방공사무에 관한 사항을 관장	
8.11.		장고봉 현지 군협정 성립
8.15.	철도병행구간의 국영 자동차선로의 운행을 중지하고 대용 연료차의 사용을 개시	
8.22.	일제군용기 '선철호(鮮鉄号)' 헌납식을 경성 여의도에서 거행	
9.8.	조사과에서 관장하는 업무관계 사진의 조제 및 관리에 관한 사항을 서무과로 이관	
10.-		철도성에서 조선해협 횡단터널의 실시 답사를 실시
10.1.	조선 전체 열차운전시각을 개정하고 부산~북경 간 직통급행 여객열차의 운전을 개시(38시간 45분), 양국의 교통사상 신기원을 이룩함	
10.1.	일본, 만주, 중국 간 여객 · 수소화물 · 화물 연락운수규칙을 제정	
10.1.	부산~봉천 간 운행하던 '노조미'를 신경까지 연장 운전 개시	
10.1.	조선발 안동경유 만주행 주요 철도화물에 대해 직통 임률을 신설	
10.1.	경의본선 석하~신의주 간에 남신의주역(신호소) 설치	

☞ 앞 표에 이어서

연 월 일	철도 사건	관련 사항
10. 1.	철도국 · 철도성 · 만철 · 오사카상선 · 근해우선 · 북일본기선 · 일본해기선 · 대련기선의 각 선 및 항로와 화북교통선 간에 여객 및 수하물 연락운수의 협정 성립	
11. 1.	일본발 만주행 소구급 직통화물의 임률을 일본 · 만주 상호간 발착으로 확장	
11. 1.	조선발 만주행 소구급 직통화물의 임률을 조선 · 만주 상호간 발착으로 확장	
12. 1.	차내 급행권 발매방법을 제정	
12. 1.	중앙남부선 영천~우보 간 개통에 따라 중앙선은 동해 중부선 경주~영천 간을 경경남부선으로 개칭, 대구~영천 간을 경부선으로 편입하고 대구선으로 개칭	
12. 19.		철도성 조선해협터널위원회에서 일본~조선 간 해저터널 건설계획을 세워, 해저 지질 조사 개시를 결정
1939. 2. 1.	만포선은 강계~만포 간을 개업하여 순천~만포 간을 전선 개통하고, 직통운전을 개시	
3. –	제74회 제국회의에서 수성~고무산 간 및 용산~동경성 간 복선공사 예산 확정	
4. 1.	조선사설철도보조법 개정, 보조율 · 보조의 연장기간 · 익금보류액 · 보조금의 연간최고액 등에 대해 개정	
4. 1.	철도종사원양성소에 기술원교습과 설치	
4. 1.	경성조선호텔을 '조선호텔'로 개칭	
4. 15.	운전과 특수계를 폐지하고, 조사과에 기획 및 특수의 계(係) 설치, 경리과에 구매 제1, 구매 제2 및 물자조사 계를 신설	
4. 30.		화중철도(주) 화북교통(주) 창립
5. 11.		외몽골 노몬한 방면에 소련군 월경
6. 1.	경경선 남부 경주~영천 간을 표준궤로 개축, 경주 경유 부산~대구 간 표준궤 직통운전을 개시	
7. 1.	경부본선 신탄진~매포 간 복선공사 준공으로, 대전~경성 간 전구간 복선운전을 개시	
7. 24.	경춘철도 성동~춘천 간 전선 개통으로 운수영업을 개시(1920년 10월 면허)	
7. 31.	철도국장 야마다 신주로 착임	
9. 1.	단풍철도 단천~홍군 간 운수영업을 개시(1936년 12월 면허)	
9. 3.		영국 · 프랑스 양국은 대독일 전쟁 상태를 선언(제2차 세계대전 발발)

☞ 앞 표에 이어서

연 월 일	철도 사건	관련 사항
9. 20.	철도국선과 화중철도 간에 철도성 · 일본우선 · 상해항로 경유의 연락운수를 개시	
9. 28.	만포교 준공으로 만포선과 만주국 매집선 연결, 만포에서 개통식 거행	
10. 1.	만포선 전선 개통하여 매집선과의 연락운수를 개시	
10. 1.	평북철도 정주~청수 간 및 부풍~수풍 간 개통으로 정주~압록강 청수철도교 중심 간의 운수영업을 개시 (1937년 9월 면허)	
10. 21.		노몬한 사건 현지교섭 종결
10. 25.		동만주철도 훈융~훈춘 간에 표준궤선을 준공하여 영업 개시
11. 1.	열차운전시각을 개정하여 부산~북경 간에 직통 급행열차 '흥아'를 증설, 종래의 부산~북경 간 직통 급행열차를 '대륙'으로 명명	
11. 2.	경전선 지선 담양~금지 간 건설공사에 착수	
11. 8.	다사도철도, 신의주~다사도 간의 운수영업을 개시 (1935년 1월 면허)	
1940. 1. 15.	조선소운송업령(1939년 제령 제18호) 시행	
1. 26.	조선총독부철도국기획위원회규정을 제정	
3. –	제75회 제국의회에서 삼랑진~대전 간 및 평양~남시 간 복선, 경성 부근 선로 증설, 고산~복계 간 전화설비, 전기신호 등의 예산 확정	
3. 1.	조선철도 경북선 김천~경북 안동 간을 매수, 경북선으로 칭함	
4. 1.	강계철도사업소를 신설	
4. 1.	부산진~삼랑진 간 복선운전을 개시	
4. 16.	철도국복지대책위원회규정을 제정	
5. 1.	북선(北鮮)척식철도 고무산~무산 간 운수영업을 개시 (1939년 7월 면허), 조선철도회사 함북선을 북선척식철도회사에서 보상 매수	
5. 27.	기획원에서 중요물자 수송회의 개최	
6. 1.	모스크바 등 유럽측 신경로에 의한 일본과 독일 국유철도 간 화물의 잠정적인 연락운수 취급을 개시	
6. 8.	기계정비절차를 제정	
6. 28.	철도성 · 조선총독부철도국 · 대만총독부교통국 · 만철 · 화중 · 화북 · 일본해기선 · 오사카상선 · 일본우선 · 대련기선 · 동아해운 · 대일본항공 · 만주항공 · 중화항공 각 수뇌부에 의해 일본 · 만주 · 중국 연락운수에 관한 협정 성립 조인	

☞ 앞 표에 이어서

연 월 일	철도 사건	관련 사항
7. 1.	만철에 위탁경영 중인 함경본선 중 상삼봉(상삼봉역을 제외) · 수성 간, 청진선 및 회령탄광선의 위탁을 해제하고 직접 경영으로 함	
7. 1.	위탁 국유철도 북선선 상삼봉(상삼봉역을 포함)~웅기 간 및 웅기항 항만시설의 일부를 남만주철도에 대부함	
7. 1.	청진역에서 부두 및 창고 영업을 개시	
7. 1.	만철에 위탁경영 중인 회령~웅기 간의 자동차노선 직영으로 전환	
7. 1.	부산 외 10군데에 철도청년훈련소를 개설	
7. 1.	조선국유철도부두영업규칙 및 동(同)창고영업규칙을 제정	
8. 1.	삼척철도회사선 묵호~도계 간 운수영업을 개시(1937년 3월 면허)	
10. 1.	조선총독부철도국연락운수청산규칙 제정	
10. 1.	철도국선 경유 만주국선 도착 여객 및 수소화물의 연락운수를 조선 내 각 사설철도발 전부로 확장	
10. 1.	평북철도 부풍~수풍호안 간의 운수영업을 개시(1937년 9월 면허)	
10. 1.	일본 · 조선 · 만주 · 중국 간 제휴로 전 노선의 열차운전시각을 개정, 경성~목단강 간 및 평양~길림 간에 직통 여객열차 각 1 왕복을 신설	
11. 1.	다사도철도 남시~양시 간 운수영업을 개시(1935년 11월 면허)	
12. 1.	철도국 관제 개정에 의해 지방철도국(부산 · 경성 · 함흥)을 설치하고, 총무 · 운수 · 운전 · 공무 · 공작(함흥을 제외) · 전기(함흥을 제외) · 경리 각 부를 설치	
12. 1.	건설사무소 · 개량사무소를 철도국, 철도사무소 · 공장을 지방철도국의 소관으로 함	
12. 1.	철도국물품준비규정을 제정	
12. –	경원선 복계~고산 간(53.9km)의 철도전화 공사에 착수	
1941. 2. –	부산임항철도회사, 부산진~감만리 간 운수영업을 개시(1937년 12월 면허)	
2. –	조선소운송업령에 의한 소운송업계의 통제 완료	
2. –	조선자동차교통사업령을 개정	
3. –	제76회 제국의회에서 진삼선 건설, 중앙선 일부 전철화 등의 예산 확정	
4. 1.	평원선 양덕~성내 간 개통, 서포 · 고원 간 전선 개통	
4. 1.	대전~영등포 간 자동신호화 공사 착수	

☞ 앞 표에 이어서

연 월 일	철도 사건	관련 사항
4. 1.	철도종사원양성소규정을 전면적으로 개정	
4. 1.	조선총독부철도국현업원공제조합을 조선총독부철도 국공제조합으로 개칭, 판임관 이하는 전원 강제 가입됨	
4. 1.	조선철도용품자금회계법의 일부를 개정하고, 자금한 도액을 1천만 엔으로 함	
4. 13.		일본 · 소련 중립 조약 체결
4. 20.	신의주철도회관을 신의주철도호텔로 개칭	
5. 2.		조선해협 탄성파 지하심사법에 의한 실지조사를 개시
5. 29.	청진선 청진항정거장에서 북선 항로 및 이에 연락된 열차에 의한 연락운수 여객 · 수소화물 및 부수 소화물 취급을 개시	
6. 1.	일본과 독일 국유철도 간에 신경로에 의한 화물의 잠정적인 국제연락운수 취급을 개시	
7. 21.	관동군 특별대연습(관특연) 수송 개시	
9. 1.	진삼선 건설공사에 착수	
9. 1.	철도국 운영 자동차 전차량에 목탄 또는 아세틸렌 가스 발생로 부착 완료	
9. 26.	조선총독부철도국의 관리이면서 임시육해군 특설 사무에 종사하거나, 전시 또는 사변에 즈음해 조선총독부 철도국 외에서 임시철도 사무에 종사하는 자의 보결 및 복귀에 관한 칙령을 공포	
10. −		차량통제회 설립(상공성)
10. 1.	분장규정 개정에 의해 본국(局)에 수품과를 설치	
10. 1.	함흥 · 청진 · 강계에 철도청년훈련소를 증설	
11. 1.	조선국유철도현업종사원직제를 개정	
11. 1.	부산임항철도를 차용하여 영업 개시	
11. 16.	마산에 철도휴양소 개설	
12. 1.	함경본선 수성~고무산 간의 복선공사 완료	
12. 1.	나남~청진 간 직결선의 개통에 의해 청진선 수성~청진 간은 함경본선이 됨. 나남~수성 간 및 신설된 강덕~청진서항 간을 강덕선으로 개칭	
12. 1.	경원 · 함경 양선의 화물수송에 중점을 둔 전(全)조선 열차운전시각의 개정을 단행	
12. 1.	가솔린 소비규제에 따라 모든 동력차 열차를 증기열차로 교체	
12. −	경경선 제천~풍기 간 철도전철화 공사에 착수	
12. 8.		태평양전쟁 발발

☞ 앞 표에 이어서

연월일	철도 사건	관련 사항
1942. 1. 1.	금강산전기철도는 경성전기회사에 흡수 합병되고, 철원~내금강 간을 금강산전철선으로 개칭	
2. 1.	조선국유철도 여객운임 등을 일부 개정하고, 3등 1km당 2전(2등은 3등의 2배, 1등은 3배)의 거리비례법에 따름	
2. 1.	원산공장을 신설	
2. 1.	조선국유철도보세창고영업규칙을 제정	
3. 1.	전(全)조선의 합동운송회사 22개사는 조선운송주식회사로 합병, 일반 소운송업자의 1역 1점제가 됨	
3. -	제79회 제국의회에서 청라선(청진~나진 간)의 건설, 용산~상삼봉 간 일부 복선 등의 공사 예산 확정	
4. 1.	경경선 영주~제천 간에 준공하여, 영천~동경성 간 전선 개통	
4. 16.	조선국유철도 철도종사원양성소를 조선국유철도 중앙철도종사원양성소로 개칭하고, 부산 및 함흥에 철도종사원양성소를 신설	
5. 1.	경성~평양 간 복선공사가 완성되어 전 구간 복선운전을 개시	
5. 1.	경성~목단강 간에 직통여객열차 1왕복을 증설	
5. 1.	조선국유철도 화물운임 및 소화물 운임의 일부를 개정	
6. 1.	남경성역을 영등포역으로, 동경성역을 청량리역으로 각각 원래 명칭 복원	
6. -	청라선은 청진방면부터 건설공사에 착수	
8. 1.	안동건설사무소를 폐지하고, 청진건설사무소 및 함흥개량사무소를 신설	
8. 1.	부산~신경 간 직통여객열차 1개 열차를 하얼빈까지 연장 운전	
9. 16.	조선인조석유회사선 회암~오봉 간을 개업하여 아오지~오봉 간 전선 개통(1938년 9월, 1941년 5월 면허)	
9. 21.	서선(西鮮)중앙철도 평남 강동~신성천 간을 개통하여 승호리~북창 간 전선 개통(1937년 12월 면허)	
9. 27.		시모노세키~부산 연락항로 천산환(7,907톤) 취항
10. 1.	경북 안동철도사무소 신설	
10. 1.	전선(全線)의 시각 개정을 실시(24시간제), 여객열차 감축, 화물열차 증발(增發)	
10. 1.	종연실업회사선 화순~복암 간의 철도를 차용하여 화순선으로 하고 경전선의 지선으로서 운수영업을 개시	
10. 31.	철도청년훈련소를 대구 · 정주 및 원산 철도공장의 3군데로 증설	

☞ 앞 표에 이어서

연월일	철도 사건	관련 사항
11.1.	철도국관제 개정에 의해 5개 과를 폐지하고, 총무과 · 정비과 · 공무과의 3개 과를 신설	
11.1.	지방철도국에 속해 있던 공장을 본국 직속으로 개정	
11.1.	지방철도국의 공작부 · 전기부 및 경리부를 폐지	
11.1.	경성철도병원을 경성지방철도국 소관으로 이관	
11.1.	경동철도회사 경영의 여주~인천항 간의 철도는 조선철도회사에 양도	
11. –	경전남부선 직전~횡천 및 하동~섬거 간 건설공사에 착수	
11.15.		관문터널 개통, 철도성은 관문터널 개통과 전시 육운 비상체제의 실시에 따라 열차 시각을 개정
12.28.	조선전업회사의 전용철도 강계역 구내~고암리 간에 준공하여, 수력발전공사용 재료 수송을 개시	
1943.2.1.	함흥에 철도병원 신설	
3. –	제81회 제국의회에서 대전~진주 간 건설, 남시~신의주 간 복선의 예산 확정	
4.1.	다사도철도회사선 신의주~남시 간을 매수하여 양시선으로 영업 개시	가라후토청 철도의 관리를 철도대신에게 이관
4.1.	조선총독부철도국관제 중 일부를 개정하고 참사를 서기관으로, 부참사를 사무관으로 개정	
4.1.	부산~봉천 간 직통 여객열차 1왕복을 폐지하는 등 직통 여객열차의 속도저하와 연결차량 수의 증가	
4.1.	정부직원공제조합령의 개정에 따라 철도국공제조합에 주임관 봉급 연간액 1,820엔 이하인 자를 강제 가입토록 함	
4.12.		시모노세키~부산 연락항로에 곤륜환 (7,908톤) 취항
5.5.	만주국 황제 수풍댐 시찰을 위해 특별열차 운전	
6.1.	청진항역 전부 및 청진역 일부를 합병하여 청진부두로 개칭	
6.1.	대륙철도수송협의회 설치	
7.15.		부산~하카타 간 연락항로 개설
8.15.	대삼선 오동~금당 간 건설공사에 착수	
9.1.	진주건설사무소 신설	
9.1.	강릉건설사무소를 폐지하고, 경성건설사무소 강릉파출소를 설치	
10.5.		시모노세키~부산 연락선 곤륜환, 어뢰공격을 받아 침몰

☞ 앞 표에 이어서

연 월 일	철도 사건	관련 사항
10. 9.	시미노세키~부산연락선(관부연락선) 야간편을 휴항하고, 경성~부산 간 특별급행 여객열차 '아카쓰키' 1왕복 운휴	
11. 1.		운수통신성 신설
11. 25.	부산~북경 간 급행열차 1왕복을 경성~북경 간으로 변경, 시모노세키~부산 항로 주(晝)행편에 연결되는 부산~경성 간 급행열차 설정	
12. 1.	조선총독부철도국을 해산하고 교통국을 설치, 구)철도국 소관업무 외 해사 · 항공 · 항만 · 세관의 여러 부문에 걸친 업무를 소관, 부산 · 경성 · 함흥에 지방교통국 설치	
12. 1.	교통국장에 고바야시 리이치 임명	
12. 1.	개량사무소를 폐지하고, 경성 외 7군데에 건설사무소 설치	
12. 1.	부산 · 인천 · 진남포 · 목포 · 군산항 · 마산 · 여수 및 여수항정거장은 부두로 개칭하고, 철도운수영업 및 부두업무의 취급을 개시	
12. 1.	각 항 운송회사는 모두 그 업무를 조선운송회사에 위탁 경영하고, 해륙소운송의 일원화를 이룸. 조선운송회사는 사명을 조선해륙운수회사로 개명함	
12. 4.	조선마그네사이트개발회사선 동암~용양리 간 운수영업 개시에 따라 여해진~용양리 간 전선 개통(1943년 3월 면허)	
12. 4.	원산북항회사선 문천~원산항 간 영업 개시(1941년 6월 면허)	
12. 29.	자동차 교통사업 정비요령에 따라 화물 자동차 운송사업에 있어서는 전(全)조선의 사업자에 대해 단일회사 설립을 명령함	
1944. 2. 1.	부산~신경 간 '노조미', 경성~북경 간 '대륙' 및 경성~목단강 간 급행 여객열차 각 1왕복의 운전을 폐지하고 화물열차 증발에 투자	
2. 11.	동해북부선 북평~삼척 간 운수영업을 개시하고, 그 경영을 삼척철도회사에 위탁	
2. 11.	화물자동차통제회사령에 기초하여 조선화물자동차통제회사 설립	
2. 15.		'결전 비상조치 요강' 각의 결정
3. -	제84회 제국의회에서 북청철산선 건설, 부산~대전 간 자동신호 설비 등의 예산이 성립됨	
3. 31.	국(局)영 자동차의 경영을 폐지하고, 여객 · 화물 모두 각각 통합회사로 이관	

☞ 앞 표에 이어서

연 월 일	철도 사건	관련 사항
4. 1.	해주철도사무소 신설	
4. 1.	경원선 복계~고산 간 전철화공사를 완료하고, 동양 최초의 직류 3,000V 전기기관차 운전을 개시	
4. 1.	평양교통진료소는 평양교통병원으로 승격	
4. 1.	부산교통병원 설치	
4. 1.	북선(北鮮)척식철도 고무산~무산 간의 철도를 매수하여 무산선으로 개칭	
4. 1.	서선(西鮮)중앙철도회사 승호리~신성리 간 철도를 매수하여 평양 탄광선에 추가	
4. 1.	조선철도 황해선 전체 철도를 매수하여 황해선으로 개칭함	
4. 1.	전가(轉嫁)화물의 급증에 대처, 열차운전시각 개정을 실시	
4. 1.	조선사설철도보조법 중 일부를 개정하고, 신장 보조기간을 15년으로 함	
4. 1.	여객운송규칙의 일부를 개정(통행세를 포함하여 3등 1,200km까지 1km당 3전 5모의 임률로 정함)	
4. 15.	야마시타 행정사찰사 조선 방문, 대륙 전가화물의 수송 상황을 사찰	
4. 30.	자동차교통사업정비요강에 기초하여 여객자동차 운수·운송사업에 있어서는 각 도별로 통합하여 각각 단일회사를 설립	
5. 1.	부산임항철도회사선 부산진~감만리 간 철도를 매수하여 부산임항선으로 칭함	
5. 30.	자동차 교통사업 결전 비상조치 방책을 책정하여 각 도지사 앞으로 통첩	
5. 31.	결전비상조치요강에 따라 경전선 직전~횡천 간 및 하동~섬거 간 노반공사를 중지	
6. 1.	경부본선 삼랑진~임천 간에 미전신호소를 설치하여 경부본선과 경전남부선을 직결	
7. 1.	화물운송규칙을 개정하고, 운임계산 최저 톤수 인상, 택급 폐지, 기타 소요의 비상조치를 취함	
7. 31.	조선압록강수력발전회사의 전용철도 만포역 구내~옥동 간을 준공하여 댐공사 자재 수송을 개시	
8. 1.	교통국 공장에 대한 현원 징용 발령	
8. 20.	시험비행중인 교통국 비행기가 노량진 산중에 추락하여 유야마 서기관 외 7명이 순직	
9. 10.	결전비상조치요강에 따라 대삼선 오동~금당 간의 노반공사를 중지	

☞ 앞 표에 이어서

연 월 일	철도 사건	관련 사항
9. 20.	간선긴급증강위원회를 설치	
9. 30.	경북선 중 점촌~경북 안동 간의 철도 운수영업을 휴지, 다만 당분간 편승 · 편재는 취급함	
10. 1.	황해본선 사리원~하성 간의 표준궤 개량공사가 완성되어 운수영업을 개시	
10. 1.	금강산전철선 중 창도~내금강 간 운수영업을 휴지	
10. 1.	화물 수송량의 급증, 시모노세키~부산 연락선 발착시각의 변경, 황해본선의 영업 개시 등을 위해 전선의 열차 운전시각을 개정	
10. 31.	광주선 광주~담양 간의 철도운수 영업을 휴지	
11. 1.	조선경남철도 경기선 중 안성~장호원 간 운수영업을 휴지	
11. 1.	평양공장 이전설비 준공	
12. 1.	백무선 연사~무산 간의 공사를 준공하여 백암~무산 간 전선 개통	
12. 30.	경부본선 대전~회덕 간에 오정신호장을 신설하여 경부본선과 호남선을 직결	
1945. 3. 1.	경부 · 경의본선 부산~안동 간 복선공사를 준공하여 전 구간 복선운전을 개시	
3. 31.	대여중이던 북선(北鮮)철도 시설 및 웅기항만 시설을 만철에 양도	
3. –	제86회 제국의회에서 백두산삼림철도 건설 및 목포~삼학도 간 선로 증설 등의 예산을 확정	
4. 1.		시모노세키~부산 연락선 흥안환, 촉뢰로 인해 운항 불능
4. 1.	용산지구 청사 및 관사 일부의 소개(疏開)를 개시	
5. 18.		운수통신성을 운수성과 내각체신원으로 분리
5. 24.	정비과장 이나가와 마사이치 외 2명은 일본에서 귀임해 오던 중, 비행기 사고로 인해 순직	
5. 27.		시모노세키~부산 연락선 금강환이 기뢰에 의해 손상되어 하카타항에 좌초
7. 1.	대전 · 해주에 공장 신설	
7. 29.		시모노세키~부산 연락선 천산환, 함재기의 공격을 받아 침몰
7. 30.		시모노세키~부산 연락선 창경환, 폭격에 의해 침몰
8. 1.	조직 개정에 따라 평양 · 순천에 지방운수국을, 본국(局)에 경리과를 신설(평양 · 순천 철도사무소를 폐지)	

☞ 앞 표에 이어서

연 월 일	철도 사건	관련 사항
8. 4.	교통국 서기보 및 기수보의 신분을 설치함	
8. 6.		히로시마에 원자폭탄 투하
8. 9.	만주 및 북선(北鮮)에서 소련과 교전상태가 됨	소련, 일본에 선전포고 나가사키에 원자폭탄 투하
8. 13.	소련군 청진에 상륙, 기관차 승무원 250명은 청진방면으로 결사구원 출발	
8. 15.	조선철도 영춘선 영주~내성 간 및 서선중앙철도 장산리선을 매수하여 가영업을 개시하고, 울산임항선 울산~울산항 간 가영업을 개시함	태평양전쟁 종결

국유철도 신선구간 영업 개시기 연표(건설관계)

연월일	선명	구간	연장(km)	비고
국유철도 통일 이전				
1898. 9. 18.	경인선	인천~노량진	33.8	경인철도합자회사 시행
1900. 7. 8.	경인선	노량진~경성(서대문)	8.5	경인선 42.3km 개통
1905. 1. 1.	경부선	초량~영등포	431.3	경부철도주식회사 시행
1905. 5. 26.	마산선	마산포~삼랑진	40.4	임시군용철도감부 시행
1906. 4. 3.	경의선	용산~신의주	527.9	(겸이포선 외 3개 지선을 포함)
국유철도 통일 이후				
1908. 4. 1.	경부선	부산~초량	1.6	
1910. 10. 6.	평남선	평양~진남포	55.3	전선 개통
1911. 7. 10.	호남선	대전~연산	39.9	
9. 1.	평양탄광선	대동강~사동	10.7	(한국 정부 농상공부에서 이관)
10. 15.	경원선	용산~의정부	31.2	
11. 1.	경의선	신의주~안동	2.6	압록강교량 준공, 경의선 용산~안동 간 전선 개통
11. 15.	호남선	연산~강경	21.5	
1912. 3. 6.	호남선	강경~이리(익산)	27.1	
3. 6.	호남선(지선)	이리(익산)~군산	24.7	
7. 25.	경원선	의정부~연천	42.6	
9. 1.	경부선	영등포~경성(남대문)	8.5	제2한강교량 준공 경부선 부산~경성 간 전선 개통
10. 1.	호남선	이리(익산)~김제	17.8	
10. 21.	경원선	연천~철원	23.9	
12. 1.	호남선	김제~정읍	26.0	
1913. 5. 15.	호남선	목포~학교	35.2	
7. 1.	호남선	학교~나주	21.4	
7. 10.	경원선	철원~복계	25.7	
8. 21.	경원선	원산~용지원	38.7	
9. 25.	경원선	복계~검불랑	15.6	
10. 1.	호남선	나주~송정리	14.0	
10. 21.	경원선	용지원~고산	6.4	
1914. 1. 11.	호남선	정읍~송정리	57.1	호남선 대전~목포 간 261.1km 전선 개통
6. 21.	경원선	검불랑~세포	12.2	

☞ 앞 표에 이어서

연월일	선명	구간	연장(km)	비고
8. 16.	경원선	고산~세포	26.0	경원선 용산~원산 간 222.3km 전선 개통
1915. 8. 1.	함경남부선	원산~문천	20.1	
1916. 9. 21.	함경남부선	문천~영흥	34.4	
11. 5.	함경북부선	청진~창평	51.8	
1917. 11. 25.	함경북부선	창평~회령	41.6	청진~회령 간 93.4km 전선 개통
1918. 5. ─	평양탄광선	사동~승호리	11.6	(오노다 시멘트회사선 매수) 대동강 ~승호리 간 23.3km 전선 개통
1919. 12. 1.	함경남부선	영흥~함흥	69.3	
12. 1.	함경북부선	수성~나남	14.9	
1920. 10. 1.	함경북부선	나남~경성(鏡城)	8.2	
1921. 11. 1.	함경북부선	경성~주을	12.2	
1922. 12. 1.	함경남부선	함흥~서호진	17.7	
1923. 9. 25.	함경남부선	서호진~퇴조	18.3	
1924. 10. 1.	함경북부선	주을~수남	36.2	
10. 11.	함경남부선	퇴조~양화	58.0	
10. 11.	함경중부선	단천~길주	84.7	
1925. 11. 1.	함경남부선	양화~속후	14.1	
1926. 11. 1.	함경남부선	속후~신북청	8.8	
11. 1.	진해선	창원~진해	20.6	전선 개통
12. 1.	함경북부선	수남~극동	16.0	
12. 10.	경의선지선 박천선	맹중리~박천	9.3	구 박천사리선
1927. 8. 1.	함경북부선	용동~극동	8.0	
11. 1.	함경중부선	단천~군선	31.5	
11. 1.	평원서부선	서포~사인장	25.0	
12. 1.	함경북부선	길주~용동	38.9	
12. 1.	함경남부선	신북청~반송	15.6	
1928. 8. 11.	함경선지선 회령탄광선	회령~계림	10.6	전선 개통(1932년 계림~신학 간 1.1km)
9. 1.	함경선	반송~군선	23.9	함경선 원산~회령 간 624.2km 전선 개통
10. 15.	평원서부선	사인장~순천	22.3	
1929. 9. 11.	동해북부선	안변~흡곡	31.4	
9. 20.	함경선지선 북청선	신북청~북청	9.4	전선 개통

☞ 앞 표에 이어서

연월일	선명	구간	연장(km)	비고
9. 20.	함경선지선 차호선	증산~차호	4.9	
9. 20.	함경선지선 이원철산선	나흥~이원철산	3.0	전선 개통
11. 1.	평원서부선	순천~신창	19.7	
11. 16.	도문동부선	웅기~신아산	65.0	
1930. 10. 1.	도문동부선	신아산~훈융	39.9	
1931. 7. 21.	동해북부선	흡곡~통천	29.6	
10. 1.	평원서부선	신창~장림	29.5	
10. 1.	경전북부선	전주~남원	60.5	
10. 21.	도문북부선	훈융~온성	24.7	
1932. 5. 21.	동해북부선	통천~두백	14.7	
8. 1.	동해북부선	두백~장전	17.5	
9. 16.	동해북부선	장전~외금강	7.8	
11. 1.	동해북부선	외금강~고성	10.4	
11. 1.	만포선	순천~천동	32.6	
11. 1.	도문동부선	온성~풍리	10.6	
12. 1.	도문동부선	풍리~남양	3.9	
12. 1.	혜산선	길성~재덕	26.2	
1933. 7. 15.	만포선	천동~개천	6.3	
8. 1.	도문동부선	남양~동관진	18.7	도문동부선 웅기~동관진 간 162.8km 전선 개통, 도문서부선과 접속
10. 15.	만포선	개천~구장	24.1	
10. 15.	경전북부선	남원~곡성	20.3	
11. 1.	혜산선	재덕~합수	31.0	
1934. 4. 1.	만포선지선 용등선	구장~용등	7.4	전선 개통
7. 16.	동해남부선	부산진~해운대	18.9	
8. 1.	혜산선	합수~백암	12.8	
9. 1.	백무선	백암~산양대	33.8	
11. 1.	만포선	구장~희천	46.8	
12. 16.	동해남부선	해운대~좌천	22.3	
1935. 9. 1.	혜산선	백암~봉두리	29.7	
9. 1.	백무선	산양대~연암	22.1	

☞ 앞 표에 이어서

연 월 일	선명	구간	연장(km)	비고
10. 1.	만포선	희천~개고	30.2	
11. 1.	동해북부선	고성~간성	39.3	
12. 16.	동해남부선	좌천~울산	31.8	동해남부선 부산진~울산 간 73.0km 전선 개통
1936. 10. 15.	백무선	연암~유평동	44.6	
11. 1.	평원서부선	장림~양덕	27.4	
12. 1.	만포선	개고~전천	63.1	
12. 16.	경전북부선	곡성~순천	52.4	경전북부선 전주~순천 간 133.2km 전선 개통
1937. 11. 1.	혜산선	봉두리~혜산진	42.0	혜산선 길주~혜산진 간 141.7km 전선 개통
12. 1.	동해북부선	간성~양양	41.9	
12. 1.	만포선	전천~강계	47.5	
12. 16.	평원동부선	고원~성내	30.0	
1938. 12. 1.	경경남부선	영천~우보	40.1	
1939. 2. 1.	만포선	강계~만포	49.3	만포선 순천~만포 간 299.9km 전선 개통
4. 1.	경경북부선	동경성~양평	52.5	
10. 1.	만포선	만포~만포교	3.5	만포교의 준공에 따라 매집선에 연락
10. 1.	백무선	유평동~연사	36.3	
1940. 3. 1.	경경남부선	우보~경북 안동	48.9	
4. 1.	경경북부선	양평~원주	55.9	
1941. 4. 1.	평원선	양덕~성내	58.7	평원선 서포~고원 간 212.6km 전선 개통
7. 1.	경경남부선	경북 안동~영주	38.7	
7. 1.	경경북부선	원주~제천	46.8	
9. 1.	만포선지선 용문탄광선	어룡~용문탄광	7.1	전선 개통
1942. 4. 1.	경경선	영주~제천	62.3	경경선 동경성~영천 간 345.2km 전선 개통
1944. 2. 11.	동해북부선	북평~삼척	12.9	삼척철도회사에 경영 위탁
10. 1.	황해선	사리원~하성	41.7	
12. 1.	백무선	연사~무산	54.8	백무선 백암~무산 간 191.6km 전선 개통
1945. 3. 20.	청라선	청진~청암	11.1	(가영업)
8. –	동해남부선 울산선	울산~울산항	8.0	(가영업)

해사

연 월 일	사건	관련 사항
1876. 2. -	'조일수교조규(강화도조약)' 체결 조선, 일본에 개항, 미쓰비시회사 조선항로 개시	
1883. 7. -	'일본인민무역규칙 및 세관세목'을 체결 통상 각 항의 수리 및 등대, 초표(礁標)의 설치의 무를 규정	
1894.	조선 정부 소유선 3척을 일본우선(郵船)에 대여 하여 북선(北船)항로 하명	
1895. 6.~9.	일본 등대용선 명치환(明治丸), 조선 전(全)연안 의 항로 표지표(標識票) 설치 필요장소 조사 체신성 명령 항로로서 오사카~인천, 오사카~진 남포 개설	
1901. 4. -	한국 정부 부산, 인천 부근 등대, 등표(燈標) 등 건설계획 수립 인천에 해관등대국 설치 항로표식, 순찰선 광제호 건조(일본에서)	
1903. 6. -	소월미오도 등대, 팔미도 등대, 백암등표, 북장 자기등표, 완성(서양식등대의 효시)	
1904.	러일 개전에 따라 한국서남안, 압록강하구에 항 로표지 급설	
1906. 4. -	한국해사행정, 통감부 지휘 하에 편입	
6. -	항로표지 5개년 계획 설정	
1908.	부산~웅기 간 외 4개선 명령항로 개설	
1909.	해상 충돌 예방법 공포	
1910.	선박법, 선박검사법, 선박적량측도법(법률) 공포 선박규칙, 선박검사규칙(통감부령) 공포	
1910. 3. -	해관등대국을 항로표지감리소로 개칭	
12. -	조선항로표지규칙 제정	
1912. 1. -	조선우선(주) 설립	
3. -	체신관서관제 공포, 해사행정은 체신국 소관이 됨 해사과, 해사출장소 설치, 체신이원양성소에 항 로표지과 설치. 항로표지감리소 폐지	
8. -	조선총독부 제1기 명령항로 개설 부산~웅기선 외 8개선을 조선우선으로, 대동강 항로를 진남포로, 금강항로를 송영모로 하명	
1914. 6. -	해사법규 통일 조선선박령, 동(同) 선박적량측도령, 동(同) 선박 검사령, 동(同) 선원령, 동(同) 선박직원령, 동(同) 해원징계령 해난심판소(일심제) 설치	

☞ 앞 표에 이어서

연 월 일	사건	관련 사항
1915. 4. -	조선선박통보규칙 제정	
10. -	조선수선령 공포 제2기 명령항로, 원산~포염선 개설	
1917. 9. -	전시선박관리령 공포 명령항로 원산~포염선을 오사카까지 연장	
1919. 12. -	인천에 체신국 해원양성소를 설치 조선해사회 설립	
1922.	조선북지선 명령항로 개설 압록강 신의주~신가파 간 명령항로 개설(압록 강윤선(輪船)공사)	
1925.	조선~상해 항로 개설	
1927. 4. -	서조철공소(부산)에서 300톤 강선을 건조	
6. -	해원양성소 진해 신교사로 이전	
1929. 11. -	조선해사자원조사규칙 제정	
1935.	조선무선방위측정규칙 제정	
1936.	해원심판 이심제가 됨	
1937.	남양~인도항로 부산기항 개설	
5. -	대련에서 황해 해상안전회의 개최	
7. -	부산중공에서 7,000톤 도크 완성	
1938.	기상관측 통신망 정비 개시 조선해사보국단 창립 함부르크 항로 부산 기항 개설	
1939.	선원직업능력신고령시행규칙 제정 북지 명령항로 증강 선박운항기능자 양성령시행규칙 제정	
1940.	해운통제령시행규칙 제정	
2. -	내외지 항로표지 관계자 회의 개최(요코하마)	
6. -	선원보험법 실시	
12. -	조선해운조합령 공포	
1941. 4. -	각 지구 해운조합 및 동 연합회 설립	
10. -	조선 관계물자 해상수송 통제요강에 의한 계획 수송 개시	
1942. 3. -	전시해운관리령 공포 시에 따른 대형 적격선을 징용하여 선박운영회에 대여 목조기범선, 거룻배의 계획조선 개시	

☞ 앞 표에 이어서

연 월 일	사건	관련 사항
1943. 2. –	조선선박운항통제회사 설립 조선(造船)공장 집약통합을 지도 조선중공업(주)에서 전시 표준형 선박 건조 개시 지역별 선박용품 통제회사 설립	
12. 1.	해사행정부문, 교통국으로 이관됨	
12. –	조선해륙운수(주) 설립	
1944.	조선조선관계공장관리령 공포	
1944. 5. –	인천 · 목포에 보통해원양성소 설치 해사보국단 군산에 설치	

항공

연 월 일	사건	관련 사항
1909. 12. -		히노, 도쿠가와 양 대위에 의한 일본 최초 공개 비행
1918. 11. -		칙령 제48호에 의해 임시항공위원회 설치
1920. 7. -		칙령 제224호에 의해 항공국 설치 민간항공기 조종사채용규칙, 항공장려규칙, 항공단속규칙 제정
1923. 3. 21.	칙령 제123호에 의해, 항공국은 육군성에서 체신성 소관으로 변경됨	
1925. 4. 1.	평양에 비행 제6연대 설치 니시오 사부로 경성에 조선항공연구소 창설 (1929년 3월 1일에 개조)	
1927. 1. 29.	칙령 제2호에 의해 조선총독부 체신국이 항공 주관청이 됨	
2. 10.	부령 제6호에 의해 체신국사무분장규칙을 개정	
5. -	칙령 제104호에 의해 항공법, 동 규칙의 시행구역에 조선을 지정	
6. -	부령 제55, 56호에 의해 공포 시행	
1928. 5. 5.	신용항 경성에 조선비행학교 창립(1936년 9월, 조선항공사업사)	
5. -		일본항공(주) 설립
1929. 4. 1.		일항정기항공 개시
7. 15.		도쿄~대련선 개시
1931.	만주항공(주)의 조선연락운항협정 체결	
1935. 6. -	후지타 다케아키 국경 경비비행대 설립	
10. 4.	항공과 철도의 연대 운수 개시	
12. -	만항기(滿航機)의 신경~봉천~신의주 및 신경~봉천~경성에의 연장운항 개시	
1936. 8. -	청진 앞바다에서 어군탐견 비행 개시	
9. 12.	회령에 비행 제9 연대 신설	
1937. 6. 1.	조선총독부 명령항공로로 일항(日航)에 의해 경성~대련~북경선 개시	
7. -	훈령 제73호에 의해 항공과 신설	
12. -	일항(日航) 및 만항(滿航)과의 수하물, 여객연대 수송에 만철 소관 내 발착 또는 경유를 추가	
1938. 5. -	조항(朝航)에 의해 조선총독부 명령항공로로 경성~이리(익산)~광주선 개시	

☞ 앞 표에 이어서

연 월 일	사건	관련 사항
10. –	일항(日航)에 의해 경성~함흥~청진선 및 경성~청도선 개시 경성~미자~동경선 및 동경~경성~신경선 개시	
10. 5.		도쿄~북경~후쿠오카~남경 간 정기항로 개시
1941. 3. 17.		일항(日航), 만항(滿航)에 의한 도쿄~신경선(직통편) 운항 개시
6. 6.	일항(日航), 동경~신경 직통편 청진비행장 부근에 추락	
8. –	만항(滿航), 직통편 청진 앞바다에서 조난	
1942. 7. –	미쓰이광산(주) 평양비행제작소 신설	
7. –	항공기사업법을 조선에도 시행	
1943. 10. –	김포비행장(경성 제2비행장) 사용 개시	
12. 1.	항공과는 체신국에서 교통국으로 이관되어 6개 의계를 설치 경성, 대구, 청진 각 지방 관구소 신설	
1944. 4. 1.	명령항공로로 일항(日航)에 의해 대구~후쿠오카 운항 개시	
4. –	본부광공국(本府鑛工局)이 신설되어 항공기 제조 부문 담당이 됨	
8. 26.	본부 연락용 구입기 MC20형 노량진 산중에서 조난	
10. 2.	조선비행기공업(주) 창립(경기도 안양리)	
10. 27.	조선항공공업(주) 창립(부산부 및 영등포)	
1945. 5. 24.	일본 정부 파견 항공기로 귀임 중 경북지사 외 시마네현의 산중에서 조난	

항만

연월일	사건	관련 사항
1911. 12. -	항만수축 제8개년간의 계속사업으로서 부산, 인천, 진남포 및 평양 4개 항의 공사 착수 〈요전 자료 불확실〉	
1940. 3. -	제75회 제국의회에서 부산항 확장 · 마산 · 진해 및 해주 각 항만 수축공사 예산 확정	
1941. 3. -	제76회 제국의회에서 삼천포항 수축, 여수항 확장 · 보강 및 인천항 제2도크 축조, 다사도항 수축, 여수항 확장의 계획변경 공사예산 확정	
4. 1.	항만영업통계취급 절차를 제정	
1942. 3. -	제79회 제국의회에서 인천항 저탄설비에 필요한 예산 확정	
1943. 3. -	제81회 제국의회에서 삼천포항 확장, 여수항 수축비용 추가예산 확정	
1944. 2. 14.	본부 내에 항만조사위원회를 설치	
3. -	제84회 제국의회에서 항만수축 개량예산 확정	

II. 통계표

II. 통계표

[공무]

선로 및 궤도

연도	선로				
	계(km)	표준궤			협궤
		단선(km)	복선(km)	복복선(km)	단선(km)
1906	469.4	469.4	–	–	–
1907	469.6	469.6	–	–	–
1908	1,032.40	1,032.40	–	–	–
1909	1,031.20	1,023.20	8	–	–
1910	1,086.40	1,078.40	8	–	–
1911	1,237.50	1,226.80	10.8	–	–
1912	1,343.30	1,335.30	8	–	–
1913	1,557.40	1,546.50	10.8	–	–
1914	1,594.40	1,583.60	10.8	–	–
1915	1,614.10	1,603.30	10.8	–	–
1916	1,709.70	1,698.90	10.8	–	–
1917	1,751.60	1,740.80	10.8	–	–
1918	1,767.90	1,757.10	10.8	–	–
1919	1,850.60	1,839.80	10.8	–	–
1920	1,857.50	1,845.50	12	–	–
1921	1,869.80	1,857.80	12	–	–
1922	1,888.20	1,876.20	12	–	–
1923	1,906.90	1,894.90	12	–	–
1924	2,085.50	2,073.60	12	–	–
1925	2,102.30	2,090.30	12	–	–
1926	2,157.20	2,145.20	12	–	–
1927	2,342.20	2,305.20	12	–	25

☞ 앞 표에 이어서

연도	계(km)	선로			
		표준궤			협궤
		단선(km)	복선(km)	복복선(km)	단선(km)
1928	2,550.10	2,364.20	12	–	173.9
1929	2,750.30	2,529.80	12	–	208.5
1930	2,791.20	2,570.70	12	–	208.5
1931	3,004.40	2,783.90	12	–	208.5
1932	3,138.80	2,923.40	12	–	203.5
1933	2,930.80	2,740.40	12	–	178.4
1934	3,072.60	2,848.50	8.8	3.2	212.1
1935	3,384.80	3,139.60	8.8	3.2	233.1
1936	3,571.60	3,321.60	8.8	3.2	238
1937	3,732.50	3,465.70	25.7	3.2	238
1938	3,826.30	3,560.40	58.6	3.2	204.1

비고) 본 표는 철도국에서 보수의 책임을 지는 영업선 내의 시설을 계상했다.
(1939년 이후 자료 불명)

☞ 앞 표에 이어서

연도	궤도						
	본선로						
	계	표준궤(km)				협궤(km)	
		50kg	37kg	30kg	30kg 미만	30kg 이상	17kg 이하
1906	547.9	경부본선만으로 경의 · 마산선 미포함				–	–
1907	622.2					–	–
1908	1,200.50	–	–	–	–	–	–
1909	1,039.20	–	799.3	239.2	0.7	–	–
1910	1,088.10	–	831.4	256	0.7	–	–
1911	1,248.30	–	928.1	320.1	0.1	–	–
1912	1,351.30	–	994.3	356.9	–	–	–
1913	1,557.40	–	1,143.10	414.2	–	–	–
1914	1,605.20	–	1,226.30	378.8	–	–	–
1915	1,624.90	–	1,242.40	382.3	0.2	–	–
1916	1,720.50	–	1,338.10	382.2	0.2	–	–
1917	1,762.40	–	1,380.30	382.1	–	–	–
1918	1,778.70	–	1,392.60	386.1	–	–	–
1919	1,946.30	–	1,527.90	418.3	–	–	–
1920	1,969.20	–	1,557.90	411.3	–	–	–
1921	1,980.30	–	1,587.80	392.5	–	–	–
1922	1,999.90	9.5	1,601.50	388.9	–	–	–
1923	2,021.40	66.5	1,599.50	355.4	–	–	–
1924	2,204.00	67.2	1,781.90	355	–	–	–
1925	2,221.50	67.2	1,818.10	336.3	–	–	–
1926	2,279.60	67.2	1,885.90	326.4	–	–	–
1927	2,480.20	90.5	2,020.10	344.3	–	–	25.3
1928	2,701.30	107.9	2,079.80	337.3	–	0	176.3
1929	2,912.40	139.5	2,218.90	340.5	–	0	213.6
1930	2,959.50	177.2	2,235.00	333.6	–	0	213.7
1931	3,188.90	222.8	2,369.90	382.2	–	0	213.9
1932	3,326.70	269	2,488.00	362.1	–	0	207.6
1933	3,110.30	344.9	2,268.30	314.7	–	0	182.3
1934	3,269.40	413.9	2,347.40	291.4	–	34.9	181.8
1935	3,600.00	489.1	2,433.20	439.1	–	57.7	180.8

☞ 앞 표에 이어서

연도	궤도						
	본선로						
	계	표준궤(km)				협궤(km)	
		50kg	37kg	30kg	30kg 미만	30kg 이상	17kg 이하
1936	3,804.90	579.1	2,547.50	435.4	–	103.8	139.2
1937	3,995.90	675.1	2,645.80	430.2	–	105.6	139.2
1938	4,143.40	779.3	2,768.90	385.4	–	103.8	105.9

☞ 앞 표에 이어서

연도	궤도							비고
	측선							
	계	표준궤(km)				협궤(km)		
		50kg	37kg	30kg	30kg 미만	30kg 이상	17kg 이하	
1906	본 · 측선별 불명		−	−	−	−		(1) 37kg에는 40kg을, 30kg 에는 32kg을 포 함 (2) 사사오입을 하여, 합계가 일치하지 않을 수 있음.
1907			−	−	−	−		
1908			−	−	−	−		
1909	222.3	−	?	?	?	−	−	
1910	235.3	−	?	?	?	−	−	
1911	273.6	−	?	?	?	−	−	
1912	331.3	−	?	?	?	−	−	
1913	361.2	−	?	?	?	−	−	
1914	378.6	−	?	?	?	−	−	
1915	395.7	−	151.9	228.2	15.6	−	−	
1916	412.3	−	159.1	239.2	14.1	−	−	
1917	431.8	−	182.6	235.9	13.3	−	−	
1918	451.7	−	206.2	230.8	14.7	−	−	
1919	417.2	−	181.2	221.1	14.8	−	−	
1920	424.4	−	187	224	13.4	−	−	
1921	446.7	−	195.8	243	7.9	−	−	
1922	493.8	−	225	259.4	9.4	−	−	
1923	496.8	−	225.3	261.6	9.9	−	−	
1924	524.5	−	250.6	264.3	9.6	−	−	
1925	550	−	261.3	278.7	10	−	−	
1926	563.6	−	275.4	281.3	7	−	−	
1927	605.6	−	295.5	299	8	−	3	
1928	639.5	−	312.5	299.8	8.6	−	18.6	
1929	687.8	0.1	349.6	309	6.1	−	23	
1930	731.2	0.1	389.8	312.1	6.1	−	23.1	
1931	761.7	0.1	408.6	324	6	0	23	
1932	808	0.1	443	334.8	6.2	0	23.8	
1933	746.9	0.1	393	328.5	6	0	19.2	
1934	786	0.1	421.3	334.2	6.2	5.6	18.6	
1935	850.5	0.1	463.5	351.5	7	8.7	19.6	

☞ 앞 표에 이어서

연도	궤도							비고
	측선							
	계	표준궤(km)				협궤(km)		
		50kg	37kg	30kg	30kg 미만	30kg 이상	17kg 이하	
1936	915.8	0.1	527.7	351.5	6.4	14.1	16	
1937	979.7	1.8	587.7	348.5	8.5	16.5	16.8	
1938	1,020.60	2.7	627.9	353.3	5.9	16	14.9	

선로 시설

연도	교량				구교			
	개소		연장(m)		개소		연장(m)	
	무도상 (無道床)	유도상 (有道床)	무도상 (無道床)	유도상 (有道床)	무도상 (無道床)	유도상 (有道床)	무도상 (無道床)	유도상 (有道床)
1909	?	?	21,970	127	?		2,205	
1910	?	?	23,391	127	?		2,135	
1911	?	?	27,103	127	?		2,341	
1912	?	?	29,877	125	?		2,687	
1913	?	?	32,834	143	?		3,158	
1914	?	?	34,715	163	?		3,220	
1915	?	?	35,662	182	1,532		?	
1916	?	?	37,294	172	1,617		?	
1917	?	?	39,169	271	1,692		?	
1918	?	?	40,090	206	1,730		?	
1919	?	?	43,458	281	1,845		?	
1920	?	?	43,765	275	1,876		?	
1921	?	?	44,140	274	1,883		?	
1922	?	?	44,637	252	1,917		?	
1923	?	?	45,600	253	1,931		?	
1924	?	?	50,647	300	2,117		?	
1925	1,393	61	50,830	305	1,445	704	3,343	1,158
1926	1,469	63	52,719	312	1,494	737	3,451	1,211
1927	1,586	72	58,384	468	1,578	812	3,658	1,352
1928	1,763	81	64,199	578	1,694	853	4,033	1,404
1929	1,855	93	67,560	671	1,841	971	4,220	1,630
1930	1,545	31	67,431	484	2,174	1,069	5,625	1,955
1931	1,636	43	71,031	574	2,223	1,091	5,752	2,177
1932	1,695	46	73,221	599	2,261	1,193	5,934	2,376
1933	1,591	43	69,820	581	2,072	1,109	5,431	2,225
1934	1,651	60	71,684	691	2,147	1,278	5,500	2,532
1935	1,797	80	76,987	913	2,167	1,560	5,654	3,052
1936	1,838	131	80,510	1,961	2,131	1,814	5,558	3,618

☞ 앞 표에 이어서

연도	교량				구교			
	개소		연장(m)		개소		연장(m)	
	무도상 (無道床)	유도상 (有道床)	무도상 (無道床)	유도상 (有道床)	무도상 (無道床)	유도상 (有道床)	무도상 (無道床)	유도상 (有道床)
1937	1,914	158	83,699	2,441	2,155	2,012	5,610	4,046
1938	1,939	183	85,118	2,636	2,144	2,183	5,605	4,391

☞ 앞 표에 이어서

연도	잡교량				횡단하수	
	과선도	과선 도로교	하해 잔교		지중(地中)	가공(架空)
	개소	연장(m)	개소	연장(m)	개소	
1909	?	31	?	?	381	2,858
1910	?	31	?	?	422	3,037
1911	?	31	?	?	566	3,439
1912	?	54	?	?	814	3,928
1913	?	54	?	?	607	4,549
1914	?	54	?	?	564	4,737
1915	?	64	?	77	640	4,687
1916	?	64	?	77	656	4,883
1917	?	65	?	77	681	4,941
1918	?	65	?	173	699	5,065
1919	?	65	?	173	802	5,440
1920	?	101	?	173	818	5,492
1921	?	90	?	173	803	5,480
1922	?	90	?	187	714	5,416
1923	?	90	?	77	708	5,489
1924	?	90	?	105	792	6,089
1925	4	90	4	105	796	6,085
1926	5	96	2	46	982	6,250
1927	8	128	2	46	1,050	7,085
1928	7	123	2	46	1,303	8,507
1929	6	115	3	105	1,456	9,092
1930	6	115	2	46	1,490	9,216
1931	10	169	2	46	1,829	10,326
1932	9	148	3	98	1,879	11,010
1933	8	134	4	105	1,818	10,559
1934	8	134	4	150	1,968	11,072
1935	10	160	4	150	2,348	12,716
1936	11	162	4	150	2,471	13,321
1937	14	201	5	195	2,593	14,058
1938	17	264	4	176	2,793	14,459

☞ 앞 표에 이어서

연도	터널		방설림		
	개소	연장(m)	개소	연장(m)	면적(m²)
1909	?	9,855	–	–	–
1910	?	9,975	–	–	–
1911	?	10,659	–	–	–
1912	?	10,890	–	–	–
1913	?	12,883	–	–	–
1914	?	17,336	–	–	–
1915	?	17,959	–	–	–
1916	?	18,484	–	–	–
1917	91	23,523	–	–	–
1918	91	23,523	–	–	–
1919	95	26,409	–	–	–
1920	98	27,774	–	–	–
1921	99	28,591	–	–	–
1922	100	29,050	–	–	–
1923	108	32,229	–	–	–
1924	154	50,042	–	–	–
1925	155	50,786	–	–	–
1926	156	53,254	–	–	–
1927	175	62,059	–	–	–
1928	178	63,234	4	1,283	64,476
1929	191	66,549	13	4,293	189,631
1930	191	66,549	16	5,185	242,776
1931	205	71,593	24	7,591	363,107
1932	214	74,544	36	10,971	476,123
1933	203	65,688	55	15,991	671,288
1934	213	68,973	73	19,507	849,163
1935	239	79,474	111	25,951	1,118,226
1936	271	90,660	117	27,559	1,196,641
1937	287	95,955	126	28,869	1,246,151
1938	292	99,802	127	32,030	1,448,698

정거장 시설

연도	정거장(개)			
	보통역	간이역	신호장	신호소
1909	100		–	–
1910	105		–	–
1911	121		–	–
1912	131		–	–
1913	140	14	–	–
1914	144	14	3	–
1915	145	17	3	–
1916	152	20	3	–
1917	155	22	2	–
1918	159	21	2	–
1919	166	21	2	–
1920	171	18	4	–
1921	167	24	6	–
1922	155	39	7	–
1923	184	22	4	–
1924	188	43	4	–
1925	195	45	3	–
1926	203	49	–	–
1927	232	56	–	–
1928	269	58	1	–
1929	294	73	2	–
1930	300	77	2	–
1931	320	100	2	–
1932	325	115	1	–
1933	307	106	1	–
1934	319	120	1	–
1935	353	140	1	–
1936	376	143	2	–
1937	396	146	2	–
1938	413	145	6	1

☞ 앞 표에 이어서

연도	여객설비			
	승강장(m)		과선교(개)	지하도(개)
	돌, 벽돌, 콘크리트	목조		
1909	?		2	−
1910	?		3	−
1911	?		4	−
1912	?		4	−
1913	?		5	−
1914	?		5	1
1915	?		6	1
1916	?		6	1
1917	?		6	1
1918	?		6	1
1919	?		6	2
1920	?		6	2
1921	?		6	2
1922	?		6	2
1923	?		8	2
1924	?		8	2
1925	74,947		9	2
1926	49,299	41,534	9	2
1927	68,328	32,240	9	2
1928	94,767	24,059	9	2
1929	109,931	19,026	9	2
1930	113,114	21,488	11	3
1931	126,403	18,599	11	5
1932	133,292	17,451	13	6
1933	128,385	11,150	13	7
1934	140,268	7,139	15	7
1935	147,240	8,336	16	8
1936	153,515	9,115	18	8
1937	162,900	8,829	18	8
1938	177,070	8,488	18	9

☞ 앞 표에 이어서

연도	화물설비			
	적사장(m)		계중대(개소)	기중기(기)
	돌, 벽돌 콘크리트	목조		
1909	?		1	–
1910	?		1	5
1911	?		1	5
1912	?		1	5
1913	?		2	5
1914	?		2	5
1915	?		2	2
1916	?		3	2
1917	?		3	2
1918	?		3	3
1919	?		5	3
1920	?		5	2
1921	?		7	2
1922	?		7	2
1923	?		6	2
1924	?		8	2
1925	16,514		8	3
1926	6,060	10,528	8	3
1927	8,179	8,632	8	3
1928	8,855	9,796	8	3
1929	10,240	9,312	8	3
1930	12,225	8,100	8	4
1931	14,724	10,802	9	4
1932	14,089	10,549	9	8
1933	15,070	9,066	8	6
1934	16,110	7,938	7	6
1935	15,437	6,038	7	6
1936	16,552	5,634	8	7
1937	16,907	5,405	8	7
1938	18,680	5,165	7	3

☞ 앞 표에 이어서

연도	운전설비					
	전차대(개소)	급수주(기)	저수조(개소)	석탄대(개소)	회갱	
					개소	연장(m)
1909	12	1	71	36	?	2,404
1910	12	1	72	41	?	2,575
1911	11	1	68	47	?	2,665
1912	10	14	69	50	?	2,731
1913	12	17	77	53	?	2,961
1914	15	18	69	46	62	?
1915	15	19	70	50	76	?
1916	15	29	75	51	79	?
1917	15	31	72	51	78	?
1918	16	35	64	54	74	?
1919	16	44	72	57	95	?
1920	17	47	72	53	94	?
1921	17	54	58	54	96	?
1922	19	61	58	57	105	?
1923	20	66	56	58	112	?
1924	20	69	62	59	122	?
1925	21	72	59	64	128	4,314
1926	21	78	59	63	138	4,560
1927	21	85	69	72	156	5,018
1928	24	98	107	79	186	5,657
1929	25	108	101	90	214	6,349
1930	25	110	108	92	228	6,643
1931	29	119	121	102	239	6,698
1932	32	130	123	?	?	7,044
1933	29	124	112	?	?	6,541
1934	32	133	116	?	?	6,839
1935	34	159	122	?	?	7,471
1936	36	181	120	?	?	8,928
1937	40	200	130	117	344	9,566
1938	39	209	125	112	369	10,394

☞ 앞 표에 이어서

연도	보안설비				
	본선 신호기 (기)	제1종 연동장치		분기 및 교차	
		조수	레버(lever) 수(본)	건널선(조)	기타(조)
1909	?	–	–	?	
1910	?	–	–	?	
1911	?	–	–	?	
1912	?	3	?	?	
1913	?	5	?	?	
1914	?	5	?	?	
1915	?	5	?	?	
1916	?	5	?	?	
1917	?	5	?	?	
1918	?	5	?	?	
1919	?	5	?	?	
1920	?	5	?	2,147	
1921	?	4	?	2,235	
1922	?	6	?	2,462	
1923	?	4	?	2,499	
1924	?	6	?	2,627	
1925	604	6	?	19	2,665
1926	617	6	?	20	2,730
1927	705	6	?	21	3,057
1928	803	6	?	18	3,437
1929	907	6	?	20	3,725
1930	949	6	226	24	3,902
1931	1,017	7	274	26	4,155
1932	1,036	7	274	31	4,365
1933	987	7	274	33	4,092
1934	1,038	7	274	39	4,360
1935	1,112	10	386	43	4,729
1936	1,183	10	389	46	5,100
1937	1,250	10	389	46	5,463
1938	1,351	26	388	46	5,676

용지 및 건물

연도	용지(평(坪))							
	계	선로 부지	정거장 부지	사무소 부지	관사 부지	창고 부지	공장 부지	호텔 부지
1907	5,374,815	3,498,844	1,875,971					
1908	16,622,452	7,691,874	8,930,578					
1909	17,580,375	8,214,683	9,365,692					
1910	18,770,018	8,960,609	9,809,469					
1911	22,157,255	11,036,365	11,120,890					
1912	23,291,268	11,640,668	11,650,600					
1913	23,509,644	11,776,705	11,732,939					
1914	24,760,958	12,685,420	12,075,538					
1915	25,901,827	13,267,729	12,634,098					
1916	26,754,699	13,882,129	12,872,570					
1917	26,954,221	14,170,865	12,783,356					
1918	27,193,911	14,486,488	12,707,423					
1919	27,663,766	14,674,875	12,988,891					
1920	27,629,979	14,624,787	13,005,192					
1921	27,887,108	14,794,693	13,092,415					
1922	28,711,103	15,267,642	13,443,461					
1923	28,837,190	15,464,921	13,372,269					
1924	28,527,984	15,654,469	12,873,515					
1925	28,220,252	15,696,190	12,524,062					
1926	28,524,557	16,138,090	12,386,467					
1927	29,340,054	16,719,076	12,620,978					
1928	30,643,258	17,590,994	13,052,264					
1929	31,461,887	18,121,823	13,340,064					
1930	32,430,238	18,797,647	13,632,591					
1931	34,399,357	20,069,504	14,329,853					
1932	36,116,388	21,255,876	14,860,512					
1933	37,656,111	22,251,453	15,404,658					
1934	38,808,759	23,104,997	15,703,762					
1935	42,013,904	25,208,537	16,805,367					

☞ 앞 표에 이어서

| 연도 | 용지(평(坪)) | | | | | | | |
	계	선로 부지	정거장 부지	사무소 부지	관사 부지	창고 부지	공장 부지	호텔 부지
1936	44,054,850	26,489,299	17,565,551					
1937	45,909,842	29,040,986	15,511,142	101,431	641,355	40,516	330,138	244,274
1938	47,986,029	30,567,968	15,760,037	101,431	837,013	40,516	400,493	278,571

비고)
1. 용지면적에는 북선위탁관선(당해 연도 4,096,905평) 및 미 개업선(당해 연도 4,052,249평)을 포함
2. 건물은 연면적으로 함.

☞ 앞 표에 이어서

연도	계(m²)	건물									
		정거장 건물(m²)			제(諸)건물(m²)						기계장
		역건물	영업 창고	기타 건물	사무소	창고	관사	잡건물	여관	자동차 건물	
1907	?				?					−	?
1908	?				?					−	?
1909	290,017				271,382					−	18,635
1910	295,299				277,018					−	18,281
1911	318,255				300,169					−	18,086
1912	339,758				319,441					−	20,317
1913	369,702				348,740					−	20,962
1914	395,600				373,408					−	22,192
1915	413,977				388,959					−	25,018
1916	423,841				399,061					−	24,780
1917	444,219				418,017					−	26,202
1918	452,258				426,850					−	25,408
1919	479,772				450,886					−	28,886
1920	508,069				477,960					−	30,109
1921	529,111				500,790					−	28,321
1922	559,161	167,960	39,656	1,458	36,317	26,770	220,132	26,383	6,740	−	33,745
1923	582,397	173,792	42,998	1,547	30,606	31,673	222,671	35,332	9,035	−	35,289
1924	600,487	176,516	43,527	1,554	24,169	34,555	234,126	41,498	9,289	−	35,253
1925	626,753	148,010	45,749	40,846	57,709	34,945	211,455	38,327	13,623	−	36,089
1926	652,552	155,937	45,279	41,964	39,448	39,544	230,347	46,698	17,993	−	35,342
1927	675,876	173,527	42,550	39,085	34,476	38,988	242,330	49,575	17,988	−	37,357
1928	722,402	191,790	41,400	45,495	37,047	39,101	258,308	52,176	19,061	−	38,024
1929	768,267	200,832	41,684	51,673	38,160	40,874	271,889	54,609	18,850	−	49,696
1930	782,500	206,678	40,396	48,868	40,371	41,190	276,138	54,767	20,344	−	53,748
1931	813,758	217,102	40,202	49,442	33,399	41,669	292,655	57,951	20,184	−	61,154
1932	835,144	224,059	39,528	50,887	35,110	45,059	299,162	57,628	20,603	−	63,108
1933	818,883	223,010	38,145	49,188	40,140	44,861	287,843	57,037	16,926	−	61,733
1934	853,429	237,095	37,704	54,656	42,134	45,363	298,142	60,400	17,529	−	60,406
1935	915,076	254,062	40,827	59,491	45,916	47,193	322,219	65,870	17,654	599	61,245
1936	999,862	275,596	40,667	68,272	53,605	51,595	352,817	73,199	19,377	1,134	63,600
1937	1,079,288	299,851	34,857	65,107	62,277	63,764	378,788	88,362	19,364	1,074	65,844
1938	1,129,860	310,514	31,832	70,110	65,781	65,592	402,953	93,636	19,333	1,602	68,477

각종 비교 통계표

연도	평균 영업 거리 (km)	연 인 톤 거리(延 人 ton km)		
		총거리(인 kg km)	1km당(인 kg km)	지수
1906	676.6	122,651,301	181,276	81.2
1907	1,029.00	199,572,035	193,948	86.9
1908	1,032.40	230,426,890	223,195	100
1909	1,030.90	224,475,800	217,747	97.6
1910	1,055.70	286,118,372	271,022	121.4
1911	1,147.10	316,842,828	276,212	123.8
1912	1,293.90	429,578,957	332,003	148.8
1913	1,466.30	481,441,539	328,338	147.1
1914	1,587.10	497,021,966	313,164	140.3
1915	1,613.00	595,191,194	368,996	165.3
1916	1,662.80	776,668,086	467,097	209.3
1917	1,733.30	1,086,367,319	626,762	280.8
1918	1,772.20	1,414,202,626	797,993	357.5
1919	1,797.30	1,669,234,165	928,745	416.1
1920	1,859.60	1,409,372,201	757,890	339.6
1921	1,867.30	1,490,088,254	797,991	357.5
1922	1,881.50	1,681,787,386	893,855	400.5
1923	1,904.70	1,887,877,386	991,168	444.1
1924	1,997.80	1,811,252,138	906,623	406.2
1925	2,098.40	1,910,948,664	910,669	408
1926	2,125.10	2,131,623,001	1,003,070	449.4
1927	2,226.80	2,250,740,150	1,010,751	452.9
1928	2,488.00	2,453,590,565	986,170	441.8
1929	2,675.50	2,649,765,674	990,381	443.7
1930	2,771.40	2,322,514,410	838,029	375.5
1931	2,940.30	2,362,074,933	803,345	359.9
1932	3,074.70	2,529,416,961	822,655	368.6
1933	3,036.10	2,813,678,605	926,741	415.2
1934	3,010.30	3,297,907,433	1,095,541	490.8
1935	3,161.50	3,706,269,855	1,172,314	525.2

☞ 앞 표에 이어서

연도	평균 영업 거리 (km)	연 인 톤 거리(延 人 ton km)		
		총거리(인 kg km)	1km당(인 kg km)	지수
1936	3,457.00	4,249,318,028	1,229,192	550.7
1937	3,631.60	5,400,996,673	1,487,222	666.3
1938	3,761.80	6,402,483,434	1,701,973	762.5

☞ 앞 표에 이어서

연도	차량 거리			열차 거리		
	총거리(km)	1km당(km)	지수	총거리(km)	1km당(km)	지수
1906	10,073,631	14,889	65.2	1,921,040	2,839	83
1907	23,513,201	22,851	100	3,855,282	3,747	109.5
1908	23,589,734	22,849	100	3,533,089	3,422	100
1909	22,886,883	22,201	97	3,091,931	2,999	87.6
1910	28,308,974	26,815	117.4	3,383,037	3,205	93.7
1911	32,139,277	28,018	122.6	3,713,830	3,238	94.6
1912	39,745,063	30,717	134.4	4,853,761	3,751	109.6
1913	48,546,446	33,108	144.9	5,745,947	3,919	114.5
1914	46,238,845	29,134	127.5	5,571,092	3,510	102.6
1915	50,882,999	31,546	138.1	5,703,993	3,536	103.3
1916	61,074,676	36,730	160.8	6,380,098	3,837	112.1
1917	74,551,581	43,011	188.2	7,347,288	4,239	123.9
1918	83,811,092	47,292	207	7,729,550	4,362	127.5
1919	97,238,801	54,103	236.8	8,601,723	4,786	139.9
1920	82,598,929	44,418	194.4	7,366,394	3,961	115.8
1921	88,240,571	47,256	206.8	7,459,231	3,995	116.7
1922	99,921,435	53,107	232.4	8,336,901	4,431	129.5
1923	114,595,066	60,164	263.3	9,337,467	4,902	143.2
1924	104,314,690	52,215	228.5	8,896,692	4,453	130.1
1925	108,309,846	51,615	225.9	9,131,154	4,351	127.1
1926	122,495,632	57,642	252.3	9,886,162	4,652	135.9
1927	131,966,688	59,263	259.4	10,752,673	4,829	141.1
1928	148,174,677	59,556	260.7	12,435,618	4,998	146.1
1929	161,267,763	60,276	263.8	13,899,550	5,195	151.8
1930	155,194,120	55,998	245.1	14,199,011	5,123	149.7
1931	158,408,273	53,857	235.8	15,827,587	5,383	157.3
1932	165,443,818	53,808	235.5	16,981,179	5,523	161.4
1933	179,962,415	59,274	259.4	17,957,722	5,915	172.9
1934	200,370,352	66,562	291.3	19,538,435	6,491	189.7
1935	225,266,620	71,253	311.8	21,627,124	6,841	199.9
1936	252,951,018	73,171	320.2	24,627,425	7,124	208.2
1937	291,105,154	80,159	350.8	26,566,306	7,315	213.8

☞ 앞 표에 이어서

연도	차량 거리			열차 거리		
	총거리(km)	1km당(km)	지수	총거리(km)	1km당(km)	지수
1938	317,623,585	84,434	369.5	29,856,334	7,937	231.9

비고)

1. 1906년도 및 1907년도에는 가영업구간을 계상함.
2. 협궤선은 구별로 하지 않고 그 실수를 계상함.
3. 환산 차량 거리(km) 중 1923년 이후는 신규 환산률에 따름. 또한 동차의 환산거리(km)가 불명한 것은 열차 견인 거리(km)에 환산률을 곱하여 산출 가산함.
4. 선로수 인원에는 시용(試傭) 및 임용(臨傭)과 선로수장을 포함
5. 지수 1908년도를 100으로 함.

☞ 앞 표에 이어서

연도	환산 차량 거리			기관차		선로수(手)			
	총거리 (km)	1km당 (km)	지수	평균중량 (톤)	지수	연도 말 영업거리 (km)	선로수(手) [手長 포함] (인)	1km당 (인)	지수
1906	10,207,555	15,087	67.1	57.15	88.8	1,026.60	?	?	?
1907	20,617,412	20,036	89.1	63.13	98.1	1,032.40	1,350	1,308	110
1908	23,203,696	22,475	100	64.37	100	1,032.40	1,228	1,189	100
1909	21,879,148	21,223	94.4	64.37	100	1,030.80	1,222	1,185	99.7
1910	25,898,842	24,532	109.2	66.32	103	1,085.70	1,317	1,213	102
1911	29,412,079	25,640	114.1	67.59	105	1,235.30	1,420	1,150	96.7
1912	37,218,339	28,764	128	66.95	104	1,347.00	1,561	1,159	97.5
1913	45,165,128	30,802	137.1	70.43	109.4	1,561.40	1,765	1,130	95
1914	46,847,523	29,518	131.3	73.03	113.5	1,599.70	1,901	1,188	99.9
1915	50,761,675	31,470	140	73.85	114.7	1,619.80	2,071	1,279	107.6
1916	60,868,611	36,606	162.9	75.16	116.8	1,715.70	2,059	1,200	100.9
1917	76,111,569	43,911	195.4	75.16	116.8	1,757.40	2,117	1,205	101.3
1918	83,578,605	47,161	209.8	78.25	121.6	1,773.70	2,058	1,160	97.6
1919	91,263,705	50,781	225.9	86.11	133.8	1,855.90	2,205	1,188	99.9
1920	78,323,678	42,119	187.4	86.11	133.8	1,862.70	2,293	1,231	103.5
1921	84,457,487	45,230	201.2	89.01	138.3	1,874.90	2,303	1,228	103.3
1922	95,392,881	50,700	225.6	91.24	141.7	1,895.20	2,350	1,240	104.3
1923	88,195,324	46,285	205.9	94.1	146.2	1,913.50	2,401	1,255	105.6
1924	81,697,300	40,894	182	93.22	144.8	2,092.60	2,496	1,193	100.3
1925	85,275,921	40,639	180.8	93.22	144.8	2,106.80	2,452	1,164	97.9
1926	95,654,992	45,012	200.3	93.22	144.8	2,159.10	2,583	1,196	100.6
1927	102,972,957	46,243	205.8	97.28	151.1	2,344.00	2,834	1,209	101.7
1928	117,334,366	47,160	209.8	96.34	149.7	2,551.90	3,084	1,209	101.7
1929	128,829,224	48,151	214.2	94.6	147	2,751.50	3,272	1,189	100
1930	124,904,656	45,069	200.5	96.36	149.7	2,792.50	3,282	1,175	98.8
1931	126,543,615	43,038	191.5	95.06	147.7	3,008.50	3,389	1,126	94.7
1932	131,604,262	42,802	190.4	94.73	147.2	3,142.80	3,556	1,131	95.1
1933	143,718,584	47,337	210.6	95.91	149	2,935.40	3,441	1,172	98.6
1934	161,065,355	53,505	238.1	96.15	149.4	3,077.40	3,705	1,204	101.3
1935	182,033,637	57,895	257.6	96.34	149.7	3,389.50	4,027	1,188	99.9
1936	205,002,972	59,301	263.9	97.42	151.3	3,575.90	4,343	1,215	102.2

☞ 앞 표에 이어서

| 연도 | 환산 차량 거리 | | | 기관차 | | 선로수(手) | | | |
	총거리 (km)	1km당 (km)	지수	평균중량 (톤)	지수	연도 말 영업거리 (km)	선로수(手) [手長 포함] (인)	1km당 (인)	지수
1937	230,144,404	63,373	282	100.38	155.9	3,737.30	4,722	1,263	106.2
1938	263,236,834	69,976	311.4	103.31	160.5	3,831.00	5,178	1,352	113.7

[영업]

제1 종합표(첫 번째)

연도	영업 거리(km)		
	국철	사철	합계
1910	1,086.10	9.3	1,095.40
1911	1,235.30	9.3	1,244.60
1912	1,347.00	9.3	1,356.30
1913	1,561.40	9.3	1,570.70
1914	1,399.70	34.1	1,633.80
1915	1,619.80	48.2	1,668.00
1916	1,715.40	79.9	1,795.30
1917	1,757.40	80	1,837.40
1918	1,773.70	227.4	2,001.10
1919	1,855.90	284	2,139.90
1920	1,862.70	305.5	2,168.20
1921	1,874.90	372.3	2,247.40
1922	1,895.20	442.6	2,337.80
1923	1,913.50	533.6	2,447.10
1924	2,092.30	613.5	2,705.90
1925	2,106.80	743.1	2,849.90
1926	2,159.10	783.8	2,938.80
1927	2,344.00	826.5	3,167.50
1928	2,551.90	753	3,300.70
1929	2,751.50	820.8	3,567.60
1930	2,792.50	1,072.40	3,864.90
1931	3,008.50	1,140.90	4,149.40
1932	3,142.80	1,139.10	4,281.90
1933	2,935.40	1,516.10	4,451.50
1934	3,077.40	1,577.90	4,655.30
1935	3,389.50	1,578.70	4,968.20
1936	3,575.90	1,445.20	5,021.10
1937	3,737.30	1,540.30	5,277.60
1938	3,831.00	1,580.80	5,411.80

☞ 앞 표에 이어서

연도	영업 거리(km)		
	국철	사철	합계
1939	4,089.50	1,956.70	6,046.20
1940	4,293.30	1,749.20	6,042.50
1941	4,463.40	1,789.10	6,252.50
1942	4,536.80	1,815.00	6,351.80
1943	4,567.50	1,853.20	6,420.70
1944	5,005.40	1,368.40	6,373.80

비고)
(1) 1930년도까지의 km단위는 mile단위를 환산한 것임.
(2) 국철에는 사철로부터 차용한 선로를 포함하며, 사철 또한 국철로부터 위탁 · 대부한 선로가 포함되었음.
(3) 국철 사철 모두 영업이 중지된 선로는 제외되었음.

제1 종합표(두 번째)

연도	정거장수(개)			종사원수(인)		
	국철	사철	합계	국철	사철	합계
1910	105	5	110	6,908	–	6,908
1911	121	5	126	7,631	–	7,631
1912	131	4	135	8,320	–	8,320
1913	154	4	158	9,251	–	9,251
1914	158	11	169	8,962	–	8,962
1915	162	17	179	9,234	–	9,234
1916	172	24	196	9,303	–	9,303
1917	177	24	201	9,592	–	9,592
1918	180	43	223	10,323	–	10,323
1919	187	57	244	12,097	–	12,097
1920	189	64	253	12,148	–	12,148
1921	191	69	260	11,927	–	11,927
1922	195	100	295	12,651	–	12,651
1923	206	124	330	13,111	–	13,111
1924	231	146	377	13,165	–	13,165
1925	240	178	418	12,824	–	12,824
1926	262	174	426	13,536	–	13,536
1927	288	138	426	14,483	2,353	16,836
1928	327	189	516	15,644	2,298	17,942
1929	367	171	538	16,377	2,234	18,611
1930	377	175	552	16,436	2,726	19,162
1931	420	247	667	6,061	2,739	18,800
1932	440	252	692	16,557	2,620	19,177
1933	413	257	670	16,244	2,680	18,924
1934	439	284	723	18,252	3,181	21,433
1935	493	305	798	20,594	3,492	24,086
1936	519	257	776	23,830	3,641	27,471
1937	542	284	826	28,390	4,374	32,764
1938	558	308	866	33,000	5,255	38,255
1939	599	–	–	–	–	–
1940	628	–	–	–	–	–

☞ 앞 표에 이어서

연도	정거장수(개)			종사원수(인)		
	국철	사철	합계	국철	사철	합계
1941	653	–	–	–	–	–
1942	665	–	–	–	–	–
1943	676	–	–	–	–	–
1944	–	–	–	–	–	–

제2 운수수입 성적표(첫 번째)

연도	여객수입			
	여객 운임 (천엔)	기타 (천엔)	합계 (천엔)	1km/1일 평균 (엔)
1910	2,176	174	2,350	6.13
1911	2,509	206	2,715	6.50
1912	3,247	295	3,542	7.51
1913	3,476	337	3,813	7.13
1914	3,285	372	3,657	6.32
1915	3,550	407	3,957	6.71
1916	3,846	474	4,320	7.13
1917	5,363	644	6,007	9.51
1918	7,940	999	8,939	13.83
1919	9,959	1,475	11,434	17.4
1920	11,086	1,582	12,668	18.68
1921	11,535	1,829	13,362	19.62
1922	12,254	1,965	14,219	20.73
1923	13,066	2,090	15,156	21.79
1924	12,950	1,986	14,936	20.51
1925	13,237	2,062	15,299	20
1926	14,310	2,105	16,415	21.18
1927	15,146	2,283	17,429	21.41
1928	16,744	2,564	19,307	21.28
1929	18,225	2,756	20,981	21.5
1930	15,083	2,507	17,590	17.4
1931	14,189	2,400	16,589	15.43
1932	15,496	2,532	18,028	16.07
1933	17,730	2,979	20,709	18.7
1934	20,750	3,505	24,255	22.09
1935	23,579	4,472	28,051	24.26
1936	27,451	4,550	32,001	25.38
1937	31,788	5,214	37,002	27.93
1938	41,305	7,258	48,563	35.39
1939	60,016	10,404	70,420	49.13

☞ 앞 표에 이어서

종별	여객수입			
연도	여객 운임 (천엔)	기타 (천엔)	합계 (천엔)	1km/1일 평균 (엔)
1940	79,264	12,261	91,595	58.74
1941	88,443	12,033	100,476	62.23
1942	132,873	19,103	151,976	91.93
1943	159,679	22,080	181,759	108.77
1944	192,981	26,915	219,896	121.37

비고)
(1) 객차 성적표 중 '1km/1일 평균'은 여객 잡수익을 포함한 여객 수입 합계액을 기초로 산출하고 있으며, 1938년 이전의 계산방법과 다름(합계액에서 잡수익을 공제함).
(2) 1944년도의 여객운임은 '1km/1인 평균 운임(239모)'에 연인 km(延人粁 = 평균 승차 km×운송인원)를 곱하여 산출함(역산).
(3) 본 표 이하는 국철만을 나타냄.

제2 운수수입 성적표(두 번째)

연도 \ 종별	화물수입				여객화물수입		
	화물운임 (천엔)	기타 (천엔)	합계 (천엔)	1km/1일 평균 (천엔)	합계금액 (천엔)	지수	1km/1일 평균 (엔)
1910	1,826	236	2,062	5.35	4,411	100	11.45
1911	2,029	262	2,291	5.49	5,006	113	11.92
1912	2,083	187	2,270	4.85	5,813	132	12.31
1913	2,356	162	2,518	4.71	6,331	143	11.83
1914	2,554	187	2,740	4.73	6,398	145	11.04
1915	3,123	216	3,339	5.66	7,296	165	12.36
1916	4,102	233	4,335	7.14	8,656	196	14.26
1917	5,672	301	5,973	9.44	11,981	272	18.94
1918	7,766	334	8,100	12.52	17,040	386	26.34
1919	10,201	621	10,823	16.45	22,257	504	33.84
1920	11,149	1,157	12,308	18.19	25,016	567	36.86
1921	11,454	1,340	12,794	18.77	26,156	593	38.38
1922	12,733	1,461	14,194	20.67	28,413	644	41.37
1923	14,488	727	15,015	21.83	30,371	688	43.57
1924	14,092	—	14,092	19.32	29,028	658	39.81
1925	15,410	—	15,410	20.12	30,709	696	40.09
1926	17,396	—	17,396	22.43	33,811	766	43.59
1927	18,551	—	18,551	22.76	35,980	816	44.15
1928	19,658	—	19,658	21.65	38,966	883	42.91
1929	20,409	—	20,409	20.9	41,389	938	42.38
1930	18,816	—	18,816	18.6	36,407	825	35.99
1931	19,398	—	19,398	18.04	35,987	816	33.44
1932	20,184	—	20,184	18.02	38,213	866	34.05
1933	22,445	—	22,445	20.29	43,154	918	38.94
1934	25,412	—	25,412	23.15	49,667	1,726	45.20
1935	27,921	—	27,921	24.15	55,972	1,269	48.37
1936	32,445	—	32,445	25.74	64,446	1,461	51.07
1937	39,244	—	39,244	29.63	76,246	1,728	57.52
1938	45,821	—	45,821	33.40	94,383	2,139	68.74
1939	55,209	731	55,940	39.04	126,360	2,865	88.12

☞ 앞 표에 이어서

종별 연도	화물수입				여객화물수입		
	화물운임 (천엔)	기타 (천엔)	합계 (천엔)	1km/1일 평균 (천엔)	합계금액 (천엔)	지수	1km/1일 평균 (엔)
1940	60,921	958	61,879	39.86	153,374	3,477	98.72
1941	70,238	958	71,196	44.10	171,672	3,892	106.27
1942	89,354	1,484	90,838	54.95	242,815	5,505	146.81
1943	107,214	1,363	108,577	64.95	290,337	6,582	173.62
1944	143,030	1,866	144,896	79.81	364,739	8,270	200.73

비고)
(1) 화물수입은 1938년도까지 화물수입 '기타'에 화물보관료 · 제수수료 · 교량통행료 · 소구화물 집배료 · 기타 잡수입에 해당되는 것을 공제하지만, 1939년 이후는 포함시켜 일괄함.
(2) 여객수입 '기타'도 급행요금 · 침대요금 · 수소화물 운임 · 운편물 운임 및 입장료를 일괄하고 잡수입을 공제하지만, 1939년 이후는 포함시켜 합산함.

제3 여객 통계표

종별 / 연도	영업 km 연도 말 (km)	영업 km 평균 (km)	여객 인원 (인)	인원 지수	1km/1일 평균 인원 (인)	1인 평균 승차 km (km)	1인 평균 운임 (엔)	1km/1 인 평균 운임 (모)	수하물 톤수 (톤)
1910	1,097.90	1,050.00	2,024,490	100	387	73.3	1.07	147	5,435
1911	1,233.60	1,141.00	2,429,687	120	405	69.5	1.03	148	6,196
1912	1,345.30	1,292.10	4,399,022	217	563	60.4	0.74	122	7,191
1913	1,559.60	1,464.50	4,995,441	247	523	56	0.7	124	8,196
1914	1,597.90	1,585.40	4,768,251	236	464	56.3	0.69	122	8,728
1915	1,618.00	1,611.50	5,040,471	249	510	59.7	0.7	118	9,836
1916	1,714.00	1,661.00	5,288,811	261	518	59.4	0.73	122	11,163
1917	1,755.60	1,731.50	7,064,972	349	688	61.6	0.76	123	14,826
1918	1,771.90	1,770.40	9,367,023	463	1,021	70.5	0.85	120	24,436
1919	1,854.10	1,795.50	12,184,485	602	1,130	60.9	0.82	134	31,690
1920	1,860.90	1,857.80	12,421,441	614	1,058	57.7	0.89	155	29,961
1921	1,873.10	1,865.60	13,821,144	683	1,132	55.8	0.83	150	29,927
1922	1,891.10	1,879.00	15,252,426	753	1,221	54.9	0.8	146	32,604
1923	1,909.50	1,900.60	16,760,483	828	1,313	54.5	0.78	143	33,630
1924	2,090.40	1,995.40	17,487,874	864	1,255	52.3	0.74	142	32,761
1925	2,104.50	2,096.20	18,241,062	901	1,248	52.3	0.73	139	32,728
1926	2,156.80	2,122.80	18,457,477	912	1,310	55	0.78	141	32,536
1927	2,341.80	2,224.60	20,058,401	991	1,317	53.5	0.76	141	34,687
1928	2,549.70	2,485.70	22,284,840	1,101	1,322	50.2	0.75	140	38,472
1929	2,749.20	2,673.30	23,225,584	1,147	1,387	58.3	0.78	135	40,113
1930	2,790.50	2,769.40	20,649,934	1,020	1,102	54	0.73	135	38,577
1931	3,006.50	2,938.30	19,673,704	972	990	54.1	0.72	133	37,321
1932	3,140.80	3,072.70	20,591,683	1,017	1,052	57.3	0.75	131	38,491
1933	2,933.40	2,034.10	22,238,338	1,098	1,200	59.8	0.8	133	42,737
1934	3,077.40	3,008.30	25,614,815	1,265	1,429	61.2	0.81	132	50,308
1935	3,387.50	3,159.50	29,344,188	1,449	1,525	60.1	0.8	134	57,912
1936	3,573.90	3,445.00	33,708,178	1,665	1,605	60.1	0.81	136	65,332
1937	3,735.30	3,629.60	35,906,129	1,774	1,864	68.8	0.89	129	74,044
1938	3,829.00	3,759.80	45,053,752	2,225	2,220	67.6	0.92	136	98,288
1939	4,087.50	3,916.00	59,694,228	2,948	2,938	71.6	1.01	140	129,386

☞ 앞 표에 이어서

종별 / 연도	영업 km		여객 인원 (인)	인원 지수	1km/1일 평균 인원 (인)	1인 평균 승차 km (km)	1인 평균 운임 (엔)	1km/1 인 평균 운임 (모)	수하물 톤수 (톤)
1940	4,289.30	4,252.90	82,088,740	4,054	3,505	66.3	0.97	146	135,683
1941	4,461.40	4,423.70	89,972,508	4,444	3,799	68.2	0.98	144	130,073
1942	4,534.80	4,529.20	108,477,181	5,358	4,533	69.1	1.22	177	157,827
1943	4,561.70	4,565.80	128,468,951	6,345	5,317	69.2	1.24	180	95,509
1944	4,986.70	4,991.90	106,372,624	5,249	4,831	82.3	1.81	239	-

제4 화물 통계표

| 구분

연도 | 영업 km | | 화물
톤수
(톤) | 톤수
지수 | 1km/1일
평균 톤수
(톤) | 1톤 평균
수송 km
(km) | 1톤 평균
운임
(엔) | 1km/1톤
평균 운임
(모) |
	연도 말 (km)	평균 (km)						
1910	1,805.70	1,055.80	902,999	100	342	145.8	2.28	157
1911	1,224.50	1,140.80	1,080,189	120	354	136.9	2.12	155
1912	1,336.20	1,183.10	1,123,119	124	350	146	2.02	138
1913	1,561.40	1,466.20	1,411,227	156	377	147	1.78	125
1914	1,559.70	1,587.20	1,408,889	156	395	162.3	1.95	120
1915	1,619.80	1,613.10	1,683,252	186	498	174.8	1.98	113
1916	1,715.70	1,662.80	1,927,360	213	762	239.9	2.25	94
1917	1,757.40	1,733.20	2,513,918	278	1,030	259.1	2.38	92
1918	1,773.10	1,773.10	2,650,368	294	1,166	284.6	3.06	107
1919	1,855.90	1,797.30	3,701,347	410	1,409	250.4	2.92	117
1920	1,826.70	1,859.60	3,237,254	359	1,020	213.8	3.81	178
1921	1,874.90	1,867.10	3,384,896	375	1,055	212.5	3.78	178
1922	1,895.20	1,881.50	3,852,479	427	1,229	219.1	3.68	168
1923	1,913.50	1,904.60	4,305,245	477	1,398	226.4	3.53	156
1924	2,092.60	1,997.90	2,855,289	427	1,230	232.7	3.66	157
1925	2,106.80	2,098.50	4,366,297	484	1,248	219.0	3.53	161
1926	2,159.10	2,125.10	5,107,851	566	1,439	218.5	3.41	156
1927	2,344.00	2,226.70	5,659,247	627	1,446	208.2	3.28	157
1928	2,551.90	2,488.00	5,981,486	662	1,381	209.7	3.29	157
1929	2,751.50	2,675.60	6,660,043	682	1,327	210.4	3.31	157
1930	2,790.90	2,770.90	5,936,008	657	1,195	203.5	3.17	156
1931	3,005.20	2,937.60	6,025,150	667	1,206	215.2	3.22	150
1932	3,133.40	3,069.30	6,248,863	692	1,204	215.9	3.23	150
1933	2,932.10	3,031.20	7,254,859	803	1,342	204.7	3.09	151
1934	3,074.10	3,067.10	7,681,776	851	1,497	213.9	3.31	155
1935	3,336.20	3,158.20	8,667,642	960	1,547	206.4	3.22	156
1936	3,572.60	3,453.70	9,980,227	1,105	1,623	205.0	3.25	159
1937	3,734.00	3,628.30	11,369,393	1,259	2,014	234.6	3.45	145
1938	3,827.70	3,758.50	13,923,898	1,542	2,229	219.6	3.29	150
1939	4,086.20	3,914.70	17,517,339	1,940	2,889	236.3	3.48	146

☞ 앞 표에 이어서

연도	영업 km 연도 말 (km)	영업 km 평균 (km)	화물 톤수 (톤)	톤수 지수	1km/1일 평균 톤수 (톤)	1톤 평균 수송 km (km)	1톤 평균 운임 (엔)	1km/1톤 평균 운임 (모)
1940	4,290.00	4,253.70	20,449,978	2,265	2,971	225.5	3.32	148
1941	4,460.10	4,422.70	23,169,737	2,566	3,395	236.5	3.38	142
1942	4,535.20	4,528.80	25,891,466	2,867	4,201	268.3	3.86	142
1943	4,565.90	4,567.50	27,541,257	3,050	5,557	337.3	4.48	128
1944	5,002.00	4,996.70	31,015,290	3,435	5,933	347.3	5.20	144

비고)
(1) 1939년도 이후의 화물 톤수에는 무임 · 철도국 용품을 포함함.
(2) 1944년도의 영업 km는 상반기 말의 철도국 데이터를 이용함.

제5 주요 화물 운수성적표

(단위 : 톤)

연도 \ 구분	농산품 화물톤수	지수	임산품 화물톤수	지수	광산품 화물톤수	지수	수산품 화물톤수	지수
1910	175,475	100	66,324	100	174,287	100	31,438	100
1914	332,890	189	96,706	145	278,233	159	75,532	240
1918	741,727	422	219,546	331	478,082	274	204,104	649
1922	908,399	517	418,513	631	657,067	377	173,369	551
1926	1,643,374	936	414,449	624	921,077	528	247,360	786
1930	1,555,147	886	471,514	710	1,244,528	714	220,612	701
1934	1,982,564	1,129	554,671	987	2,126,526	1,220	335,326	1,066
1938	2,260,987	1,288	1,237,490	1,856	4,424,164	2,538	409,743	1,303
1942	2,580,669	1,471	2,354,042	3,549	9,873,776	5,665	577,599	1,837
1944	2,435,677	1,396	1,704,097	2,569	11,569,392	6,638	834,555	2,655

연도 \ 구분	공산품 화물톤수	지수	기타 화물톤수	지수	합계 화물톤수	지수
1910	61,980	100	287,111	100	796,617	100
1914	99,046	159	335,285	116	1,217,659	152
1918	335,595	541	671,279	233	2,650,369	332
1922	414,500	668	1,280,630	446	3,852,478	483
1926	718,956	1,159	1,162,635	404	5,107,851	641
1930	939,484	1,515	1,504,723	524	5,936,008	745
1934	1,289,222	2,080	1,293,466	450	7,681,776	964
1938	2,423,177	3,909	3,168,337	1,103	13,923,898	1,747
1942	2,126,880	3,432	8,611,141	2,999	26,124,107	3,279
1944	2,421,335	3,907	11,945,811	4,161	30,910,867	3,880

비고)
1942년도 · 1944년도의 품종별은 지난 연도의 데이터와 다소 분류상 상이한 것 그대로 기록함.

제5 주요 화물 운수성적표(품목별 분류표)

	농산품		수산품	
	품목	톤수	품목	톤수
	쌀	818,484	활선어개류	88,181
	벼	249,518	염어개류	62,324
	보리	218,516	건어개류	62,882
	대두	225,516	해조류	14,265
	조	93,861	소금	349,947
	잡곡	197,010	합계	577,599
	소	56,768	공산품	
	말	19,028	품목	톤수
	면양	2,265	철 · 철재	417,302
	우피	4,375	비철금속	20,693
	쌀겨	25,919	금속제품	325,946
	사료	43,765	약품류	70,398
	고구마 · 감자	26,808	콩깻묵(大豆粕)	65,240
	야채류	77,736	황산암모니아	323,099
1942년	임자(荏子)	84,024	배합비료	213,281
	과일	61,215	기타배합비료	203,085
	면류	69,339	종이	64,312
	엽연초(葉煙草)	57,256	펄프	40,096
	줄 · 가마니 · 다다미	249,263	소맥분	34,730
	합계	2,580,669	설탕	58,735
	임산품		연초	51,032
	품목	톤수	면사	8,399
	목재	1,466,890	면직물	20,205
	갱목	189,508	인조견사	4,303
	장작 · 숯	388,158	인조직물	13,707
		126,555	도기류	28,192
	침목	182,931	성냥	8,074
	합계	2,354,042	된장 · 정유	17,496
	광산품		소주	18,046
	품목	톤수	맥주	32,297
	철광석	1,663,266	기타,주류	20,727

☞ 앞 표에 이어서

	품목	톤수	품목	톤수
1942년	황화철광	219,617	식품류	36,431
	석탄석	327,323	조선만주 직통	30,554
	흑연	106,347	합계	2,126,880
	금광석	385,794	**기타**	
	황화광석	420,254	**품목**	**톤수**
	광유류	82,255	군용품	2,690,545
	휘발유	11,486	기타 잡품	2,396,385
	자갈	385,382	국(局)용품	3,524,211
	조선유연탄	1,349,792	합계	8,611,141
	조선무연탄	2,283,290	**합계**	
	만주탄	706,417	**품목**	**톤수**
	기타 · 석탄	471,429	농산품	2,580,669
	연탄	91,965	임산품	2,354,042
	코크스	183,289	광산품	9,873,776
	석류 및 제품	75,114	수산품	577,599
	생석탄	92,914	공산품	2,126,880
	소석탄	105,558	기타	8,611,141
	시멘트	836,735	합계	26,124,107
	벽돌 · 기와	102,599		
	합계	9,873,776		

	농산품		**공산품**	
	품목	**톤수**	**품목**	**톤수**
1944년	쌀 · 벼	844,964	선철	671,142
	맥류	200,874	철강류	238,210
	대두	420,711	기타,철	110,100
	잡곡	420,893	경금속	63,012
	야채류	85,243	대두유	171,787
	과일	54,035	화학비료	565,585
	면류	94,451	기타,비료	109,141
	엽연초(葉煙草)	67,579	기계류	155,399
	줄 · 가마니 · 다다미	246,927	금속제품	45,288
	합계	2,435,677	소맥분	39,393
	임산품		설탕	6,642
	품목	**톤수**	연초	37,017
	갱목	239,097	술	3,043
	원목	866,914	쌀	6,629

☞ 앞 표에 이어서

	품목	톤수	품목	톤수
	제재	351,753	직물	12,114
	장작	179,011	종이	37,110
	숯	67,322	펄프	24,596
	합계	1,704,097	식품류	44,364
	광산품		약품류	80,763
	품목	**톤수**	합계	2,421,335
	조선유연탄	787,809	**수산품**	
	조선무연탄	2,281,715	**품목**	**톤수**
	만주탄	1,426,228	활선어개류	44,009
	기타,석탄	905,782	염어개류	40,631
	연탄	63,145	건어개류	31,344
	코크스	265,404	소금	718,571
	철광	2,304,644	합계	834,555
	황화철광	234,680	**기타**	
1944년	석회석	803,772	**품목**	**톤수**
	흑연	120,110	군용품	4,217,097
	기타,광석	973,722	국(局)용품	4,873,217
	광유	49,010	기타	2,855,497
	휘발유	6,668	합계	11,945,811
	자갈·모래	455,670	**합계**	
	생석회	72,699	**품목**	**톤수**
	소석회	79,439	농산품	2,435,677
	시멘트	515,184	임산품	1,704,097
	벽돌·기와	223,711	광산품	11,569,392
	합계	11,569,392	수산품	834,555
			공산품	2,421,335
			기타	11,945,811
			합계	30,910,867

제6 여객 연락운수 통계표(국제연락 포함)

(단위 : 인)

구분\연도	출발				통과	도착			
	일본 방면 도착	만주 방면 도착	조선 내 철도 도착	기선 자동차 도착		일본 방면 출발	만주 방면 출발	조선 내 철도 도착	기선 자동차 출발
1910	37,745	723	5,003	511	17	44,349	383	4,084	98
1911	43,491	858	5,397	812	285	51,335	852	5,651	169
1912	50,647	3,688	24,294	277	2,649	55,936	984	25,418	181
1913	52,671	2,237	33,288	142	4,166	57,216	3,721	35,337	87
1914	53,441	2,234	24,817	58	5,798	56,633	1,113	38,557	55
1915	55,993	1,792	22,850	86	7,697	61,094	1,158	24,508	146
1916	61,037	3,141	2,422	218	11,243	61,290	1,511	1,835	217
1917	79,628	10,807	9,072	209	18,665	75,410	8,288	9,038	205
1918	97,019	59,694	22,258	66	28,246	95,846	31,981	22,556	61
1919	113,532	32,728	40,305	59	39,539	112,061	15,613	41,407	53
1920	113,893	16,711	45,400	25	38,199	115,653	15,152	52,995	25
1921	128,258	13,587	67,145	140	33,062	129,494	15,582	85,071	86
1922	176,152	17,751	131,358	983	29,074	144,432	18,290	153,999	475
1923	162,139	23,562	197,952	1,907	34,127	159,285	18,514	229,924	1,136
1924	199,377	23,335	203,256	3,426	33,160	157,280	20,998	240,819	1,491
1925	169,618	32,227	242,587	5,468	32,778	174,235	25,386	277,242	2,240
1926	162,731	31,376	297,201	9,767	37,726	171,423	19,347	333,190	4,955
1927	182,950	28,906	267,759	10,046	43,593	188,042	22,118	299,705	6,226
1928	193,384	28,416	196,541	6,783	62,239	205,423	23,133	230,182	6,443
1929	208,624	49,207	212,984	7,933	69,142	208,931	44,870	245,252	8,658
1930	171,142	37,441	191,070	11,498	65,733	196,759	36,959	214,973	15,101
1931	186,888	40,062	202,274	16,632	47,705	185,998	29,857	224,146	21,589
1932	200,957	65,197	237,126	16,809	76,570	192,021	65,421	253,432	20,899
1933	234,382	77,475	364,159	13,521	119,501	209,431	50,308	369,420	15,056
1934	223,404	87,606	526,624	13,049	154,993	220,902	55,144	528,502	13,165
1935	231,584	100,842	609,738	15,149	188,917	240,847	73,215	600,252	16,404
1936	275,019	139,809	676,445	22,014	225,621	278,971	87,087	650,758	24,642
1937	300,131	395,953	687,378	18,120	266,038	299,848	116,490	677,201	20,066

☞ 앞 표에 이어서

(단위 : 인)

구분 / 연도	출발				통과	도착			
	일본 방면 도착	만주 방면 도착	조선 내 철도 도착	기선 자동차 도착		일본 방면 출발	만주 방면 출발	조선 내 철도 도착	기선 자동차 출발
1938	399,531	260,046	918,370	23,446	458,912	387,709	168,219	890,385	22,828
1939	555,610	442,022	1,301,468	–	595,176	463,885	257,427	1,282,186	–
1940	554,642	496,974	1,206,787	–	694,331	601,477	474,079	1,399,279	–
1941	653,156	859,064	1,176,230	–	732,790	592,068	503,141	1,341,289	–
1942	727,230	1,301,184	1,344,286	–	998,786	572,461	891,060	1,511,880	–
1943	677,806	1,458,348	2,025,357	–	1,008,239	508,656	1,263,721	2,236,389	–
1944	–	–	–	–	–	–	–	–	–

비고)
본 표의 '출발' 및 '도착'란에서 '조선 내 철도' 및 '기선자동차' 도착 또는 출발 항목의 명칭에 대해 논의할 필요 있음.

제7 화물 연락운수 통계표(국제연락 포함)

(단위 : 톤)

구분\연도	출발				통과	도착			
	일본 방면 도착	만주 방면 도착	조선 내 철도 도착	기선 자동차 도착		일본 방면 출발	만주 방면 출발	조선 내 철도 도착	기선 자동차 출발
1910	20,048	–	–	2,236	-	35,525	–	–	222
1911	13,333	682	–	318	-	44,408	1,626	–	418
1912	12,986	2,046	–	169	51	49,258	27,294	–	318
1913	25,104	3,358	–	1,001	5,902	59,769	42,520	–	259
1914	40,398	14,214	377	235	15,496	55,991	8,236	721	648
1915	63,951	5,885	2,215	913	19,653	56,561	12,847	3,065	714
1916	130,614	46,477	3,398	1,728	61,653	60,290	11,481	3,094	1,667
1917	179,677	45,055	5,763	2,776	70,749	78,769	37,761	3,057	1,388
1918	147,102	97,763	7,064	9,620	38,742	75,958	70,173	3,920	2,171
1919	202,682	59,708	8,248	11,789	37,867	85,623	148,476	3,416	25,013
1920	89,439	37,627	7,326	10,670	20,891	58,617	153,137	7,196	8,088
1921	40,271	25,690	20,243	21,419	29,552	59,151	181,307	28,604	1,633
1922	53,662	77,862	62,184	17,727	26,314	48,636	343,036	98,612	2,702
1923	66,291	19,331	79,521	58,733	24,250	49,328	428,167	196,597	4,236
1924	33,801	35,662	104,035	22,682	29,670	46,209	564,712	175,656	5,993
1925	49,370	32,771	138,189	9,501	48,680	54,345	523,470	268,932	9,497
1926	53,706	38,920	202,315	20,609	55,453	60,783	625,688	355,428	10,977
1927	60,037	42,255	238,764	15,554	67,081	58,255	663,779	411,681	13,590
1928	52,225	59,341	226,153	11,846	68,737	63,550	696,000	345,853	14,355
1929	45,092	73,585	214,808	12,471	52,182	63,164	721,912	317,608	17,298
1930	44,571	58,564	187,081	33,046	34,652	61,840	563,320	335,464	11,977
1931	33,076	53,175	145,418	34,527	28,590	61,821	554,762	345,072	13,409
1932	23,913	112,043	161,599	27,975	24,647	62,983	609,302	370,592	13,960
1933	25,280	179,232	212,096	22,741	33,639	90,691	561,041	554,465	13,977
1934	25,920	156,212	289,236	12,526	46,963	119,681	630,665	699,309	15,660
1935	26,689	146,669	375,739	11,532	45,045	117,015	548,690	729,209	17,755
1936	30,834	153,196	454,536	11,263	44,038	149,279	545,515	847,824	21,735
1937	113,992	604,101	475,198	23,938	67,941	127,361	541,525	983,073	19,404

☞ 앞 표에 이어서

(단위 : 톤)

구분 / 연도	출발				통과	도착			
	일본 방면 도착	만주 방면 도착	조선 내 철도 도착	기선 자동차 도착		일본 방면 출발	만주 방면 출발	조선 내 철도 도착	기선 자동차 출발
1938	184,314	417,096	668,090	12,502	110,904	141,180	545,779	1,232,027	23,037
1939	이하의 자료는 발표되지 않아 불명확함.								
1940									
1941									
1942									
1943									
1944									

제8 국제 연락운수 통계표

(단위 : 인)

구분 연도	일본 · 중국 연락여객				일본 · 만주 연락여객			
	발	통과		착	발	통과		착
		상행	하행			상행	하행	
1913	35	57	128	2	50	25	115	3
1914	91	231	253	29	47	155	120	18
1915	51	523	335	30	37	766	248	29
1916	115	771	819	56	129	282	447	19
1917	150	979	1,080	26	165	99	2,286	12
1918	215	768	1,478	31	153	−	1,142	−
1919	259	1,182	2,044	82	191	−	1,103	−
1920	271	1,443	2,292	113	35	−	437	−
1921	250	1,280	1,912	118	130	−	490	−
1922	195	890	1,533	127	105	27	315	−
1923	279	759	1,997	151	101	10	447	−
1924	198	440	1,461	233	122	-	354	−
1925	108	496	941	90	167	13	636	−
1926	107	378	394	67	179	10	619	−
1927	127	659	502	199	177	16	680	6
1928	13	255	179	21	182	137	778	49
1929	102	296	479	60	109	68	852	37
1930	188	478	791	154	154	55	699	62
1931	106	393	683	86	123	27	722	78
1932	3	−	−	3	297	14	1,476	24
1933	−	−	−	−	678	188	2,650	105
1934	−	−	−	−	700	150	2,993	80
1935	−	38	253	−	−	−	−	−
1936	−	213	551	−	−	−	−	−
1937	−	415	503	−	−	−	−	−
1938	−	−	−	−	−	−	−	−
1939	이하의 자료는 발표되지 않아 불명확함.							
1940								
1941								

☞ 앞 표에 이어서

(단위 : 인)

구분 / 연도	일본 · 중국 연락여객				일본 · 만주 연락여객			
	발	통과		착	발	통과		착
		상행	하행			상행	하행	
1942								
1943								
1944								

☞ 앞 표에 이어서

구분 / 연도	유럽 · 아시아 연락여객				일본 · 만주 연락화물			
	발	통과		착	발	통과		착
		상행	하행			상행	하행	
1913	–	–	–	–	29	–	777	–
1914	–	–	–	–	318	2	3,204	55
1915	–	–	–	–	1,835	4	6,312	8
1916	–	–	–	–	5,597	4,026	8,617	216
1917	–	–	–	–	3,750	7,717	6,006	2
1918	–	–	–	–	266	59	3,948	–
1919	–	–	–	–	236	81	4,397	–
1920	–	–	–	–	613	2	1,959	–
1921	–	–	–	–	1,509	6	4,900	–
1922	–	–	–	–	528	–	4,556	–
1923	–	–	–	–	683	2	3,610	–
1924	–	–	–	–	1,213	1	3,815	1
1925	–	–	–	–	1,038	1	5,637	–
1926	–	–	–	–	1,551	–	7,780	1
1927	5	–	95	–	1,862	–	1,862	–
1928	15	–	144	–	2,102	–	8,717	–
1929	14	–	399	–	3,212	–	5,460	–
1930	24	–	456	–	857	–	4,014	–
1931	14	1	417	–	714	–	450	–
1932	5	1	119	–	572	–	523	–
1933	1	1	72	–	2,399	–	2,710	–
1934	4	–	100	–	501	–	745	–
1935	–	2	262	–	–	–	–	–
1936	2	13	567	–	–	–	–	–
1937	2	9	134	–	–	–	–	–
1938	–	–	7	–	–	–	–	–
1939	이하의 자료는 발표되지 않아 불명확함.							
1940								
1941								
1942								

☞ 앞 표에 이어서

(단위 : 인)

구분\연도	유럽 · 아시아 연락여객				일본 · 만주 연락화물			
	발	통과		착	발	통과		착
		상행	하행			상행	하행	
1943								
1944								

제9 국영(局營) 자동차운수 성적표

여객

종별 / 연도	여객영업 km 연도 말 (km)	평균 (km)	여객 인원 (인)	연인 km (延人粁) (인 km)	1km 평균 인원/ 1일 (인)	1일 평균 승차 km (km)	수입 (엔)	1인 평균 운임 (엔)	1km 평균 운임/ 1인 (모)	수소 화물 톤수 (톤)
1935	229	229	14,210	210,944	30	14.8	6,349	0.44	294	1
1936	229	228.5	177,125	2,398,761	32	13.5	70,630	0.39	289	16
1937	229	228.5	258,321	3,322,214	44	12.9	95,265	0.36	282	23
1938	164	167.7	291,258	3,689,089	60	12.7	110,262	0.37	292	21
1939										
1940	자료불명									
1941										
1942										
1943	258	234	540,027	8,985,359	105	16.6	366,208	0.67	404	

주) 1944년 3월 31일로 폐지
연인 km(延人粁 = 평균 승차 km × 운송인원)

화물

종별 / 연도	화물영업 km		화물 톤수 (톤)	연 톤 km (延瓲粁) (톤 km)	1km 평균 톤수/ 1일 (톤)	1톤 평균 수송 km (km)	수입 (엔)	1인 평균 운임 (엔)	1km 평균 운임/ 1톤(모)
	연도 말 (km)	평균 (km)							
1935	71	71	196	3,263	1,5	16,7	494	2,5	1,499
1936	71	71	4,112	84,911	3,3	16,6	11,400	2,23	1,341
1937	71	71	12,467	237,481	9,2	19	26,103	2,01	1,054
1938	71	71	22,577	356,759	13,8	15,8	43,617	1,68	1,060
1939									
1940	자료불명								
1941									
1942									
1943	165	165	18,934	383,939	63,6	20,3	160,980	7,49	3,692

주) 1944년 3월 31일 폐지

[공작(工作)]

(각 표 1941년도 현재)

공장 현재원 및 지급액표(4공장 합계)

(단위 : 엔)

인별 관직명		일본인				
	인원급액	인원	급액	최고	최저	평균
부참사		1	212.32	212.32	212.32	212.32
기사		10	2,565.14	346.24	192.5	256.51
서기		34	4,174.30	212.5	88	122.77
기수		60	7,539.00	232	83.2	125.65
철도수		82	10,773.80	171.2	94.4	131.39
촉탁		2	245	140	105	122.5
합계		189	25,509.56	346.24	83.2	134.97
고원 (雇員)	사무	(여) 1	49	49	49	49
		97	6,737.00	130	50	69.45
	기술	198	16,409.40	128	55	82.88
	기공	237	22,644.90	138.3	63.9	95.55
	합계	533	45,840.30	138.3	49	86
제1종 용인 (傭人)	사무	(여) 5	124.8	34.20	18	24.96
		40	1,812.60	87.30	19.5	45.32
	기술	1	80.7	80.70	80.7	80.7
	합계	46	2,018.10	87.30	18	43.87
제2종 용인 (傭人)	기공	635	45,789.90	98.40	46.5	72.11
	기계운전수	10	695.4	90.00	59.4	69.54
	상(常)용수	4	207.3	97.50	35.1	51.83
	기공견습	335	11,046.00	36.00	30	32.97
	합계	984	57,738.60	98.40	30	58.68
합계		1,752	131,106.56	346.24	18	74.83

비고)
1. 급액은 총개월액을 계상하고, 일급자는 30일분을 월액으로 함.
2. 고원 중에서 기공에는 기계운전수 및 상시용수를 포함함.
3. 연도 말 현재를 기준으로 함.
4. 4공장이란 경성, 부산, 평양, 청진공장을 말함.

☞ 앞 표에 이어서

(단위 : 엔)

인별 관직명	인원급액	조선인				
		인원	급액	최고	최저	평균
부참사		–	–	–	–	–
기사		–	–	–	–	–
서기		4	291	75	66	72.75
기수		6	410	85	60	68.33
철도수		6	520	92	78	86.67
촉탁		–	–	–	–	–
합계		16	1,221.00	92	60	76.31
고원 (雇員)	사무	–	–	–	–	–
		22	1,095.00	80	38	49.77
	기술	24	1,426.00	82	43	59.42
	기공	387	27,863.10	100.2	48.3	72
	합계	433	30,384.10	100.2	38	70.17
제1종 용인 (傭人)	사무	–	–	–	–	–
		3	109.8	54.3	24.6	36.6
	기술	1	49.8	49.8	49.8	49.8
	합계	4	159.6	54.3	24.6	39.9
제2종 용인 (傭人)	기공	1,571	64,084.20	74.4	28.5	40.79
	기계운전수	63	2,832.90	66.9	29.7	44.97
	상(常)용수	146	5,789.70	71.4	24	39.66
	기공견습	36	913.5	27	22.5	25.38
	합계	1,816	73,620.30	74.4	22.5	40.54
합계		2,269	105,385.00	100.2	22.5	46.45

☞ 앞 표에 이어서

(단위 : 엔)

인별 관직명	인원급액	합계				
		인원	총액	최고	최저	평균
부참사		1	212.32	212.32	212.32	212.32
기사		10	2,565.14	346.24	192.5	256.51
서기		38	4,465.30	212.5	66	117.51
기수		66	7,949.00	232	60	120.44
철도수		88	11,293.80	171.2	78	128.34
촉탁		2	245	140	105	122.5
합계		205	26,730.56	346.24	60	130.39
고원 (雇員)	사무	1	49	49	49	49
		119	7,832.00	130	38	65.82
	기술	222	17,835.40	128	43	80.34
	기공	624	50,508.00	138.3	48.3	80.94
	합계	966	76,224.40	138.3	38	78.91
제1종 용인 (傭人)	사무	5	124.8	34.2	18	24.96
		43	1,992.40	87.3	19.5	44.71
	기술	2	130.5	80.7	49.8	65.25
	합계	50	2,177.70	87.3	18	43.55
제2종 용인 (傭人)	기공	2,206	109,874.10	98.4	28.5	49.81
	기계운전수	73	3,528.30	90	29.7	48.33
	상(常)용수	150	5,997.00	97	24	39.98
	기공견습	371	11,959.50	36	22.5	32.24
	합계	2,800	131,358.90	98.4	22.5	46.91
합계		4,021	236,491.56	346.24	18	58.81

공장 계정 수지표

(단위 : 엔)

종별	차변(借邊)		
	공작과	부산공장	경성공장
전년도 이월	–	38,401.97	208,149.68
현금 지출	77,428.88	862,919.05	2,577,877.04
총계비	△43,783.73	7,560.73	30,674.18
저장품 재편	–	1,471,549.34	5,748,851.36
수입 위탁품	–	33,502.74	8,712.66
부생품	–	101,249.25	579,157.68
할도 차액	–	–	–
국(局) 외 할도	–	6,577.76	20,728.56
합계	33,645.15	2,521,760.84	9,174,151.16

종별	차변(借邊)		
	평양분공장	청진공장	합계
전년도 이월	682.48	29,058.69	276,292.82
현금 지출	289,551.17	293,591.27	4,101,367.41
총계비	3,121.00	2,427.82	–
저장품 재편	691,797.82	522,130.11	8,434,328.63
수입 위탁품	35,112.27	116,727.20	194,054.87
부생품	4,470.47	22,267.13	707,144.53
할도 차액	–	–	–
국(局) 외 할도	201.88	2,936.03	30,444.23
합계	1,024,937.09	989,138.25	13,743,632.49

☞ 앞 표에 이어서

(단위 : 엔)

종별	대변(貸邊)		
	공작과	부산공장	경성공장
준공제수품	33,645.15	2,348,254.02	7,474,201.60
준공저장품	—	52,320.81	523,969.34
준공위탁품	—	13,634.86	180,420.01
부생품	—	96,410.05	537,910.46
잡수입	—	14.91	28,826.60
할도 차액	—	2,689.45	12,013.43
반제품	—	8,436.74	416,809.72
합계	33,645.15	2,521,760.84	9,174,151.16

종별	대변(貸邊)			기사
	공작과	부산공장	경성공장	
준공제수품	1,012,263.56	796,786.66	11,665,150.99	
준공저장품	403.65	116,224.09	692,917.89	
준공위탁품	—	—	194,054.87	△표시는 빨간 글자를 나타내며 공작과 총계비를 4공장에 할당하는 것으로 함.
부생품	10,378.43	62,445.59	707,144.53	
잡수입	5.50	—	28,847.01	
할도 차액	1,844.05	1,952.19	18,499.12	
반제품	41.90	11,729.72	437,018.08	
합계	1,024,937.09	989,138.25	13,743,632.49	

공장건조물 및 기계표

공장	부지 (m²)	건조물		기계	
		건축면적(m²)	비용(엔)	대수(대)	비용(엔)
부산공장	257,260.00	21,360.00	2,002,896.00	324	1,183,620.00
경성공장	261,100.00	44,903.00	2,595,843.00	854	3,205,347.00
평양분공장	56,130.00	6,510.00	118,789.00	100	244,099.00
청진공장	135,892.00	10,501.00	530,863.00	119	449,608.00
합계	710,382.00	83,274.00	5,248,391.00	1,397	5,082,674.00

비고) 연도 말 현재를 기준함.

신제차량 1량 평균 제작 비용표

(단위 : 엔)

명칭	기호	번호	대수	제작공장	인공	비용				기사
						공작비	재료비	공사직속비	합계	
특별차	토크	-	2	경성	4,396.10	25,282.25	48,523.92	43.89	73,850.06	
전망1등침대차	텐이네4	45	1	경성	3,621.31	21,424.93	51,517.80	27.79	72,970.52	
2등침대차	로네6	61-64	4	경성	3,105.71	17,729.21	46,649.14	1.85	64,380.20	901-909 전년도 현차 준공
3등차	하9	901-912	12	경성	1,252.79	7,414.54	23,721.66	34.27	31,170.47	전년도 현차 준공
3등차	하9	926-935	10	부산	1,406.16	8,739.81	24,632.78	168.97	33,541.56	
3등침대차	하네9	49-51	3	경성	1,540.97	9,153.66	29,643.41	22.24	38,819.31	805-818 전년도 현차 준공
유개차	와치프	805-834	30	경성	154.58	960.79	6,295.13	6.24	7,262.16	
통풍차	후이프	11- 20	10	경성	193.93	1,156.84	6,905.24	2.3	8,064.38	
협궤3등차	나하3	1007-1008	2	부산	314.2	1,869.08	4,908.44	12.97	6,790.49	전년도 현차 준공
협궤무측차	나치시브	2156-2170	15	부산	99.74	593.95	2,220.36	5.78	2,820.09	전년도 현차 준공

비고)

경성공장제 프레리 7형 기관차(프레나 25-32) 8량, 퍼시픽 5형 기관차(파시코 1-2) 2량, 마운틴 1형 기관차(마테이 1-2) 2량, 미카도 3형 기관차(미카사 173-174) 2량,

3등차(하9 913-925) 13량, 경3등침대차(라하네 11-2) 2량,

평양분공장제 차장차(카시 657-685) 29량,

청진공장제 광석차(세니브 96-115) 20량은 모두 현차준공 되었으나 미결산으로 인해 기재되지 않음.

공장 제작 · 수선 공사 비용표(4공장 합계)

(단위 : 엔)

종별			인공	공작물	재료비	공사직속비	합계	기사
차량제작	기관차	표준계	26,796.16	166,984.99	939,641.27	×6,679.04 5187.86	1,118,493.16	
		협계	36.67	189.00	—	×22.25 2.70	213.95	
	객차	표준계	68,965.29	405,395.12	1,059,594.45	3,122.98	1,468,112.55	
		협계	—	—	184.96	—	184.96	
	화차	표준계	16,710.90	93,413.70	752,874.64	6,084.98	852,373.32	
		협계	2,458.28	15,950.88	53,830.08	171.56	69,952.52	
합계			114,967.30	681,933.69	2,806,125.40	×6,701.29 14570.08	3,509,330.46	
차량개량	기관차	표준계	4,135.36	22,769.11	68,117.56	×17.40 87.71	90,991.78	
		협계	138.71	875.85	1,448.81	2.97	2,327.63	
	객차	표준계	1,662.35	10,167.25	22,258.15	26.16	32,451.56	
		협계	216.97	1,351.26	1,501.26	—	2,852.52	
	화차	표준계	3,878.59	21,228.39	90,518.16	652.01	112,398.56	
합계			10,031.98	56,391.86	183,843.94	×17.40 768.85	241,022.05	
차량	기관차	입장수리 표준계	150,600.05	89,180.74	1,368,393.70	×26,476.05 38185.11	2,324,235.60	
		입장수리 협계	5,235.12	31,414.04	15,889.05	×95.04 1487.57	48,885.70	
		보수품 표준계	9,349.97	57,636.95	507,776.59	1,014.49	566,428.03	
		보수품 협계	466.21	2,840.39	9,526.32	97.79	12,464.50	
		잡개량기타 표준계	1,419.49	8,017.42	3,770.89	45.04	11,833.35	
		잡개량기타 협계	50.00	298.66	59.25	—	357.91	
	동차	입장수리 표준계	5,560.67	30,296.31	24,013.40	×697.99 357.26	55,364.96	
		입장수리 협계	0.50	3	—	—	3.00	
		보수품 표준계	305.42	1,741.21	9,561.02	10.35	11,312.58	
		잡개량기타 표준계	70.15	385.82	4.36	—	390.18	

☞ 앞 표에 이어서

(단위 : 엔)

종별			인공	공작물	재료비	공사직속비	합계	기사
수선	객차	입장수리 표준궤	142,884.51	828,234.27	1,037,874.66	13,982.71	1,880,091.64	
		입장수리 협궤	2,098.07	11,613.78	9,657.23	112.58	21,383.52	
		보수품 표준궤	6,599.34	39,498.76	334,514.08	418.96	374,431.80	
		보수품 협궤	207.29	1,241.83	5,215.76	3.74	6,461.33	
		잡개량기타 표준궤	2,471.50	13,907.43	11,610.75	30.58	25,548.76	
		잡개량기타 협궤	30.00	1.80	–	–	1.80	
	화차	입장수리 표준궤	88,092.32	478,749.48	898,458.98	13,489.77	1,390,689.23	
		입장수리 협궤	1,599.42	8,195.05	5,944.26	620.27	14,759.58	
		보수품 표준궤	1,856.58	11,406.16	234,756.30	260.69	246,423.15	
		보수품 협궤	234.62	1,396.42	7,330.89	99.04	8,826.35	
		잡개량기타 표준궤	2,192.99	13,044.29	21,443.96	363.65	34,851.90	
		잡개량기타 협궤	99.29	646.36	340.85	27.45	1,014.66	
합계			418,393.81	2,431,750.11	4,506,142.30	×27,269.08 70607.05	7,035,768.54	
철도작업비 소속용품 수선		공작과부담	1,885.55	9,999.21	10,584.60	×165.06 815.73	21,564.60	
		기타	7,560.79	42,328.11	40,807.28	70.38 3038.53	86,244.30	
건설 및 개량비 소속용품 수선		공작과부담	9,110.38	53,734.06	77,214.11	×48.22 11664.52	142,660.91	
		기타	4,587.84	25,796.69	42,707.72	×9.72 3085.47	71,599.60	
저장품			15,083.51	87,953.52	732,588.19	1713.26	822,254.97	철도국 외 할괘(割掛) 30,444.23
국(局) 외 주문품			31,408.09	182,219.52	177,083.25	×3,404.08 3124.93	365,831.78	
수탁공사			1,933.09	11,677.59	194,498.19	×62.25 109.31	206,347.34	
잡제작 · 수선품			1,414.67	7,844.74	9,132.40	×27.24 705.29	17,709.67	
합계			616,377.01	3,591,629.10	8,780,727.38	×37,774.72 110203.03	12,520,334.22	
타지역 공급 전동력 전등			–	–	93,509.75	–	93,509.75	

☞ 앞 표에 이어서

(단위 : 엔)

종별			인공	공작물	재료비	공사직속비	합계	기사
타지역 공급 증기난방			–	–	43,321.06	–	43,321.06	
직장공장			33,961.49	202,675.11	112,019.72	×12.24 5,161.25	319,868.32	
대체 공사	가공품 공사	제재 공사	4,788.25	32,245.09	873,993.60	113,122.60	906,238.69	준공액 912,975.74 1451907.19 2364882.93
		주조 공사	42,593.04	286,639.13	1,051,944.69	2,292.14	1,453,998.56	
계			47,381.29	318,884.22	1,925,938.29	×113,122.60 2292.14	2,360,237.25	
합계			81,342.78	521,559.33	2,174,788.82	×113,134.84 7453.39	2,816,936.38	
총계			697,719.79	4,113,188.43	10,955,516.20	×150,909.56 117,656.41	15,337,270.60	
대체공사중 준공공제액			–	319,868.32	2,364,882.93	–	2,684,751.25	
가공품 지불액 과부족			–	–	(+)4,645.68	–	(+)4,645.68	
차감 총액			697,719.79	9,793,320.11	8,595,278.95	268,565.97	12,657,165.03	

비고)

×표시는 공사 직속품을 나타냄.

기관차 1량 평균 수선 비용표

공장별 비용별 수선별	출장 량수	인공	공작비	재료비	공사 직속비	합계
합계						
표준궤선용 일반수리						
아메(아메리칸)	3	1,415.28	8,269.07	7,461.06	330.44	16,060.57
1량 평균	–	471.76	2,756.36	2,487.02	110.14	5,353.52
시구(싱글드라이 버)·코로(컬럼비 아)·모가(모글)	4	1,351.84	7,820.80	4,658.10	57.33	12,536.23
1량 평균	–	337.96	1,955.20	1,164.53	14.33	3,134.06
푸레(프레리)이· 니·사·시·코	34	17,074.11	103,126.96	108,691.60	3,723.97	215,542.53
1량 평균	–	502.18	3,033.15	3,196.81	109.53	6,330.49
푸레(프레리) 로·나·하	13	6,971.08	42,581.84	50,035.75	1,931.76	94,549.35
1량 평균	–	536.24	3,275.53	3,848.90	148.6	7,273.03
사타(산타페)	6	2,912.46	16,710.31	38,336.72	832.78	55,879.81
1량 평균	–	485.41	2,785.05	6,389.45	138.8	9,313.30
소리(컨솔리데이션)	5	2,732.42	16,310.93	23,119.60	744.55	40,175.08
1량 평균	–	546.48	3,267.19	4,623.92	148.91	8,035.02
바루(발틱)	3	1,867.03	11,181.69	15,255.94	596.03	27,023.66
1량 평균	–	622.34	3,727.23	5,085.31	195.35	9,007.89
테호(텐휠러) 니·사·시	11	6,345.76	38,095.75	64,824.07	1,355.47	104,275.29
1량 평균	–	576.89	3,463.25	5,893.10	123.22	9,479.57
테호(텐휠러) 이·코·로	34	24,755.26	150,767.57	242,798.98	5,048.67	398,615.22
1량 평균	–	728.1	4,434.34	7,141.15	148.49	11,723.98
미카(미카도)이·니	6	5,117.51	31,354.14	76,895.82	1,239.81	109,489.77
1량 평균	–	852.92	5,225.69	12,815.97	206.64	18,248.30
미카(미카도)사	11	8,849.61	53,977.46	129,854.62	2,976.81	186,808.89
1량 평균	-	804.51	4,907.04	11,804.97	270.62	16,982.63
파시(퍼시픽) 이·니·사·시	12	10,390.27	64,322.24	126,394.78	3,157.97	193,874.99
1량 평균	–	865.86	5,360.18	10,532.90	263.17	16,156.25

☞ 앞 표에 이어서

공장별 비용별 수선별	출장 량수	합계				
		인공	공작비	재료비	공사 직속비	합계
계	142	89,782.63	544,518.76	888,327.04	21,085.59	1,454,831.39
1량 평균	–	632.27	3,834.64	6,255.82	154.83	10,245.29
국부수리						
아메(아메리칸)	3	322.53	1,797.33	1,735.74	95.43	3,628.50
1량 평균	–	107.51	599.11	578.58	31.81	1,209.50
시구(싱글드라이버)·코로(컬럼비아)·모가(모글)	8	585.23	3,197.93	1,230.58	170.34	4,598.85
1량 평균	–	73.15	399.74	153.82	21.29	574.85
푸레(프레리)이·니·사·시·코	37	7,192.58	41,608.05	41,644.85	5,222.15	88,475.05
1량 평균	–	194.39	1,124.54	1,125.54	141.14	2,391.22
푸레(프레리)로·나·하	37	4,862.12	28,772.22	29,774.67	2,337.07	60,883.96
1량 평균	–	131.41	777.63	804.72	63.16	1,645.51
사타(산타페)	92	5,770.41	32,256.04	60,708.56	6,696.49	99,661.09
1량 평균	–	62.72	350.61	659.88	72.78	1,083.27
소리(컨솔리데이션)	2	387.47	2,176.32	1,651.31	104.93	3,932.50
1량 평균	–	193.74	1,088.16	825.66	52.46	1,966.28
바루(발틱)	9	1,543.08	8,792.41	7,798.16	541.97	17,132.54
1량 평균	–	171.45	976.93	866.46	60.23	1,903.62
테호(텐휠러)니·사·시	5	787.87	4,382.79	9,034.51	340.68	13,757.98
1량 평균	–	157.57	876.56	1,806.90	68.14	2,751.60
테호(텐휠러)이·코·로	81	9,339.15	53,177.41	91,860.16	6,312.86	151,350.42
1량 평균	–	115.3	656.51	1,134.08	77.93	1,868.52
미카(미카도)이·니	29	3,947.86	21,797.09	37,197.21	2,481.05	61,475.35
1량 평균	–	136.13	751.62	1,282.66	85.55	2,119.83
미카(미카도)사	172	16,642.81	93,764.38	165,442.20	12,906.70	272,113.28
1량 평균	–	96.76	545.14	961.87	75.04	1,582.05
파시(퍼시픽)이·니·사·시	59	9,218.20	53,611.17	103,840.39	5,366.66	162,818.22
1량 평균	–	156.24	908.66	1,760.01	90.96	2,759.63

☞ 앞 표에 이어서

공장별 비용별 수선별		합계					
	출장 량수	인공	공작비	재료비	공사 직속비	합계	
계	534	60,599,31	345,333,14	561,918,34	42,676,32	939,827,80	
1량 평균	−	113,48	646,69	1,033,56	79,74	1,759,96	
소계	676	150,381,94	889,851,90	1,440,245,38	64,561,91	2,394,669,19	
1량 평균	−	222,46	1,316,35	2,130,54	95,51	3,542,40	
구원 기중기 수선	−	32,45	210,72	30,46	99,25	340,43	
잡개량	−	1,419,42	8,017,04	3,762,27	45,04	11,824,35	
합계	676	151,833,81	898,079,66	1,444,038,11	64,706,20	2,406,823,97	
사고차 입장수선	−	185,73	1,118,50	2,528,50	-	3,647,00	
합계	676	152,019,54	899,198,16	1,446,566,61	64,706,20	2,410,470,97	
협궤선용							
기관차	11	3,378,90	20,947,94	9,436,19	920,41	31,304,54	
1량 평균	−	307,17	1,904,36	857,84	83,67	2,845,87	
기관차(북선척식 철도용)	5	1,856,22	10,466,10	9,977,77	662,2	21,106,07	
1량 평균	−	371,24	2,093,22	1,995,55	132,44	4,221,21	
계	16	5,235,12	31,414,04	19,413,96	1,682,61	52,410,61	
1량 평균	−	327,2	1,963,38	1,213,37	98,91	3,275,66	
잡개량	−	50	298,66	59,25	-	357,91	
합계	16	5,285,12	31,712,70	19,473,21	1,582,61	52,768,62	
총계	692	157,304,66	930,910,86	1,466,039,82	66,288,81	2,463,239,49	

동차 1량 평균 수선 비용표

공장별 비용별 수선별	출장량수	인공	공작비	재료비	공사직속비	합계
표준궤선용 대수선						
경유동차	27	5,070.11	27,489.06	23,215.22	996.41	51,700.69
1량 평균	–	187.78	1,018.11	859.83	36.9	1,914.84
증기동차	2	254.3	1,499.22	1,200.60	44.87	2,744.69
1량 평균	–	122.15	749.61	600.3	22.44	1,372.35
중유동차	1	108.77	587.78	1,177.60	2.89	1,768.27
1량 평균	–	108.77	587.78	1,177.60	2.89	1,768.27
계	30	5,433.18	29,576.06	25,593.42	1,044.17	56,219.65
1량 평균	–	181.11	985.87	853.11	34.81	1,873.79
소수선						
경유동차	3	34.16	208.02	64.52	–	272.54
1량 평균	–	11.39	69.34	21.51	–	90.85
증기동차	2	71.21	393.1	15.66	11.08	419.84
1량 평균	–	35.61	196.55	7.83	5.54	209.92
중유동차	1	22.62	122.13	247.87	–	370
1량 평균	–	22.62	122.13	247.87	–	370
계	6	127.99	723.25	328.05	11.08	1062.38
1량 평균	–	21.33	120.54	54.68	1.84	177.06
소계	36	5,561.17	30,289.31	25,921.47	1,055.25	57,276.03
1량 평균	–	154.48	841.65	720.04	29.31	1,591.00
잡개량						
경유동차	–	10	54	4.36	–	4.9
증기동차	–	70.05	385.28	–	–	385.28
합계	36	5,631.32	30,685.19	25,925.83	1,055.25	57,666.21
총계	96	5,631.32	30,685.13	25,925.83	1,055.25	57,666.21

주) 경성공장에 한함.

객차 1량 평균 수선 비용표

공장별 비용별 수선별	번호	출장 량수	인공	공작비	재료비	공사 직속비	합계
표준궤선용 대수선							
우등차	1	90	14,168.53	82,757.21	140,820.06	387.96	223,965.23
1량 평균	2	–	157.43	919.52	1,564.67	4.31	2,488.50
보통차	3	736	124,214.52	719,598.88	897,333.01	13,072.25	1,630,004.14
1량 평균	4	–	168.77	977.72	1,219.20	17.76	2,214.68
보통차	5	692	119,596.13	692,706.96	882,842.44	13,010.57	1,588,559.97
1량 평균	6	–	172.83	1,001.02	1,275.78	18.81	2,295.61
보통차 하7(716-763)	7	34	3,332.31	19,918.77	12,656.33	40.53	32,615.63
1량 평균	8	–	98.01	585.85	372.25	1.18	959.28
보통차 하8(801-809)	9	10	1,286.08	6,973.15	1,834.24	21.15	8,828.54
1량 평균	10	–	128.6	697.32	183.42	2.11	882.85
계	11	826	138,383.05	802,356.09	1,038,153.07	13,460.21	1,853,969.37
1량 평균	12	–	167.53	971.38	1,256.84	16.29	2,244.51
소수선							
우등차	13	97	726.15	4,224.22	553.39	30.53	4,808.14
1량 평균	14	–	7.49	43.55	5.71	31	49.57
보통차	15	464	3,663.48	20,988.80	11,235.12	488.53	32,712.45
1량 평균	16	–	7.9	45.23	24.21	1.06	70.5
보통차	17	446	3,625.20	20,754.65	11,137.62	487.17	32,379.44
1량 평균	18	–	8.13	46.54	24.97	1.09	72.6
보통차 하7(711-763)	19	16	29.83	177.66	97.5	1.16	276.32
1량 평균	20	–	1.86	11.1	6.09	8	17.27
보통차 하8(801-809)	21	2	8.45	56.49	–	20	56.69
1량 평균	22	–	4.23	28.25	–	10	28.35
계	23	561	4,389.63	25,213.02	11,788.51	519.06	37,520.59
1량 평균	24	–	7.82	44.94	21.01	93	66.88
소계	25	1,387	142,772.68	827,569.11	1,049,941.58	13,979.27	1,891,489.96
1량 평균	26	–	102.94	596.67	756.99	10.07	1,363.73

☞ 앞 표에 이어서

공장별 비용별 수선별	번호	출장 량수	합계				
			인공	공작비	재료비	공사 직속비	합계
잡개량	27	–	2,471.50	13,907.43	12,028.59	30.58	25,966.60
사고차 입장수선	28	–	111.83	665.16	5,857.01	3.44	6,525.61
사고차 제시설	29	–	–	–	–	–	–
합계	30	1,987	145,356.01	842,141.70	1,067,827.18	14,019.29	1,923,982.17
협궤선용							
객차	31	32	1,390.78	7,729.10	6,000.44	15.33	13,745.07
1량평균	32	–	43.46	241.53	187.51	49	429.53
객차 (북선(北鮮) 척식철도용)	33	12	707.29	3,884.62	3,532.59	97.05	7,514.26
1량평균	34	–	58.94	323.62	294.38	8.09	626.19
계	35	44	2,098.07	11,613.72	9,533.03	112.58	21,259.33
1량평균	36	–	47.68	263.95	216.66	2.56	483.17
잡개량	37	–	30	1.80	–	–	1.80
합계	38	44	2,098.37	11,615.52	9,533.03	112.58	21,261.13
총계	39	1,431	147,454.38	853,757.22	1,077,960.21	14,125.87	1,945,243.30

화차 1량 평균 수선 비용표

(단위 : 엔)

공장별 / 비용별 / 수선별	번호	출장 량수	합계				
			인공	공작비	재료비	공사 직속비	합계
표준궤선용 대수선							
유개차	1	1,160	42,773.41	245,134.63	530,797.49	6,152.45	782,084.57
1량 평균	2	–	36.87	211.32	457.58	5.31	674.21
유개차	3	1,148	42,609.35	244,250.38	529,378.92	6,114.39	779,773.69
1량 평균	4	–	32.12	212.76	461.13	5.36	679.25
유개차 와사브 (3,001-3,030)	5	7	94.04	465.12	1,174.14	2.05	1,641.31
1량 평균	6	–	13.43	66.45	167.73	29.00	234.47
유개차 와사브 (2,001-2,030)	7	5	70.02	419.13	244.43	6.01	669.57
1량 평균	8	–	14.00	83.83	48.89	1.19	133.91
무개차	9	879	22,353.83	129,615.18	261,617.27	4,447.37	395,679.82
1량 평균	10	–	25.43	147.46	297.63	5.06	450.15
조(槽)차	11	18	109.47	1096.27	1,033.99	5.33	2,135.59
1량 평균	12	–	10.58	60.90	57.44	0.30	118.64
계	13	2,057	65,317.71	375,846.08	793,448.75	10,605.15	1,179,899.98
1량 평균	14	–	31.75	182.72	385.73	5.15	573.60
소수선							
유개차	15	1,116	9,625.37	52,546.35	73,876.01	1,434.31	127,856.67
1량 평균	16	–	8.62	47.08	66.20	1.29	114.57
유개차	17	1,095	9,541.12	52,113.08	73,647.49	1,426.32	127,186.89
1량 평균	18	–	8.71	47.59	67.26	1.30	116.15
유개차 와사브 (3,001-3,030)	19	5	22.30	114.89	80.98	4.42	200.29
1량 평균	20	–	4.45	22.99	16.20	0.87	40.06
유개차 와사브 (2,001-2,030)	21	16	61.95	318.38	147.54	3.57	469.49
1량 평균	22	–	3.87	19.90	9.22	0.22	29.34

☞ 앞 표에 이어서

(단위 : 엔)

공장별 비용별 수선별	번호	출장 량수	합계				
			인공	공작비	재료비	공사 직속비	합계
무개차	23	1,295	9,524.71	47,065.74	64,396.95	1,387.36	112,850.05
1량 평균	24	–	7.35	36.34	49.73	1.07	87.14
조(槽)차	25	15	22.5	134.03	90.72	1.58	226.33
1량 평균	26	–	1.50	8.94	6.05	0.10	15.09
계	27	2,426	19,172.58	99,746.12	138,363.68	2,823.25	240,933.05
1량 평균	28	–	7.90	41.12	57.03	1.16	99.31
소계	29	4,483	84,490.29	475,592.20	931,812.43	13,428.40	1,420,833.03
1량 평균	30	–	18.85	106.09	207.85	2.99	316.93
잡개량	31	–	1,071.13	6,149.18	13,464.81	220.10	19,834.09
사고차 입장수리	32	–	602.03	3,157.28	7,999.84	61.37	11,218.49
사고차 제시설	33	–	1,121.86	6,895.11	7,979.15	143.55	15,017.81
합계	34	4,483	87,285.31	491,793.77	961,256.23	13,853.42	1,466,903.42
협궤선용							
화차	35	28	371.94	1,876.83	2,005.37	18.09	3,900.29
1량 평균	36	–	13.28	67.03	71.62	0.65	139.30
화차 (북선(北鮮) 척식철도용)	37	56	1,227.48	6,318.22	3,939.89	602.18	10,859.29
1량 평균	38	–	21.92	112.83	70.34	10.75	193.92
계	39	84	1,599.42	8,195.05	5,944.26	620.27	14,759.58
1량 평균	40	–	19.40	97.56	70.77	7.38	175.71
잡개량	41	–	99.29	646.36	340.85	27.45	1,014.66
합계	42	84	1,698.71	8,841.41	6,285.11	647.72	15,774.24
총계	43	4,567	88,984.02	500,635.18	967,541.34	14,501.14	1,482,677.66

기관차 보수품 비용표

(단위 : 엔)

계간별	공작번호별	비용 공장별 기관구 검차구별	비용				
			부산공장	경성공장	평양분공장	청진공장	합계
표준궤선용	1,001	부산기관구	79,364.32	767.91	–	–	80,182.23
	1,002	대구기관구	19,500.78	677.62	–	–	20,178.40
	1,003	경주기관구	7,609.24	674.4	–	–	8,283.64
	1,004	마산기관구	9,203.63	381.1	–	–	9,584.73
	1,005	경북 안동기관구	–	2,977.48	–	–	2,977.48
	1,006	대전기관구	–	34,403.43	–	–	84,403.43
	1,007	경성기관구	–	64,619.70	–	–	64,619.70
	1,008	인천기관구	–	9,730.71	–	–	9,730.71
	1,009	신막기관구	–	21,801.69	–	–	21,801.69
	1,010	평양기관구	–	54,716.66	2,076.01	–	56,792.67
	1,011	정주기관구	–	16,417.72	–	–	16,417.72
	1,012	이리(익산기관구	–	12,378.09	–	–	12,378.09
	1,013	목포기관구	–	8,894.95	–	–	8,894.95
	1,014	순천기관구	–	12,385.07	–	–	12,385.07
	1,015	복계기관구	–	22,836.60	–	–	22,836.60
	1,016	원산기관구	–	39,034.19	–	–	39,034.19
	1,017	함흥기관구	–	23,941.25	–	–	23,941.25
	1,018	성진기관구	–	56,984.65	–	17,034.90	74,019.55
	1,019	백암기관구	–	640	–	6.86	646.86
	1,020	혜산진기관구	–	7,543.95	–	4,177.27	11,721.22
	1,021	만포기관구	–	10,821.38	–	–	10,821.38
	1,022	희천기관구	–	5,019.85	–	–	5,019.85
		계	115,677.97	407,648.40	2,076.01	21,219.03	546,621.41
	1,031	공작과	–	4,574.32	–	–	4,574.32
	1,901	기기수선	558.91	11,834.11	39.4	2,799.88	15,232.30
		합계	116,236.88	424,056.83	2,115.41	24,018.91	566,428.03

☞ 앞 표에 이어서

계 간 별	공작 번호별	비용 공장별 기관구 검차구별	비용				
			부산 공장	경성 공장	평양분 공장	청진 공장	합계
협 궤 선 용	1,073	경주기관구	3,597.89	106.41	–	–	3,704.30
	1,081	정주기관구	–	1,517.38	–	–	1,517.38
	1,089	백암기관구	–	2,710.59	–	4,532.23	7,242.82
	계		3,597.89	4,334.38	–	4,532.23	12,464.50
	합계		3,597.89	4,334.38	–	4,532.23	12,464.50
총계			119,834.77	428,391.21	2,115.41	28,551.14	578,892.50

동차 보수품 비용표

(단위 : 엔)

궤간별	공작 번호별	비용 공장별 기관구 검차구별	비용 부산 공장	경성 공장	평양분 공장	청진 공장	합계
	(중유동차)						
	1,101	부산기관구	1,400.35	672.61	80.00	-	2,073.76
	1,106	대전기관구	-	394.7	-	-	394.7
	1,107	경성기관구	-	772.51	-	-	772.51
표준궤선용	1,110	평양기관구	-	1,911.93	3.98	-	1,915.91
	1,112	이리(익산)기관구	-	3,531.02	-	-	3,531.02
	1,114	순천기관구	-	2,230.92	-	-	2,230.90
	1,116	원산기관구	-	179.32	-	-	179.32
	(기동차)						
	1,413	목포기관구	-	214.46	-	-	214.46
	계		1,400.35	9,907.45	4.78	-	11,312.58
	합계		1,400.35	9,907.45	4.78	-	11,312.58
	총계		1,400.35	9,907.45	4.78	-	11,312.58

객차 보수품 비용표

궤간별	공작 번호별	비용 공장별 / 기관구 검차구별	비용 부산 공장	경성 공장	평양분 공장	청진 공장	합계
표준궤선용	1,201	부산검차구	196,328.52	–	–	–	196,328.52
	1,205	경북 안동검차구	–	1.25	–	–	1.25
	1,206	대전검차구	–	19,191.59	–	–	19,191.59
	1,207	경성검차구	–	73,164.44	–	–	73,164.44
	1,210	평양검차구	–	6,266.60	6,580.06	–	12,846.66
	1,214	순천검차구	–	16,903.53	–	–	16,903.53
	1,216	원산검차구	–	18,377.30	–	–	18,377.30
	1,218	성진검차구	–	10,529.20	–	8,343.47	18,872.67
		계	196,328.52	144,433.91	6,580.06	8,343.47	355,685.96
	1,231	공작과	2,655.28	11,371.01	992.86	765.83	15,784.98
	1,902	기기수선	2,140.14	600.64	220.08	–	2,960.86
		합계	201,123.94	156,405.66	7,793.00	9,109.30	374,431.80
협궤선용	1,271	부산검차구	4,399.22	–	–	–	4,399.22
	1,280	평양검차구	–	–	660.79	–	660.79
	1,288	성진검차구	–	–	–	440.70	440.7
		계	4,399.22	–	660.79	440.70	5,500.71
	1,291	공작과	537.64	–	18.93	404.05	960.62
		합계	4,936.86	–	679.72	844.75	6,461.33
		총계	206,060.80	156,405.56	8,472.72	9,954.05	380,893.13

화차 보수품 비용표

(단위 : 엔)

궤간별	공작 번호별	비용 / 공장별 기관구 검차구별	비용 부산 공장	경성 공장	평양분 공장	청진 공장	합계
표준궤선용	1,301	부산검차구	27,380.29	–	–	–	27,380.29
	1,306	대전검차구	–	17,501.06	–	–	17,501.06
	1,307	경성검차구	–	74,905.16	–	–	74,905.16
	1,310	평양검차구	–	22,121.06	16,566.64	–	38,687.70
	1,314	순천검차구	–	2,642.11	–	–	2,642.11
	1,316	원산검차구	–	45,376.41	–	–	45,376.41
	1,318	성진검차구	–	27,927.22	–	9,878.32	37,805.54
		계	27,380.27	190,473.02	16,566.64	9,878.32	244,298.27
	1,331	공작과	592.00	1,131.47	246.39	155.02	2,124.88
		합계	27,972.29	191,604.49	16,813.03	10,033.34	246,423.15
협궤선용	1,371	부산검차구	4,638.83	–	–	–	4,688.83
	1,380	평양검차구	–	144.45	1,325.43	–	1,469.88
	1,388	성진검차구	–	1,486.72	–	1,180.92	2,667.64
		계	4,688.83	1,631.17	1,325.43	1,180.92	8,826.35
		합계	4,688.83	1,631.17	1,325.43	1,180.92	8,826.35
총계			32,661.12	193,235.66	18,138.46	11,214.26	255,249.50

기관차 개조수선 성적표

궤간별	공장별	입장차수(량)			출장차수(량)			1일 평균 재장차수(량)			출장차 1량 평균 재장일수(일)		
		일반	국(局)부	계	일반	국(局)부	계	일반	국(局)부	계	일반	국(局)부	계
표준궤선용	부산	11	46	57	11	44	55	0.6	1.5	2.1	×17.3 19.5	×10.4 11.9	×11.7 13.4
		11	46	57	11	44	55	0.6	1.5	2.1	×17.3 19.5	×10.4 11.9	×11.7 13.4
	경성	125	348	473	122	344	466	2.5	4.1	6.6	×7.0 8.3	×4.2 4.8	×4.9 5.7
		131	349	480	131	346	477	2.7	4.1	6.8	×7.1 8.3	×4.2 4.8	×5.0 5.7
	청진	−	144	144	−	144	144	−	2.4	2.4	− −	×5.4 6.2	×5.4 6.2
		−	144	144	−	144	144	−	2.4	2.4	− −	×5.4 6.2	×5.4 6.2
	계	136	538	674	133	532	665	3.1	8	11.1	×7.9 9.2	×5.0 5.7	×5.6 6.4
		142	539	681	142	534	676	3.3	8	11.3	×7.9 9.1	×5.0 5.7	×5.6 6.5
	전년도	141	417	558	142	416	558	2.9	5.8	8.7	×7.5 8.5	×4.5 5.2	×5.3 6.1
		145	417	562	147	416	563	3.2	5.8	9	×7.8 8.9	×4.5 5.2	×5.4 6.2
협궤선용	부산	5	3	8	5	3	8	0.2	0.2	0.4	×14.2 15.6	×15.3 19.3	×14.6 17
		5	3	8	5	3	8	0.2	0.2	0.4	×14.2 15.6	×15.3 19.3	×14.0 17.6
	경성	5	3	8	5	3	8	0.1	0.1	0.2	×7.0 8.6	×6.0 6.3	×6.6 7.8
	경성	5	3	8	5	3	8	0.1	0.1	0.2	×7.0 8.6	×6.0 6.3	×6.6 7.8
	계	10	6	16	10	6	16	0.3	0.3	0.6	×10.6 12.1	×10.7 12.8	×10.6 12.4
		10	6	16	10	6	16	0.3	0.3	0.8	×10.6 12.1	×10.7 12.8	×10.8 12.4

☞ 앞 표에 이어서

기간별	공장별	입장차수(량)			출장차수(량)			1일 평균 재장차수(량)			출장차 1량 평균 재장일수(일)		
		일반	국(局)부	계	일반	국(局)부	계	일반	국(局)부	계	일반	국(局)부	계
협게선용	전년도	5	7	12	5	7	12	0.2	0.2	0.4	×9.4 10.8	×5.3 6.7	×7.0 8.4
		5	7	12	5	7	12	0.2	0.2	0.4	×9.4 10.8	×5.3 6.7	×7.0 8.4

비고)
1. 상단 숫자는 개조를 포함하지 않은 총 수선차량의 재게(再揭)를 나타냄.
2. ×표시를 한 것은 공장 휴업일 및 작업대기 기간을 공제한 실제의 시행일수를 나타냄.
3. 동차, 객차, 화차의 국(局) 외 차량 개조수선 성적표와 동일함.

동차 개조수선 성적표

궤간별	공장별	입장차수(량)			출장차수(량)			1일 평균 재장차수(량)			출장차 1량 평균 재장일수(일)		
		대수선	소수선	계	대수선	소수선	계	대수선	소수선	계	대수선	소수선	계
표준궤선용	경성	30	5	35	29	5	34	1.3	0.1	1.4	×15.2 17.3	×2.2 2.6	×13.3 15.1
		31	6	37	30	6	36	1.3	0.1	1.4	×15.2 17.3	×2.5 3	×13.1 14.9
	계	30	5	35	29	5	34	1.3	0.1	1.4	×15.2 17.9	×2.2 2.6	×13.3 15.1
		31	6	37	30	6	36	1.3	0.1	1.4	×15.2 17.3	×2.5 3	×13.1 14.9
	전년도	24	5	29	24	5	29	0.9	0.1	1	×11.4 13	×3.0 3.8	×9.9 11.4
		26	5	31	26	5	31	1	0.1	1.1	×11.3 13	×3.0 3.8	×10.0 11.5
협궤선용	전년도	3	—	3	3	—	3	0.1	—	0.1	×10.3 11.3	—	×10.3 11.3
		3	—	3	3	—	3	0.1	—	0.1	×10.3 11.3	—	×10.3 11.3

객차 개조수선 성적표

궤간별	공장별	입장차수(량)			출장차수(량)			1일 평균 재장차수(량)			출장차 1량 평균 재장일수(일)		
		대수선	소수선	계	대수선	소수선	계	대수선	소수선	계	대수선	소수선	계
표준궤선용	부산	173	261	434	174	259	433	4.8	1.1	5.9	×8.6 10.1	×1.4 1.5	×4.3 4.9
		295	308	603	296	306	602	8.8	1.2	10	×9.2 10.9	×1.4 1.5	×5.2 6.1
	경성	298	148	446	286	146	432	8	1.4	9.4	×8.7 9.9	×3.0 3.4	×6.7 7.7
		343	155	498	339	154	493	9.5	1.5	11	×8.9 10.2	×3.0 3.3	×7.1 8
	평양	88	75	163	89	74	163	2.7	0.4	3.1	×9.7 11.1	×1.8 1.9	×6.1 6.9
		89	75	164	90	74	164	2.7	0.4	3.1	×9.7 11.1	×1.8 1.9	×6.1 7
	청진	101	53	154	103	50	153	3	0.5	3.5	×9.2 10.7	×3.2 3.4	×7.2 8.3
		101	55	156	103	52	155	3	0.5	3.5	×9.2 10.7	×3.2 3.5	×7.2 8.3
	계	660	537	1,197	652	529	1,181	18.5	3.4	21.9	×8.9 10.3	×2.0 2.3	×5.8 6.7
		828	593	1,421	828	586	1,414	24	3.6	27.6	×9.2 10.6	×2.0 2.2	×6.2 7.1
	전년도	606	462	1,068	618	455	1,073	17.4	2.3	19.7	×8.9 10.5	×1.7 1.8	×5.8 6.8
		818	497	1,315	819	497	1,316	23.2	2.6	25.8	×9.0 10.5	×1.7 1.8	×6.2 7.2
협궤선용	부산	21	—	21	18	—	18	0.8	—	0.8	×12.3 14.7	—	×12.3 14.7
		22	2	24	19	2	21	0.9	0.1	10	×12.7 16	×9.0 10	×12.4 15.4
	평양	9	—	9	10	—	10	0.2	—	0.2	×7.4 8.6	—	×7.4 8.6
		9	—	9	10	—	10	0.2	—	0.2	×7.4 8.6	—	×7.4 8.6

☞ 앞 표에 이어서

궤간별	공장별	입장차수(량)			출장차수(량)			1일 평균 재장차수(량)			출장차 1량 평균 재장일수(일)		
		대수선	소수선	계	대수선	소수선	계	대수선	소수선	계	대수선	소수선	계
협궤선용	청진	11	–	11	11	–	11	0.3	–	0.3	×7.1 11.5	– –	×7.1 11.5
		11	–	11	11	–	11	0.3	–	0.3	×7.1 11.5	– –	×7.1 11.5
	계	41	–	41	39	–	39	1.3	–	1.3	×9.6 12.3	– –	×9.6 12.3
		42	2	44	40	2	42	1.4	0.1	1.5	×9.9 12.9	×9.0 10	×9.8 12.8
	전년도	18	–	18	17	–	17	0.4	–	0.4	×7.3 9	– –	×7.3 9
		18	–	18	17	–	17	0.4	–	0.4	×7.3 9	– –	×7.3 9

화차 개조수선 성적표

궤간별	공장별	입장차수(량)			출장차수(량)			1일 평균 재장차수(량)			출장차 1량 평균 재장일수(일)		
		대수선	소수선	계	대수선	소수선	계	대수선	소수선	계	대수선	소수선	계
표준궤선용	부산	228	415	643	227	415	642	2	1.1	3.1	×2.8 3.2	×1.0 1	×1.6 1.8
		347	450	797	344	450	794	3	1.2	4.2	×2.7 3.2	×1.0 1	×1.8 1.9
	경성	717	820	1,537	714	817	1,531	5.8	4.1	9.9	×2.6 2.9	×1.6 1.8	×2.0 2.3
		751	1,183	1,934	757	1,180	1,937	6	5.1	11.1	×2.6 2.9	×1.4 1.6	×1.9 2.1
	평양	617	856	1,473	612	855	1,467	5	3.7	8.7	×2.6 2.9	×1.5 1.7	×2.0 2.2
		744	1,038	1,782	745	1,038	1,783	6	4.5	10.5	×2.6 2.9	×1.5 1.7	×2.0 2.2
	청진	202	377	579	201	376	577	1.8	2.2	4	×2.9 3.3	×1.9 2.2	×2.2 2.5
		203	447	670	222	446	668	2	2.6	4.6	×2.9 3.3	×1.8 2.1	×2.2 2.5
	계	1,764	2,468	4,232	1,754	2,463	4,217	14.6	11.1	25.7	×2.6 3	×1.5 1.7	×2.0 2.2
		2,065	9,118	5,183	2,068	3,114	5,182	17	13.4	30.4	×2.7 3.2	×1.5 1.6	×1.9 2.2
	전년도	1,961	1,654	3,615	1,969	1,673	3,642	15.1	8.3	23.4	×2.4 2.8	×1.6 1.8	×2.0 2.4
		2,197	2,266	4,463	2,202	2,668	4,470	17.1	10.4	27.5	×2.4 2.7	×1.5 1.7	×1.9 2.3
협궤선용	부산	1	—	1	1	—	1	—	—	—	×4.0 6	—	×4.0 6
		1	—	1	1	—	1	—	—	—	×4.0 6	—	×4.0 6
	평양	27	—	27	27	—	27	0.2	—	0.2	×2.0 2.4	—	×2.0 2.4
		27	—	27	27	—	27	0.2	—	0.2	×2.0 2.4	—	×2.0 2.4

☞ 앞 표에 이어서

궤간별	공장별	입장차수(량)			출장차수(량)			1일 평균 재장차수(량)			출장차 1량 평균 재장일수(일)		
		대수선	소수선	계	대수선	소수선	계	대수선	소수선	계	대수선	소수선	계
협궤선용	청진	48	6	54	48	8	56	1	—	1	×2.0 7.5	×2.0 4.8	×2.0 7.1
		48	6	54	48	8	56	1	—	1	×2.0 7.5	×2.0 4.8	×2.0 7.1
	계	76	6	82	76	8	84	1.2	—	1.2	×2.0 5.7	×2.0 4.8	×2.0 5.6
		76	6	82	76	8	84	1.2	—	1.2	×2.0 5.7	×2.0 4.8	×2.0 5.6
	전년도	36	17	53	36	16	52	0.2	0.1	0.3	×2.0 5.7	×1.8 2.9	×2.0 2.6
		36	19	56	37	17	54	0.2	0.1	0.3	×2.1 2.6	×1.8 2.9	×2.0 2.7

[전기]

(각 표 1940년 현재)

제1표 통신선로 총괄표

종별 / 국소별			단위	지방철도국				건설사무소		합계
				경성	부산	함흥	계	건설	계	
			km	(5)	(2)	(2)	(10)			(10)
긍장(亘長)				1,538	1,592	1,354	4,485	341	341	4,827
연장				44,561	35,93	30,778	111,269	3,868	3,868	115,138
가공선			km	(5)	(2)	(2)	(10)			(10)
		긍장(亘長)		1,502	1,580	1,353	4,437	339	339	4,776
	종별연장	연장		42,047	34,116	30,750	106,914	3,840	3,840	110,755
		철선		13,223	12,052	9,344	34,621	1,365	1,365	35,986
		동선		24,798	19,741	20,478	65,019	2,190	2,190	67,209
		기타선		57	66	21	145	121	121	267
		외장연장		58	34	15	108	3	3	112
		심선연장		3,967	2,255	905	7,127	163	163	7,291
지하선	긍장(亘長)		천개	36	11	1	48	1	1	50
	외장연장			38	21	1	61	1	1	63
	심선연장			2,513	1,813	28	4,355	27	27	4,383
전주	목주	부주입(不注入)주		11	15	14	41	1	1	43
		쿰힌(クームヒン)주입주		9	2	5	18			19
		크레오소트주입주		9	12	7	29	4	4	33
		계		30	30	27	89	7	7	96
	총계			30	30	27	89	7	7	97
완목(腕木)완금(腕金)			천개	146	139	126	412	21	21	434
애자			천개	821	674	655	2,151	81	81	2,232
지주			개	788	1,002	458	2,248	85	85	2,333
지선			천개	49	45	37	131	10	10	141

비고)
괄호에 있는 숫자는 다른 종류 또는 국(局) 외 전선로에 가설한 긍장을 나타내며, 지중선은 수저선을 나타냄.
단위 미만은 4사5입 하였으므로 합계에서 일치하지 않을 수 있음.

제2표 통신회선 총괄표

종별		기호	단위	단독 회선					
				단선식	복선식	삼선식	사선식	공동귀선식	계
전신회선	회선수	1	회	57(13)	3	–	–	–	60(13)
	총연장	2	km	12,219	22	–	–	–	12,241
계	회선수	3	회	57(13)	3	–	–	–	60(13)
	총연장	4	km	12,219	22	–	–	–	12,241
전화회선	중계선	회선수	5	회	–	80(3)	–	–	–	80(3)
		총연장	6	km	–	17,550	–	–	–	17,550
	교환선	회선수	7	회	–	271(7)	–	–	–	271(7)
		총연장	8	km	–	23,413	–	–	–	23,413
	지령전화선	회선수	9	회	–	16(1)	–	–	–	16(1)
		총연장	10	km	–	3,979	–	–	–	3,979
	구간전화선	회선수	11	회	3	161(2)	–	–	–	164(2)
		총연장	12	km	26	2,401	–	–	–	2,427
	보선전화선	회선수	13	회	–	108(1)	–	–	–	108(1)
		총연장	14	km	–	7,300	–	–	–	7,300
	보선구내	회선수	15	회	–	167	–	–	–	167
		총연장	16	km	–	140	–	–	–	140
	구내전화선	회선수	17	회	–	254	–	–	–	254
		총연장	18	km	–	282	–	–	–	282
	교환가입	회선수	19	회	–	4,225	–	–	–	4,225
		총연장	20	km	–	4,659	–	–	–	4,659
	계	회선수	21	회	3	5,282(14)	–	–	–	5,285(14)
		총연장	22	km	26	59,724	–	–	–	59,750
신호회선	폐색선	회선수	23	회	303(1)	171(2)	–	–	–	474(3)
		총연장	24	km	2,718	2,799	–	–	–	5,517
	반응선	회선수	25	회	–	195	11	2	4	212
		총연장	26	km	–	309	33	8	5	355
	시보선	회선수	27	회	–	41	–	–	–	41
		총연장	28	km	–	65	–	–	–	65
	연동선	회선수	29	회	–	–	–	–	20	20
		총연장	30	km	–	–	–	–	127	127
	전령선	회선수	31	회	–	190	51	–	3	244
		총연장	32	km	–	156	31	–	–	187

☞ 앞 표에 이어서

종별		기호	단위	단독 회선					
				단선식	복선식	삼선식	사선식	공동 귀선식	계
계	회선수	33	회	303(1)	597(3)	62	2	27	991(3)
	총연장	34	km	2,718	3,329	64	8	132	6,251
합계	회선수	35	회	363(14)	5,882(16)	62	2	27	6,336(30)
	총연장	36	km	14,963	63,075	64	8	132	78,242

비고)
괄호 내는 타국(局)에 걸치는 것으로 하며, 궁장(亘長)을 그 국(局) 내에 많이 보유하는 회선임.

☞ 앞 표에 이어서

종별		기호	단위	전화중신법에 이용하는 회선	반송식 중첩법에 이용하는 회선	전화중신법 및 반송식중첩법에 이용하는 회선	전신전화 쌍신법에 이용하는 회선
				복선식	복선식	복선식	복선식
전신회선	회선수	1	회	–	–	–	–
	총연장	2	km	–	–	–	–
계	회선수	3	회	–	–	–	–
	총연장	4	km	–	–	–	–
전화회선	중계선 회선수	5	회	81(3)	6(5)	10(3)	6
	중계선 총연장	6	km	18,745	5,141	4,332	1,306
	교환선 회선수	7	회	2	–	–	5
	교환선 총연장	8	km	258	–	–	543
	지령전화선 회선수	9	회	–	–	–	–
	지령전화선 총연장	10	km	–	–	–	–
	구간전화선 회선수	11	회	–	–	–	–
	구간전화선 총연장	12	km	–	–	–	–
	보선전화선 회선수	13	회	–	–	–	–
	보선전화선 총연장	14	km	–	–	–	–
	보선구내 회선수	15	회	–	–	–	–
	보선구내 총연장	16	km	–	–	–	–
	구내전화선 회선수	17	회	–	–	–	–
	구내전화선 총연장	18	km	–	–	–	–
	교환가입 회선수	19	회	–	–	–	–
	교환가입 총연장	20	km	–	–	–	–
	계 회선수	21	회	83(3)	6(5)	10(3)	11
	계 총연장	22	km	19,003	5,141	4,332	1,849
신호회선	폐색선 회선수	23	회	–	–	–	–
	폐색선 총연장	24	km	–	–	–	–
	반응선 회선수	25	회	–	–	–	–
	반응선 총연장	26	km	–	–	–	–
	시보선 회선수	27	회	–	–	–	–
	시보선 총연장	28	km	–	–	–	–
	연동선 회선수	29	회	–	–	–	–
	연동선 총연장	30	km	–	–	–	–
	전령선 회선수	31	회	–	–	–	–
	전령선 총연장	32	km	–	–	–	–

☞ 앞 표에 이어서

종별		기호	단위	전화중신법에 이용하는 회선	반송식 중첩법에 이용하는 회선	전화중신법 및 반송식중첩법에 이용하는 회선	전신전화 쌍신법에 이용하는 회선
				복선식	복선식	복선식	복선식
계	회선수	33	회	–	–	–	–
	총연장	34	km	–	–	–	–
합계	회선수	35	회	83(3)	6(5)	10(3)	11
	총연장	36	km	19,003	5,141	4,332	1,849

☞ 앞 표에 이어서

종별		기호	단위	전화중신회선 환영	반송식회선 환영	전신전화 쌍신회로 환영	총계
전신회선	회선수	1	회	−	−	12(3)	72(16)
	총연장	2	km	−	−	3,304	15,545
계	회선수	3	회	−	−	12	72(16)
	총연장	4	km	−	−	3,304	15,545
전화회선 중계선	회선수	5	회	50(1)	23(13)	−	256(28)
	총연장	6	km	6,973	13,145	−	67,192
교환선	회선수	7	회	10	−	−	288(7)
	총연장	8	km	593	−	−	24,807
지령전화선	회선수	9	회	−	−	−	16(1)
	총연장	10	km	−	−	−	3,979
구간전화선	회선수	11	회	−	−	−	164(2)
	총연장	12	km	−	−	−	2,427
보선전화선	회선수	13	회	−	−	−	108(1)
	총연장	14	km	−	−	−	7,300
보선구내	회선수	15	회	−	−	−	167
	총연장	16	km	−	−	−	140
구내전화선	회선수	17	회	−	−	−	254
	총연장	18	km	−	−	−	282
교환가입	회선수	19	회	−	−	−	4,225
	총연장	20	km	−	−	−	4,659
계	회선수	21	회	60(1)	23(13)	−	5,478(39)
	총연장	22	km	7,566	13,145	−	110,786
신호회선 폐색선	회선수	23	회	−	−	−	474(3)
	총연장	24	km	−	−	−	5,517
반응선	회선수	25	회	−	−	−	212
	총연장	26	km	−	−	−	355
시보선	회선수	27	회	−	−	−	41
	총연장	28	km	−	−	−	65
연동선	회선수	29	회	−	−	−	20
	총연장	30	km	−	−	−	127
전령선	회선수	31	회	−	−	−	244
	총연장	32	km	−	−	−	187

☞ 앞 표에 이어서

종별		기호	단위	전화중신회선	반송식회선	전신전화 쌍신회로	총계
				환영	환영	환영	
계	회선수	33	회	−	−	−	991(3)
	총연장	34	km	−	−	−	6,251
합계	회선수	35	회	60(1)	28(13)	12(3)	6,541(58)
	총연장	36	km	7,566	13,145	3,304	132,582

제3표 통신기기 설비표

종별	국소별		기호	단위	경성지방철도국				부산지방철도국			
					경성	평양	강계	계	부산	대전	순천	계
전신음향기			1	좌	58	41	17	166	46	35	22	103
동(同) 2중			2	〃	3	1	–	4	–	–	–	–
인쇄전신기			3	대	1	–	–	1	1	–	–	1
전신감독기			4	〃	1	–	–	1	–	–	–	–
전화감독기			5	〃	1	–	–	1	–	–	–	–
전화기	지령식	탁상	6	개	62	15	1	78	28	42	36	106
		벽걸이	7	〃	19	30	1	50	13	16	-	29
	자석식	탁상	8	〃	337	212	156	705	161	260	181	602
		벽걸이	9	〃	702	851	244	1,797	527	590	408	1,525
	공전식	탁상	10	〃	1,266	311	–	1,577	404	–	–	404
		벽걸이	11	〃	199	33	–	232	50	–	–	50
	자동식	탁상	12	〃	70	–	–	70	–	–	–	–
		벽걸이	13	〃	20	–	–	20	–	–	–	–
	개별식	탁상	14	〃	–	3	–	3	–	–	–	–
		벽걸이	15	〃	24	7	–	31	19	14	–	33
	휴대용		16	〃	195	274	71	540	195	169	101	465
	계		17	〃	2,894	1,736	473	5,103	1,397	1,091	726	3,214
전화교환기	자석식 50회선 이하		18	대	4	2	1	7	3	4	3	10
	자석식 100회선 이하		19	〃	1	2	3	8	4	4	5	13
	공전식 100회선 이하		20	〃	1	1		2	1	–	–	1
	공전식 500회선 이하		21	〃	–	2		2	4	–	–	4
	공전식 2,500회선 이하		22	〃	4	–		4	–	–	–	–
	자석식 시외대		23	〃	5	1	–	6	–	2	2	4
	공전식 시외대		24	〃	1	3		4	3	–	–	3
	수동식 기록대		25	〃	1	1		2	1	1	–	2
	수동식 중계대		26	〃	1	–		1	–	2	–	2
	자동식 전화교환		27	〃	1	–		1	–	–	–	–
반송식 전화장치	1통화로식		28	조	4	1		5	1	2	2	5
	2통화로식		29	〃	2	1		3	–	–	1	1
	3통화로식		30	〃	3	–		3	1	–	–	1
	휴대용 통화로식		31	〃	–	–		–	–	–	–	–
	계		32	〃	9	2	-	11	2	2	3	7

☞ 앞 표에 이어서

종별＼국소별	기호	단위	경성지방철도국				부산지방철도국			
			경성	평양	강계	계	부산	대전	순천	계
지령전화 호출장치	33	〃	3	2	–	5	2	2	1	5
반송식 중계국장치	34	〃	–	–	–	–	2	1	–	1
반송식 여파장치	35	〃	–	1	–	1	–	3	1	6
중계 증폭장치	36	〃	–	–	–	–	2	–	–	–
반송식 전신장치	37	〃	3	–	–	3	–	–	–	–
휴대무선 전신전화 장치	38	〃	1	2	–	3	–	1	–	3
고정 무선장치	39	〃	1	–	–	1	2	–	–	1
자동 시보(時報)기	40	〃	1	1	–	2	1	1	1	3
자동 변극(變極)기	41	개	7	7	6	20	1	7	7	17
시험대	42	대	7	3	1	11	3	2	2	8
화재 경보기	44	〃	–	–	–	–	4	–	–	–
전령 표시기	44	개	14	5	–	19	–	4	1	46
전령	45	〃	508	236	25	769	41	144	109	484
마그네사이렌	46	〃	–	–	–	–	231	–	–	9
고성장치 마이크로폰	47	〃	18	6	–	24	9	8	2	18
고성장치 증폭기	48	조	18	7	–	25	8	8	2	18
고성장치 고성기	49	개	97	31	–	128	8	32	8	69
모터사이렌	50	〃	–	–	–	–	29	–	–	–
전기시계 교류식	51	〃	179	–	–	179	–	–	–	–
전기시계 직류식(모)	52	〃	3	2	–	5	–	4	2	11
전기시계 직류식(자)	53	〃	213	66	–	279	5	82	51	288
전기시계 계	54	〃	395	68	–	463	155	86	53	299
전기시계 계전기반	55	조	–	–	–	–	160	–	–	–
축전지	56	개	769	485	–	1,254	–	597	189	1,312
건전지	57	〃	3,123	3,042	2,987	9,152	526	3,160	2,500	8,897
전동기	58	대	–	–	–	–	3,237	–	–	2
발전기	59	〃	1	4	–	5	2	–	–	1
발전동기	60	〃	1	3	–	4	1	–	1	2
전동발전기 충전용	61	개	6	–	–	6	1	–	1	2
전동발전기 신호용	62	〃	5	–	–	5	1	3	1	5
텅가(タンガー) 정류기	63	〃	3	2	–	5	1	5	–	7
수은 정류기	64	〃	6	3	–	9	2	1	1	4
산화동 정류기	65	〃	4	1	–	5	2	3	2	7

☞ 앞 표에 이어서

종별 \ 국소별		기호	단위	경성지방철도국				부산지방철도국			
				경성	평양	강계	계	부산	대전	순천	계
고성	중앙기	66	조	4	–	–	4	2	–	–	–
통화장치	통화기	67	개	41	–	–	41	–	–	–	–

종별	국소별		기호	단위	함흥지방 철도국			합계	건설사무소				총계
					원산	성진	계		경성	안동	강릉	계	
전신음향기			1	좌	31	51	82	307	3	-	-	3	310
동(同) 2중			2	〃	-	-	-	4	-	-	-	-	4
인쇄전신기			3	대	-	-	-	2	-	-	-	-	2
전신감독기			4	〃	-	-	-	1	-	-	-	-	1
전화감독기			5	〃	-	-	-	1	-	-	-	-	1
전화기	지령식	탁상	6	개	62	67	129	313	-	-	-	-	313
		벽걸이	7	〃	-	-	-	79	-	-	-	-	79
	자석식	탁상	8	〃	415	372	787	2,094	1	23	34	53	2,152
		벽걸이	9	〃	517	741	1,258	4,580	116	44	74	234	4,814
	공전식	탁상	10	〃	-	-	-	1,981	-	-	-	-	1,981
		벽걸이	11	〃	-	-	-	282	-	-	-	-	282
	자동식	탁상	12	〃	-	-	-	70	-	-	-	-	70
		벽걸이	13	〃	-	-	-	20	-	-	-	-	20
	개별식	탁상	14	〃	-	-	-	3	-	-	-	-	3
		벽걸이	15	〃	-	-	-	64	-	-	-	-	64
	휴대용		16	〃	188	177	365	1,370	9	15	4	28	1,398
	계		17	〃	1,182	1,357	2,539	10,056	126	82	112	320	11,176
전화교환기	자석식 50회선 이하		18	대	1	5	6	23	-	-	-	-	23
	자석식 100회선 이하		19	〃	9	9	18	39	1	2	1	4	34
	공전식 100회선 이하		20	〃	-	-	-	3	-	-	-	-	3
	공전식 500회선 이하		21	〃	-	-	-	6	-	-	-	-	6
	공전식 2,500회선 이하		22	〃	-	-	-	4	-	-	-	-	4
	자석식 시외대		23	〃	2	2	4	14	-	-	-	-	14
	공전식 시외대		24	〃	-	-	-	7	-	-	-	-	7
	수동식 기록대		25	〃	-	-	-	4	-	-	-	-	4
	수동식 중계대		26	〃	-	-	-	3	-	-	-	-	3
	자동식 전화교환		27	〃	-	-	-	1	-	-	-	-	1
반송식 전화장치	1통화로식		28	조	1	-	1	11	-	-	-	-	11
	2통화로식		29	〃	-	-	-	4	-	-	-	-	4
	3통화로식		30	〃	-	2	2	6	-	-	-	-	6
	휴대용 통화로식		31	〃	4	3	7	7	-	-	-	-	7
	계		32	〃	5	5	10	28	-	-	-	-	28

☞ 앞 표에 이어서

종별 \ 국소별	기호	단위	함흥지방 철도국			합계	건설사무소				총계
			원산	성진	계		경성	안동	강릉	계	
지령전화 호출장치	33	〃	2	2	4	14	–	–	–	–	14
반송식 중계국장치	34	〃	2	–	2	3	–	–	–	–	3
반송식 여파장치	35	〃	2	–	2	9	–	–	–	–	9
중계 증폭장치	36	〃	2	–	2	2	–	–	–	–	2
반송식 전신장치	37	〃	–	1	1	4	–	–	–	–	4
휴대무선 전신전화 장치	38	〃	1	1	2	8	–	–	–	–	8
고정 무선장치	39	〃	–	–	–	2	–	–	–	–	2
자동 시보(時報)기	40	〃	–	1	1	6	–	–	–	–	6
자동 변극(變極)기	41	개	7	11	18	55	–	–	1	1	56
시험대	42	대	2	3	5	24	–	–	1	1	25
화재 경보기	44	〃	15	–	15	15	–	–	1	1	16
전령 표시기	44	개	2	–	2	67	–	–	–	–	67
전령	45	〃	98	113	211	1,464	1	38	32	71	1,535
마그네사이렌	46	〃	–	–	–	9	–	–	–	–	9
고성장치 마이크로폰	47	〃	7	8	15	57	–	–	–	–	57
고성장치 증폭기	48	조	6	9	15	58	–	–	–	–	58
고성장치 고성기	49	개	21	32	53	250	–	–	–	–	250
모터사이렌	50	〃	–	–	–	–	–	–	–	–	–
전기시계 교류식	51	〃	–	10	10	189	–	–	–	–	189
전기시계 직류식(모)	52	〃	1	2	3	19	–	–	–	–	19
전기시계 직류식(자)	53	〃	51	37	88	655	–	–	–	–	655
전기시계 계	54	〃	52	49	101	863	–	–	–	–	863
전기시계 계전기반	55	조	–	–	–	–	–	–	–	–	–
축전지	56	개	488	425	913	3,479	–	–	–	–	3,479
건전지	57	〃	3,132	4,396	7,528	25,577	252	525	388	865	26,442
전동기	58	대	–	–	–	2	–	–	–	–	2
발전기	59	〃	–	–	–	6	–	–	–	–	6
발전동기	60	〃	–	–	–	6	–	–	–	–	6
전동발전기 충전용	61	개	–	–	–	8	–	–	–	–	8
전동발전기 신호용	62	〃	–	–	–	10	–	–	–	–	10
텅가(タンガー) 정류기	63	〃	2	1	3	15	–	–	–	–	15
수은 정류기	64	〃	3	2	5	18	–	–	–	–	18
산화동 정류기	65	〃	–	3	3	15	–	–	–	–	15

☞ 앞 표에 이어서

종별 \ 국소별		기호	단위	함흥지방 철도국			합계	건설사무소				총계
				원산	성진	계		경성	안동	강릉	계	
고성 통화장치	중앙기	66	조	–	–	–	4	–	–	–	–	4
	통화기	67	개	–	–	–	41	–	–	–	–	41

제4표 전기신호 보안기기 설비표

종별	국소별	기호	단위	경성지방철도국				부산지방철도국			
				경성	평양	강계	계	부산	대전	순천	계
전기 신호기	완목식 A형	1	기	3	–	–	3	–	–	–	–
	색등식 2위식	2	〃	13	–	–	13	–	–	–	–
	단등형	3	〃	–	–	–	–	–	4	–	4
	다등형	4	〃	–	–	–	–	–	–	–	–
	반자동식	5	〃	–	–	–	–	–	–	–	–
	유도등열식	6	개	6	–	–	6	–	–	–	–
전기쇄정기		7	〃	38	13	–	51	–	19	–	19
건널목 보안설비	경보기	8	조	2	–	–	2	8	1	1	10
	접근전령	9	〃	1	–	–	1	1	8	2	11
폐색기	쌍신	10	대	32	–	–	32	14	11	-	25
	통표	11	〃	107	119	50	276	109	141	80	330
축전지		12	개	50	–	–	50	–	–	–	–
건전지		13	〃	3,259	2,760	1,023	7,042	1,531	1,520	1,200	4,251
신호반응기		14	〃	31	16	11	58	16	24	11	51
반응표지		15	〃	19	1	–	20	5	8	–	13

종별	국소별	기호	단위	함흥지방철도국			합계
				원산	성진	계	
전기 신호기	완목식 A형	1	기	4	2	6	9
	색등식 2위식	2	〃	–	1	1	14
	단등형	3	〃	–	–	–	4
	다등형	4	〃	–	–	–	–
	반자동식	5	〃	–	–	–	–
	유도등열식	6	개	–	–	–	6
전기쇄정기		7	〃	–	–	–	70
건널목 보안설비	경보기	8	조	–	–	–	12
	접근전령	9	〃	–	–	–	12
폐색기	쌍신	10	대	–	–	–	57
	통표	11	〃	134	131	265	871
축전지		12	개	–	6	6	56
건전지		13	〃	2,130	2,254	4,384	15,677
신호반응기		14	〃	38	32	70	179
반응표지		15	〃	1	–	1	34

제5표 전력기기 설비표

종별 수량	기 호	경성지방철도국									
		경성		평양		강계		계	
		개수	용량	개수	용량	개수	용량	개수	용량
전동기	1	47	HP 307.7	−	−	−	−	47	307.7
발전기	2	−	KW −	−	−	−	−	−	−
변성기	3	4	KW 345	−	−	−	−	4	345
정류기	4	−	KW −	−	−	−	−	−	−
배전반	5	−	KW −	−	−	−	−	−	−
변압기	6	426	KVA 4,070	156	1,180	71	443	653	5,699
전기팬	7	226	KW 14	61	3	2	−	289	18
전열기	8	85	KW 2,122	15	33	−	−	100	2,802
축전지차	9	−	HP −	−	−	−	−	−	−
청사진 인화기	10	−	KW −	−	−	−	−	−	−
발차시각 표시기	11	−	W −	−	−	−	−	−	−
슬라이닥 (Slidac)	12	−	KW −	−	−	−	−	−	−
적산 전력계	13	1,711	A −	835	−	379	−	2,925	−
전기 기기 잡종	14	22	KW102	4	3	−	−	26	105

☞ 앞 표에 이어서

| 국소별 종별 수량 | 기호 | 부산지방철도국 | | | | | | | |
| | | 부산 | | 대전 | | 순천 | | 계 | |
		개수	용량	개수	용량	개수	용량	개수	용량
전동기	1	8	7.3	2	0.75	–	–	10	8.05
발전기	2	–	–	–	–	–	–	–	–
변성기	3	–	–	–	–	–	–	–	–
정류기	4	2	113	–	–	–	–	2	11.3
배전반	5	2	325	3	625	–	–	5	95
변압기	6	116	871	120	807	86	523	322	2,201
전기팬	7	27	1	7	390	–	–	34	1
전열기	8	1	2	–	–	15	35	16	87
축전지차	9	2	16	–	–	–	–	2	16
청사진 인화기	10	1	15	1	11.5	1	5	3	31.5
발차시각 표시기	11	3	210	5	350	–	–	8	560
슬라이닥 (Slidac)	12	3	1	20	8	3	2	26	12
적산 전력계	13	389	–	388	–	351	–	1,128	–
전기 기기 잡종	14	–	–	–	–	–	–	–	–

☞ 앞 표에 이어서

국소별 종별 수량	기호	함흥지방철도국						합계	
		원산		성진		계			
		개수	용량	개수	용량	개수	용량	개수	용량
전동기	1	16	228	25	350	41	598	98	913.75
발전기	2	–	–	1	100	1	100	1	100
변성기	3	1	6	1	6	2	12	6	357
정류기	4	–	–	–	–	–	–	2	11.3
배전반	5	–	–	–	–	–	–	5	95
변압기	6	209	960	169	956	378	1,916	1,353	9,816
전기팬	7	7	–	2	–	9	–	332	20
전열기	8	5	12	–	–	5	12	121	329
축전지차	9	–	–	–	–	–	–	2	16
청사진 인화기	10	–	–	–	–	–	–	3	31.5
발차시각 표시기	11	–	–	–	–	–	–	8	560
슬라이닥 (Slidac)	12	–	–	–	–	–	–	26	12
적산 전력계	13	598	–	651	–	1,249	–	5,302	–
전기 기기 잡종	14	8	41	38	23	46	64	72	169

☞ 앞 표에 이어서

국소별 종별 수량	기호	건설사무소							
		경성		안동		강릉		계	
		개수	용량	개수	용량	개수	용량	개수	용량
전동기	1	–	–	–	–	–	–	–	–
발전기	2	–	–	–	–	–	–	–	–
변성기	3	–	–	–	–	–	–	–	–
정류기	4	–	–	–	–	–	–	–	–
배전반	5	–	–	–	–	–	–	–	–
변압기	6	10	38	10	37.5	14	93	34	168.5
전기팬	7	–	–	–	–	–	–	–	–
전열기	8	–	–	–	–	–	–	–	–
축전지차	9	–	–	–	–	–	–	–	–
청사진 인화기	10	–	–	1	20	–	–	1	20
발차시각 표시기	11	–	–	–	–	–	–	–	–
슬라이닥 (Slidac)	12	–	–	–	–	–	–	–	–
적산 전력계	13	143	–	174	–	101	–	418	–
전기 기기 잡종	14	–	–	–	–	–	–	–	–

☞ 앞 표에 이어서

국소별 / 종별 수량	기호	공장										총계	
		경성		평양		부산		청진		계			
		개수	용량	개수	용량	개수	용량	개수	용량	개수	용량	개수	용량
전동기	1	445	4,669	51	622	264	2,204	78	868	838	8,363	936	9,276.75
발전기	2	2	14	–	–	–	–	–	–	2	14	3	114
변성기	3	67	577	2	11.25	4	45	3	7	76	599.75	82	956.75
정류기	4	–	–	–	–	–	–	–	–	–	–	2	11.3
배전반	5	–	–	–	–	–	–	–	–	–	–	5	95
변압기	6	69	6,055	11	351	61	1,855	13	382	154	8,613	1,541	18,628
전기팬	7	10	84	–	–	8	48	5	10	23	143	355	164
전열기	8	10	905	3	29.4	7	45	4	36	24	1,015	145	1,344
축전 지차	9	–	–	–	–	–	–	–	–	–	–	2	16
청사진 인화기	10	–	–	–	–	–	–	–	–	–	–	4	51.5
발차 시각 표시기	11	–	–	–	–	–	–	–	–	–	–	8	560
슬라 이닥 (Slidac)	12	–	–	–	–	–	–	–	–	–	–	26	12
적산 전력계	13	40	–	4	–	17	–	7	–	68	–	5,788	–
전기 기기 잡종	14	8	107	3	23	17	253	–	–	28	383	100	552

비고)
1. 철도사무소에는 호텔, 전기 수리장 설비를 포함함.
2. 전열기 중에는 전기로를, 변성기에는 정류장치, 전동발전기를, 전기팬에는 환기장치를 포함함.
3. 전기기기 잡종이란 상기 명칭에 해당되지 않는 것들을 일괄 계상한 것임.

제6표 전보취급 통수표

(단위 : 천통)

종별 선별	기호	철도전보 취급역수				공중전 보취급 소수	철도전보			
		전신전화 병치역	전신기	전화기	계		발신	착신	중계신	계
경부 본선	1	27	–	59	86	19	1,868	2,509	2,881	7,058
경의 본선	2	26	–	60	86	19	791	914	318	2,023
호남 본선	3	10	–	22	32	10	244	286	117	648
경원선	4	9	–	23	32	5	348	542	179	1,070
함경 본선	5	24	–	81	105	30	1,007	1,515	895	3,418
경전선	6	9	–	28	37	8	186	154	98	439
전라선	7	7	–	20	27	6	167	241	139	548
경경선	8	9	–	23	32	2	175	103	136	415
평원선	9	5	–	14	19	4	113	71	39	224
만포 본선	10	11	–	27	88	4	233	388	157	778
혜산선	11	5	–	13	18	5	78	59	58	196
백무선	12	5	–	10	15	2	57	25	25	108
동해선	13	10	–	36	46	5	143	76	77	297
합계	14	157	–	416	573	119	5,415	6,889	5,124	17,429
전년도 비교 증감	15	9	–	28	37	8	264	767	44	1,076

☞ 앞 표에 이어서

(단위 : 천통)

종별 선별	기호	공중전보				합계	부수 (付受)	등사 (謄寫)	정사 (正寫)	전선 탁송
		발신	착신	중계신	계					
경부 본선	1	570	59	491	1,121	8,379	1,974	846	283	11
경의 본선	2	112	19	120	253	2,277	622	137	61	8
호남 본선	3	27	3	30	60	708	198	2	36	—
경원선	4	33	9	60	103	1,173	228	69	83	—
함경 본선	5	89	21	158	269	3,687	733	232	79	1
경전선	6	7	2	3	13	452	155	3	3	—
전라선	7	16	2	25	44	593	124	25	7	—
경경선	8	3	—	—	8	419	127	5	13	—
평원선	9	4	2	—	7	232	92	1	-	—
만포 본선	10	9	1	—	11	790	179	11	14	—
혜산선	11	10	8	3	22	218	75	3	2	—
백무선	12	6	6	—	12	121	56	—	—	—
동해선	13	3	—	—	4	302	133	—	—	—
합계	14	896	138	892	1,927	19,356	4,703	1,340	589	22
전년도 비교 증감	15	187	18	226	432	1,509	934	96	22	16

주) 감소 없음.

제7표 배전선로 총괄표

종별		단위	지방철도국				공장	건설사무소	합계
			경성	부산	함흥	계			
긍장(亘長)		km	326	229	195	752	14	10	776
연장			1,092	702	622	2,418	50	50	2,519
가공선	긍장(亘長)	km	266	189	172	628	9	10	648
	연장		963	617	572	2,152	37	50	2,241
지하철	긍장(亘長)	km	59	40	23	123	4	–	128
	연장		129	85	49	265	13	–	278
전주	목주 부주입(不注入)주	개	3,204	1,931	3,204	8,339	134	77	8,550
	목주 쿰힌(クーム ヒン)주		2,822	1,280	410	4,512	38	52	4,602
	목주 클레오소트주		1,593	1,575	1,025	4,193	5	216	4,414
	목주 계		7,619	4,786	4,639	17,044	177	345	17,566
	철주		70	55	82	207	21	–	228
	철탑		16	2	14	32	–	–	32
	콘크리트주		899	1,071	295	2,265	–	–	2,265
	계		985	1,128	391	2,504	21	–	2,525
완목(腕木)완금(腕金)		개	13,282	8,542	7,889	29,713	728	696	31,137
애자		개	54,120	35,410	32,015	121,545	3,066	2,942	127,553
지주		개	223	108	96	427	7	14	448
지선		개	3,786	2,869	2,631	9,286	85	207	9,578

제8표 전등설비 총괄표

(단위 : kW)

종별 \ 국소별		지방철도국				공장	건설	합계
		경성	부산	함흥	계			
국(局) 공급	전등 개수	21,081	–	1,139	22,220	2,670	–	24,890
	전등 kW수	1,027	–	33	1,060	553	–	1,613
국(局) 외 공급	전등 개수	30,072	25,792	19,189	75,052	194	2,634	77,880
	전등 kW수	1,205	1,050	765	3,021	39	92	3,153
합계	개수	51,155	25,792	20,327	97,272	2,864	2,634	102,770
	kW수	2,232	1,050	798	4,081	592	92	5,359
국(局) 외 설비	전등 개수	–	299	137	436	–	1,219	1,655
	전등 kW수	–	5	6	12	–	37	50
점멸기 개수		4,284	3,379	3,885	11,548	–	598	12,144
분전반 개수		226	277	266	770	–	16	786

제9표 전기수선장 수선수(1)

구분	종류	품명 품질 형상	기호	단위	설비수	입장수	수선수 금년도	수선수 전년대비 비교증감
통신	전신기	음향기	1	개	307	126	120	45
		계전기	2	〃	—	185	166	86
		부분기기	3	〃	—	310	268	△10
	인쇄전신기		4	조	2	—	—	—
	전신감독기		5	〃	1	—	—	—
	전화기	자석식	6	개	6,674	1,440	1,285	439
		공전식	7	〃	2,263	340	299	59
		자동식	8	〃	90	—	—	1
		지령식	9	〃	392	34	20	13
		휴대식	10	〃	1,370	266	238	66
		개별호출	11	〃	67	23	22	-
		폐색기용	12	〃	—	127	88	35
		부분기기	13	〃	—	508	460	△345
	전화교환기	자석식	14	대	76	19	16	△6
		공전식	15	〃	20	—	—	—
		자동식	16	〃	1	—	—	—
		부분기기	17	개	—	455	405	209
	분선반		18	〃	—	4	4	1
	자동 변극(變極)기		19	〃	55	11	10	△3
	자동 시보(時報)기		20	〃	6	1	1	1
	전령		21	〃	1,464	201	187	52
	전령표시기		22	〃	67	6	6	5
	지령식 호출장치	부분기기	23	〃	—	16	16	△7
	반송 전화장치		24	〃	28	6	1	—
	반송식 중계장치		25	〃	3	—	—	—
	반송식 여과장치		26	〃	9	—	—	—

☞ 앞 표에 이어서

구분	종류	품명 품질 형상	기호	단위	설비수	입장수	수선수	
							금년도	전년대비 비교증감
통신	고성장치		27	〃	57	–	–	△17
		고성기	28	〃	250	198	198	198
	통신용품 잡종		29	〃	–	42	22	△156
신호 보안	폐색기	통표	30	대	871	185	173	△5
		쌍신	31	개	57	52	51	15
		계전기	32	〃	–	124	109	△3
		부분기기	33	〃	–	164	157	△234
	전기신호기		34	조	33	–	–	–
	전기신호 반응기		35	개	179	23	21	△4
	신호계전기		36	〃	–	–	–	–
	궤도변압기		37	〃	–	–	–	–
	리액터		38	〃	–	–	–	–
	열차체류 표시반		39	〃	–	–	–	–
	건널목 경보장치		40	〃	24	5	5	3
	전기쇄정기		41	〃	70	11	10	5

제10표 전기수선장 수선수(2)

구분	종류	품명 품질 형상	기호	단위	설비수	입장수	수선수 금년도	수선수 전년대비 비교증감
신호보안	신호보안 용품잡종		42	개	–	–	–	–
전등전력	발전기		43	대	7	9	8	8
	전동기		44	〃	100	20	18	-
	전동발전기	충전용	45	〃	24	–	–	–
		신호용	46	〃		–	–	–
	변압기	주상용	47	개	1,353	43	42	11
		거치용	48	〃		–	–	–
	선풍기	탁상용	49	조	322	46	46	25
		천상용	50	〃		–	–	–
	마그네 사이렌		51	개	9	3	3	3
	조명기		52	〃	–	27	18	△48
	전열기		53	〃	121	24	23	△13
	배전반		54	회	5	–	–	–
	적산전력계		55	개	5,302	232	189	△50
	엘리베이터 부분기기		56	〃	–	29	17	9
	전등전력 용품잡화		57	〃	–	43	42	△31
기타	열차시각표 시기		58	〃	8	11	9	△14
	입장권 자동발매기		59	〃	–	1	–	7
	화재알림기		60	〃	15	–	–	–
	전기시계	교류식	61	〃	189	2	2	2
		직류식(모)	62	조	19	3	3	3
		직류식(자)	63	개	655	20	20	13
	전기측정기		64	〃	–	28	72	27
	타이프 라이터		65	〃	–	35	35	△108

☞ 앞 표에 이어서

구분	종류	품명 품질 형상	기호	단위	설비수	입장수	수선수	
							금년도	전년대비 비교증감
기타	정류기	텅가 (タンガー)	66	〃	50	−	−	−
		수은	67	〃		−	−	−
		산화동	68	〃		−	−	−
	접속관 회전기		69	정	−	80	78	△15
	장선기		70	〃	−	369	365	44
	의료기		71	개	−	76	76	△119
	기타		72	〃	−	530	422	△2,529
합계			73	〃	22,625	6,513	5,847	−

비고) △표시는 감소를 나타냄.

제11표 통신신호기기 설비표

종별	사무소	단위	철도사무소			계
			경성	평양	강계	
전신기		개	69	45	17	131
전화기	자석식	〃	1,268	873	437	2,578
	공전식	〃	1,486	376	–	1,865
	지령식	〃	82	47	3	132
	자동식	〃	87	–	–	87
	개별호출식	〃	47	–	–	47
	휴대용	〃	478	182	71	731
	계	〃	3,451	1,478	511	5,440
전화 교환기	자석식	대	9	8	6	23
	공전식	석	5	3	–	8
	자동식	대	1	–	–	1
	계	〃	15	11	6	32
지령전화 호출장치		조	3	2	–	5
반송식 전화장치		〃	9	6	–	15
반송식 전신장치		〃	2	–	–	2
휴대무선 전신전화장치		〃	1	2	1	4
고정무선장치		〃	5	–	–	5
고성 장치	증폭기	개	21	12	4	37
	고성기	〃	104	49	10	163
전기 시계	교류식	〃	181	–	–	181
	직류식(모)	〃	6	3	–	9
	직류식(자)	〃	255	83	–	338
	계	〃	442	86	–	528
전령		〃	610	308	70	988
폐색기	쌍신	대	74	15	–	89
	통표	〃	107	111	58	276
	계	〃	181	126	58	365
반응기		개	82	13	11	106
전지	건전지	〃	4,016	3,285	1,278	8,579
	축전지	〃	914	579	–	1,493
	계	〃	4,930	3,864	1,278	10,072

[경리]

세입세출 결산표

(단위 : 엔)

연도 과목	1911년	1912년	1913년	1914년	1915년	1916년	1917년 (4월~7월)
영업 및 관유 재산수입							
철도수입	5,757,862	6,816,097	7,851,626	7,734,203	8,934,307	10,586,430	4,730,326
조선철도 용품자금 과잉금 수입	256	1,166	559	57	123	232	
수입 합계	5,758,118	6,817,263	7,852,185	7,734,260	8,934,430	10,586,662	4,730,326
철도 사업비	5,122,792	5,962,540	6,282,341	6,500,119	7,151,054	7,948,072	2,964,274
봉급	332,140	351,857	385,195	462,601	450,155	410,155	140,200
사업비	3,993,337	4,658,995	4,762,338	4,909,073	5,237,753	5,728,524	2,118,615
총계비	191,562	191,391	173,273	216,600	295,800	218,283	120,234
보존비	1,864,960	2,135,190	2,121,982	2,238,324	2,317,784	2,433,459	804,005
운수비	1,716,449	2,000,466	2,164,245	2,225,876	2,311,638	2,614,743	1,098,043
여관비		51,030	90,184	119,236	157,117	160,109	58,983
보충비	220,366	262,894	192,260	86,351	125,103	270,606	29,323
공제조합 급여금		18,024	20,394	22,686	30,311	31,324	8,027
제환급 선대금 및 결손 보충금	797,315	951,688	1,134,808	1,128,445	1,463,146	1,809,393	705,459
제지출금	1,375	1,856	1,618	1,813	4,813	2,558	833
지출합계	5,124,167	5,964,396	6,283,959	6,501,932	7,155,867	7,950,630	2,965,107
공제 이익금	633,951	852,867	1,568,226	1,232,328	1,778,563	2,636,032	1,765,219

비고)

1. 1917년도는 8월 1일 남만주철도의 위탁경영으로, 4월~7월의 결산을 계상

2. 남만주철도 위탁경영 기간 중에는 철도수지의 결산은 없음.

3. 위탁경영 기간 중에는 세입결산으로 '남만주철도납부금'이 있으나, 그 금액은 제2편 9장의 12호 표에 있음.

세입세출 결산표

(단위 : 엔)

연도 / 과목	1925년	1926년	1927년	1928년
철도 및 자동차 수입	47,301,280	51,811,608	57,284,145	58,478,819
여객수입	15,324,590	16,479,683	17,488,197	19,388,212
화물수입	15,520,146	17,727,574	19,462,804	20,215,663
자동차수입				
소량화물 집배수입				
잡수입	1,453,685	1,702,586	1,595,340	1,786,361
창고수입	88,917	87,375	87,053	95,706
여관수입	710,314	805,070	863,433	1,007,009
항만수입				
의원수입		75,050	92,819	99,224
잡수입	654,454	735,091	552,035	584,422
북선(北鮮)철도 위탁경영 납부금				
철도수탁 공사수입			86,822	139,978
대부료				
가수입 및 선대금수입	15,002,859	15,901,765	18,650,982	16,948,605
조선철도용품 자금 과잉금수입	857	141	427	479
수입합계	47,302,137	51,811,749	57,284,572	58,479,298
철도작업비	39,075,457	40,697,574	46,654,698	46,971,831
봉급	1,893,902	1,897,939	2,032,633	2,074,683
사업비	22,038,786	23,578,288	25,138,512	26,884,691
총계비	760,755	785,822	804,431	810,220
보존비	5,712,542	5,609,023	6,075,891	6,041,788
차량수선비	2,694,801	3,274,248	3,207,414	3,866,889
기차비	6,241,982	6,625,297	6,962,962	7,597,770
운수비	4,301,883	4,720,224	5,173,516	5,532,315
자동차비				

☞ 앞 표에 이어서

(단위 : 엔)

과목 \ 연도	1925년	1926년	1927년	1928년
소량화물집배비				
여관비	779,481	840,282	913,851	1,038,448
병원 및 요양비		199,780	215,828	217,174
접대비	8,768	9,901	9,886	9,860
보충비	366,575	1,098,776	1,217,054	825,248
공제조합급여금	197,618	198,102	210,681	231,589
철도수탁공사비			86,822	139,978
특별급여금	974,381	216,833	260,176	573,412
임시가족수당				
제환급선대금 및 결손보충금	15,142,769	15,221,347	19,483,553	18,012,457
제지출금	4,011	4,534	6,957	5,389
지출 합계	39,079,468	40,702,108	46,661,655	46,977,220
공제 이익금	8,222,669	11,109,641	10,622,917	11,502,078

☞ 앞 표에 이어서

(단위 : 엔)

과목 \ 연도	1929년	1930년	1931년	1932년	1933년
철도 및 자동차 수입	63,038,849	54,640,028	54,052,489	50,009,565	66,206,161
여객수입	21,145,922	17,710,979	16,702,773	18,128,035	20,455,065
화물수입	20,728,601	19,551,279	20,565,556	20,291,055	21,916,476
자동차수입					
소량화물 집배수입	1,944	18,216	18,481	19,077	18,965
잡수입	1,818,962	1,703,668	1,550,788	1,059,845	1,269,898
창고수입	71,937	31,255			
여관수입	1,078,363	938,449	873,658	170,000	170,068
항만수입					
의원수입	98,394	131,078	109,703	120,668	128,335
잡수입	570,268	602,886	567,427	769,177	971,495
북선(北鮮)철도 위탁경영 납부금					568,853
철도수탁 공사수입	109,216	106,870	72,677	98,793	214,858
대부료					
가수입 및 선대금수입	19,234,204	15,549,016	15,142,214	19,412,760	21,762,046
조선철도용품 자금 과잉금수입	252				
수입합계	63,039,101	54,640,028	54,052,489	59,009,565	66,206,161
철도작업비	48,916,493	44,667,193	44,987,050	46,874,979	49,291,766
봉급	2,164,089	2,188,487	2,051,311	2,015,257	2,066,274
사업비	27,305,128	26,557,420	27,756,359	24,626,705	25,140,110
총계비	721,396	563,561	501,193	479,303	455,545
보존비	6,042,794	5,629,802	5,692,836	5,633,050	6,235,864
차량수선비	3,378,892	2,800,263	2,790,818	3,055,148	3,190,208
기차비	8,504,575	7,760,291	7,577,633	7,336,761	7,740,586
운수비	5,899,359	5,788,838	5,663,422	5,809,512	6,011,202
자동차비					
소량화물집배비		20,168	18,589	19,074	18,965

☞ 앞 표에 이어서

(단위 : 엔)

과목 \ 연도	1929년	1930년	1931년	1932년	1933년
여관비	1,131,170	978,739	928,838	173,836	170,000
병원 및 요양비	228,033	219,370	213,870	224,866	228,926
접대비	9,984	6,932	5,889	5,950	5,950
보충비	448,428	299,828	256,023	441,163	665,240
공제조합급여금	257,831	263,755	261,076	258,132	253,450
철도수탁공사비	109,320	106,766	72,960	150,393	164,174
특별급여금	573,346	2,209,107	3,773,212	1,039,517	
임시가족수당					
제환급선대금 및 결손보충금	19,447,276	15,921,286	15,179,380	20,233,017	22,085,382
제지출금	5,401	6,456	4,531	5,817	6,914
지출 합계	48,921,894	44,673,649	44,991,581	46,880,796	49,298,680
공제 이익금	14,117,207	9,966,379	9,060,908	12,128,769	16,907,481

☞ 앞 표에 이어서

연도 과목	1934년	1935년	1936년	1937년
철도 및 자동차 수입	83,932,333	90,470,458	104,316,954	126,392,689
여객수입	24,778,584	27,794,622	31,917,362	37,509,879
화물수입	25,836,062	28,958,490	33,491,540	40,987,191
자동차수입		6,851	82,305	121,648
소량화물 집배수입	18,126	27,037	32,368	59,231
잡수입	2,305,670	2,142,849	2,385,827	2,983,284
창고수입				
여관수입	996,412		1,334,863	1,432,966
항만수입				
의원수입	126,134		162,833	182,349
잡수입	1,183,124		888,131	1,367,969
북선(北鮮)철도 위탁경영 납부금	1,296,141	1,328,673	680,038	695,278
철도수탁 공사수입	93,759	132,614	129,538	177,327
대부료				
가수입 및 선대금수입	29,603,991	30,079,322	35,597,976	43,858,851
조선철도용품 자금 과잉금수입				199
수입합계	83,932,333	90,470,458	104,316,954	126,392,888
철도작업비	62,313,164	65,979,857	76,393,210	94,280,926
봉급	2,091,705	2,229,611	2,424,748	2,709,982
사업비	29,275,540	32,491,903	37,044,781	46,057,614
총계비	476,059	554,486	680,312	684,224
보존비	7,118,329	7,836,891	8,565,074	11,228,649
차량수선비	4,131,428	4,969,940	5,293,198	6,382,116
기차비	8,152,763	8,852,184	10,327,027	12,526,323
운수비	6,624,782	7,238,014	8,359,584	10,474,267
자동차비			186,979	203,038
소량화물집배비	18,126	27,037	32,368	59,231

☞ 앞 표에 이어서

과목＼연도	1934년	1935년	1936년	1937년
여관비	1,033,124	1,091,647	1,303,233	1,442,694
병원 및 요양비	250,051	262,052	281,763	345,561
접대비	5,950	5,950	5,938	5,946
보충비	1,108,632	1,232,527	1,557,956	2,151,094
공제조합급여금	263,337	288,561	318,606	380,484
철도수탁공사비	92,959	132,614	132,753	173,987
특별급여금				
임시가족수당				
제환급선대금 및 결손보충금	30,945,919	31,258,343	36,923,681	45,513,330
제지출금	6,700		9,634	8,994
지출 합계	62,319,864	65,979,857	76,402,844	94,289,920
공제 이익금	21,612,469	24,490,601	27,914,110	32,102,968

☞ 앞 표에 이어서

(단위 : 엔)

과목 \ 연도	1938년	1939년	1940년	1941년	1942년	1943년
철도 및 자동차 수입	158,817,935	216,468,980	272,198,793	229,286,702	308,577,760	360,983,255
여객수입	48,165,571	67,722,681	94,814,764	100,464,832	153,778,827	172,060,479
화물수입	45,922,789	54,372,176	64,246,778	69,486,667	86,945,567	116,920,071
자동차 수입	154,098	191,099	293,184	300,329	426,701	526,777
소량화물 집배수입	289,127	483,732	931,483	999,219	1,055,524	923,529
잡수입	4,366,020	5,307,571	6,899,475	8,610,714	9,757,431	12,907,611
창고수입						
여관수입	1,808,342	2,569,506	3,289,131	3,220,300		5,882,011
항만수입			655,022	863,012		1,185,305
의원수입	228,142	239,152	291,715	358,749		530,976
잡수입	2,329,536	2,498,913	2,663,607	4,168,653		5,309,319
북선(北鮮) 철도 위탁경영 납부금	1,018,767		1,378,220			
철도수탁공사 수입	416,363	472,014	223,482	218,846	133,472	197,463
대부료			666,264	888,354	888,353	888,353
가수입 및 선대금수입	58,485,200	87,919,707	102,745,143	48,317,741	55,591,885	56,558,972
조선철도용품 자금 과잉금 수입	260	249	105			
수입합계	158,818,195	216,469,229	272,198,898	229,286,702	308,577,760	360,983,255
철도작업비	116,072,362	165,501,221	214,276,976	184,839,930	225,051,223	271,005,646
봉급	3,002,765	3,305,482	4,027,970	5,041,865	5,803,094	6,258,385
사업비	54,348,433	71,667,593	106,481,794	131,438,867	161,922,858	205,611,273
총계비	762,008	1,049,328	1,904,009	3,049,201	3,757,501	4,564,969
보존비	12,708,049	14,929,896	19,243,194	21,143,810	28,664,695	30,139,652
차량 수선비	6,398,809	8,021,485	10,461,451	12,977,730	16,550,400	19,329,419
기차비	17,764,140	25,791,730	44,016,080	58,443,482	69,480,457	97,497,534
운수비	11,551,455	13,991,332	21,402,869	25,992,248	30,763,762	39,186,231

☞ 앞 표에 이어서

(단위 : 엔)

과목＼연도	1938년	1939년	1940년	1941년	1942년	1943년
자동차비	185,939	216,265	312,248	397,009	559,184	556,610
소량화물 집배비	289,127	483,732	931,483	999,219	1,055,524	923,529
여관비	1,730,060	2,393,408	3,166,648	3,327,100	4,216,689	5,658,966
병원 및 요양비	369,198	439,106	537,710	818,077	1,127,775	1,435,970
접대비	5,160	5,355	4,265	7,348	7,205	7,520
보충비	1,739,657	3,363,614	3,366,081	3,240,378	4,375,583	4,793,607
공제조합 급여금	428,863	507,062	655,852	1,025,342	1,180,729	1,319,803
철도수탁 공사비	415,968	475,280	221,952	217,923	132,827	197,463
특별급여금					50,527	
임시가족수당			257,943			
제환급 선대금 및 결손보충금	58,721,164	90,528,146	103,767,212	48,459,198	57,325,271	59,135,988
제지출금	6,919	12,579	16,483	45,491		
지출 합계	116,079,281	165,513,800	214,293,459	184,985,421	25,051,223	271,005,646
공제 이익금	42,738,914	50,955,429	57,905,437	44,301,281	83,526,537	89,977,609

건설 · 개량비 및 재해비 결산표

(단위 : 엔)

과목 \ 연도	창업시대				
	1906년	1907년	1908년	1909년	1910년
건설 및 개량비	986,062	12,165,599	7,693,797	3,056,724	5,955,818
건설비	691,947	10,765,463	6,638,401	2,744,073	5,955,818
봉급 및 제수당	12,864	192,255	133,851	114,245	116,585
총계비		147,841	101,847	73,979	92,212
경부선	479,083	544,691	411,318	330,794	60,818
경의선		8,852,319	5,222,871	1,965,737	3,520,003
마산선		487,901	157,940		
진해선					
평남선			6,551	157,128	564,157
호남선					536,224
경원선					565,578
함경선					
평원선					
평양탄광선					
차량비	200,000	540,456	604,023	102,190	500,241
철도여관					
개량비		83,856	401,294	39,936	
봉급 및 제수당					
총계비					
공사비		83,856	401,294	39,936	
수해복구비	294,115	1,316,280	654,102	272,715	
재해비					
합계	986,062	12,165,599	7,693,797	3,056,724	5,955,818

☞ 앞 표에 이어서

(단위 : 엔)

연도 과목	총독부 제1차 직영시대					
	1911년	1912년	1913년	1914년	1915년	1916년
건설 및 개량비	8,625,257	8,767,648	8,469,387	7,321,953	7,618,077	7,434,505
건설비	8,557,713	8,107,778	8,226,179	6,265,531	5,126,946	5,461,143
봉급 및 제수당	156,109	160,064	158,356	136,830	122,194	117,481
총계비	69,101	94,295	70,588	110,328	56,217	31,587
경부선	418,616	386,794	23,964	1,731		
경의선	2,159,964	719,312	279,296	76,176	6,331	
마산선						
진해선						
평남선	268,083	270,613	76,847	14,849	15,429	7,504
호남선	1,942,199	2,376,854	2,278,228	1,714,966	679,546	1,190,511
경원선	2,563,254	3,404,395	3,769,685	1,349,915	202,331	168,160
함경선				1,209,185	3,216,117	3,171,172
평원선						
평양탄광선						
차량비	980,387	607,936	1,273,371	1,117,053	802,753	774,311
철도여관		87,515	295,844	534,498	26,028	417
개량비	67,544	658,870	243,208	1,056,422	2,491,131	1,973,362
봉급 및 제수당		1,339	2,564	17,556	28,648	30,487
총계비				4,253	2,775	5,095
공사비	67,544	658,531	240,644	1,034,613	2,459,708	1,937,780
수해복구비						
재해비	595,859	612,883		225,813	261,253	
합계	9,221,116	9,380,531	8,469,387	7,547,766	7,879,330	7,434,505

☞ 앞 표에 이어서

(단위 : 엔)

과목 \ 연도	만철 위탁경영시대		
	1917년	1918년	1919년
건설 및 개량비	5,770,302	9,667,914	14,980,222
건설비	3,688,468	5,708,235	10,720,976
봉급 및 제수당	37,971		
총계비	82,688	118,655	138,375
경부선			
경의선			
마산선			
진해선			
평남선	1,466		
호남선	914,279	306,545	115,781
경원선	135,935	78,726	99,385
함경선	1,959,265	2,268,452	6,453,067
평원선			
평양탄광선		129,205	168,744
차량비	555,023	2,806,652	3,745,624
철도여관	1,841		
개량비	2,081,834	3,959,679	4,259,246
봉급 및 제수당	11,421		
총계비	21,800	85,741	92,250
공사비	2,048,613	3,873,938	4,166,996
수해복구비			
재해비			
합계	5,770,302	9,667,914	14,980,222

☞ 앞 표에 이어서

(단위 : 엔)

연도 과목	만철 위탁경영시대					1906년~ 1924년
	1920년	1921년	1922년	1923년	1924년	합계
건설 및 개량비	15,327,829	18,287,158	21,710,999	14,999,904	10,001,841	188,840,996
건설비	11,494,706	13,602,013	15,136,461	11,780,116	8,874,541	149,546,508
봉급 및 제수당						1,458,805
총계비	258,996	276,132	268,213	242,906	228,872	2,462,832
경부선						2,657,809
경의선						22,802,009
마산선						645,841
진해선	51,468	337,797	1,005,937	739,527	222,100	2,365,829
평남선						1,382,627
호남선	447,982	458,738	213,301			13,175,154
경원선	64,423	97,328	247,885		31,520	12,778,520
함경선	6,601,341	8,017,107	10,801,640	8,637,869	7,192,329	59,527,544
평원선			41,510	2,574		44,084
평양탄광선	284,239	225,990	65,466			873,644
차량비	3,786,257	4,188,921	2,224,413	2,157,240	1,199,720	28,166,571
철도여관			268,096			1,214,239
개량비	3,833,123	4,685,145	6,574,538	3,219,788	1,127,300	36,757,276
봉급 및 제수당						92,015
총계비	86,014	95,063	122,622	48,790	36,498	600,901
공사비	3,747,109	4,590,082	6,451,916	3,170,998	1,090,802	36,064,360
수해복구비						2,537,212
재해비	544,693		607,336	534,586	199,864	3,582,287
합계	15,872,522	18,287,158	22,318,335	15,534,490	10,201,705	192,423,283

비고)
1913년도 이전의 과목에서 1914년도 이후의 것과 상이한 것은 재편성하여 계상하였음.

건설 · 개량비 및 재해비 결산표

(단위 : 엔)

연도 과목	1906년~1924년 합계	총독부 제2차 직영시대		
		1925년	1926년	1927년
건설 및 개량비	188,840,996	9,906,504	14,948,337	18,896,588
건설비	149,546,508	7,157,879	13,177,139	15,536,037
봉급 및 제수당	1,458,805	228,281	234,603	273,346
사무비		143,587	140,388	152,126
조사시험비				
특별 급여금		81,159	4,941	7,757
경부선	2,657,809			
경의선	22,802,009			
마산선	645,841			
진해선	2,356,829	148,912	933,916	110,961
평남선	1,382,627			
호남선	13,175,154			
경원선	12,778,520	35,442	9,756	
함경선	59,527,544	5,473,006	9,511,073	10,018,913
평원선	44,084		790,346	2,006,312
평양탄광선	873,644			
도문선				757,920
만포선				10,382
동해선				112,012
경전선				14,753
혜산선				
중앙선				
대삼선				
청라선				
무산백암선				
차량비	28,166,571	1,047,492	1,552,116	2,071,055
철도여관비	1,214,239			
총계비	2,462,832			
임시가족수당				
전시근면수당				

☞ 앞 표에 이어서

(단위 : 엔)

과목 \ 연도	1906년~1924년	총독부 제2차 직영시대		
	합계	1925년	1926년	1927년
개량비	36,757,276	2,748,625	1,771,198	3,360,551
봉급 및 제수당	92,015	96,220	73,210	86,260
사무비		22,921	27,717	38,251
조사시험비				
특별급여금		23,568		17,196
선로 개량				
교량 구교 개량				
정거장 설비 개량				
신호소 외 신설				
남경성~경성 간 선로 증설				
평양~진남포 간 개량 공사				

☞ 앞 표에 이어서

(단위 : 엔)

과목 \ 연도	총독부 제2차 직영시대						
	1928년	1929년	1930년	1931년	1932년	1933년	1934년도
건설 및 개량비	19,234,546	16,967,204	12,052,344	13,632,875	18,906,988	18,705,642	18,497,852
건설비	15,423,044	13,675,774	9,625,887	10,090,163	14,424,418	13,917,054	12,987,299
봉급 및 제수당	317,743	324,170	324,808	304,619	315,360	315,405	316,749
사무비	216,075	183,028	154,653	165,555	195,191	211,712	192,584
조사시험비							
특별 급여금	69,146	28,211	26,588	27,867			
경부선							
경의선							
마산선							
진해선	130,237	13,362	41,780				
평남선							
호남선							
경원선							
함경선	2,457,204	1,795,076	108,386	33,142	31,939	112,468	100,469
평원선	1,916,551	2,425,241	1,491,405	1,121,147	501,306	846,035	1,582,978
평양탄광선							
도문선	4,392,570	3,944,243	2,367,831	1,791,654	2,212,388	246,447	147,782
만포선	25,803	1,668	21,233	760,355	3,041,310	3,601,303	5,436,025
동해선	2,612,269	1,120,146	2,037,510	2,684,718	2,833,457	3,269,041	1,065,871
경전선	129,368	987,294	1,584,362	1,579,798	393,089	953,906	408,371
혜산선	73,493	49,891	13,297	853,373	3,577,756	3,293,750	2,519,626
중앙선							
대삼선							
청라선							
무산백암선							
차량비	3,082,585	2,803,444	1,454,034	767,935	1,319,622	1,066,787	1,213,924
철도여관비							
총계비							
임시 가족수당							

☞ 앞 표에 이어서

(단위 : 엔)

과목 \ 연도	총독부 제2차 직영시대						
	1928년	1929년	1930년	1931년	1932년	1933년	1934년도
전시 근면수당							
개량비	3,811,502	3,291,430	2,426,457	3,542,712	4,482,570	4,788,588	5,510,553
봉급 및 제수당	99,713	102,042	98,896	99,551	96,040	96,015	123,602
사무비	43,610	46,250	35,089	38,465	48,815	64,797	77,824
조사시험비							
특별 급여금	12,612	14,183	8,934	8,702			
선로 개량							
교량 구교 개량							
정거장 설비 개량							
신호소 외 신설							
남경성~ 경성 간 선로 증설							
평양~ 진남포 간 개량 공사							

☞ 앞 표에 이어서

(단위 : 엔)

과목 ＼ 연도	총독부 제2차 직영시대			
	1935년	1936년	1937년	1938년
건설 및 개량비	23,880,375	34,424,623	63,041,650	94,351,047
건설비	16,409,305	19,943,898	30,273,352	31,035,985
봉급 및 제수당	328,268	387,326	477,473	501,293
사무비	234,253	345,772	466,296	412,578
조사시험비				
특별 급여금				
경부선				
경의선				
마산선				
진해선				
평남선				
호남선				
경원선				
함경선	29,141	7,771	22,077	128,114
평원선	921,751	1,855,946	1,628,239	1,055,414
평양탄광선				
도문선	121,658	51,289	35,015	166,259
만포선	7,060,737	6,700,501	5,297,337	4,571,417
동해선	2,115,630	1,358,925	3,666,860	2,638,452
경전선	1,300,547	2,693,007	351,573	77,605
혜산선	2,512,270	1,241,876	2,356,230	149,795
중앙선		3,364,435	14,595,724	19,162,530
대삼선				
청라선				
무산백암선				
차량비	1,785,050	1,437,000	1,376,528	2,172,528
철도여관비				
총계비				
임시가족수당				
전시근면수당				
개량비	7,471,070	14,480,725	32,768,298	63,315,062

☞ 앞 표에 이어서

(단위 : 엔)

과목 \ 연도	총독부 제2차 직영시대			
	1935년	1936년	1937년	1938년
봉급 및 제수당	153,458	216,007	470,028	776,380
사무비	119,532	278,475	471,034	638,049
조사시험비				
특별급여금				
선로 개량			4,089,045	6,897,176
교량 구교 개량			3,176,511	3,676,048
정거장 설비 개량			1,616,212	2,276,370
신호소 외 신설			454,545	1,316,357
남경성~경성 간 선로 증설				
평양~진남포 간 개량 공사				

☞ 앞 표에 이어서

(단위 : 엔)

연도 과목	총독부 제2차 직영시대						
	1939년	1940년	1941년	1942년	1943년	합계	누계
건설 및 개량비	133,282,969	144,272,656	138,779,756	136,165,569	168,334,720	1,098,282,245	1,287,123,241
건설비	44,887,798	29,842,643	22,945,375	25,299,426	30,589,276	377,241,753	526,788,261
봉급 및 제수당	545,553	442,668	406,205	356,257	371,902	6,772,029	8,230,834
사무비	458,839	387,927	435,006	484,558	539,742	5,522,871	5,522,871
조사 시험비					79,537	79,537	79,537
특별 급여금						245,669	245,669
경부선							2,657,809
경의선							22,802,009
마산선							645,841
진해선						1,379,169	3,735,998
평남선							1,382,627
호남선							13,175,154
경원선						45,198	12,823,718
함경선	974,212	833,832	253,399			31,890,222	91,417,766
평원선	6,945,685	7,559,951	2,915,563	1,271,546	731,367	37,566,782	37,610,866
평양 탄광선							873,644
도문선						16,234,976	16,234,976
만포선	1,774,201	1,802,466	824,713	654,858	143,269	41,727,578	41,727,578
동해선	3,641,209	6,775,068	7,596,484	3,480,725	1,236,430	48,247,807	48,247,807
경전선	621,064	1,154,569	1,145,232	1,304,791	3,301,505	18,000,834	18,000,834
혜산선	173,971	64,021	130,671			17,010,020	17,010,020
중앙선	24,589,996	8,697,116	7,014,298	4,376,395	2,144,333	84,444,877	84,444,877
대삼선			2,103,550	3,531,476	4,417,699	10,052,725	10,252,725

☞ 앞 표에 이어서

(단위 : 엔)

연도 과목	총독부 제2차 직영시대						
	1939년	1940년	1941년	1942년	1943년	합계	누계
청라선				6,650,220	14,433,032	21,083,252	21,083,252
무산 백암선				3,046,157	3,040,515	6,086,672	6,086,672
차량비	5,163,068	2,100,901	120,254	114,058	149,945	30,799,027	58,965,598
철도 여관비							1,214,239
총계비							2,462,831
임시가족 수당	24,124					24,124	24,124
전시근면 수당				28,385		28,385	28,385
개량비	88,395,171	114,430,013	115,834,381	110,866,143	137,745,444	721,040,492	757,797,768
봉급 및 제수당	1,049,961	1,330,057	1,399,873	1,501,034	1,732,136	9,600,484	9,692,499
사무비	1,079,746	1,403,115	2,080,732	2,513,395	2,695,968	11,723,785	11,723,785
조사 시험비					80,666	80,666	80,666
특별 급여금						85,195	85,195
선로 개량	7,085,327	6,642,355	7,021,649	5,425,228	5,608,531	42,769,311	42,769,311
교량 구교 개량	8,007,456	4,294,023	1,847,321	1,644,870	1,265,904	23,912,133	23,912,133
정거장 설비 개량	2,335,067	2,806,557	5,667,757	5,266,477	7,303,093	27,272,433	27,272,433
신호소 외 신설	1,020,125	571,126	480,627	193,358	646,687	4,682,825	4,682,825
남경성~ 경성 간 선로 증설		286,086	1,206,666	1,564,225	3,501,202	6,558,179	6,558,179
평양~ 진남포 간 개량 공사			629,129	1,605,949	989,270	3,222,348	3,222,348

☞ 앞 표에 이어서

(단위 : 엔)

과목 \ 연도	1906년~1924년 합계	총독부 제2차 직영시대 1925년	1926년	1927년
정거장 신설				
기계 설비비				
전화 설비비				
통신설비 개량				
전기신호 보안설비				
방공 설비비				
부산진~삼랑진 간 복선공사				
대전~영등포 간 복선공사				
경성~평양 간 복선공사				
수성~고무산 간 복선공사				
용산~동경성 간 복선공사				
삼랑진~대전 간 복선공사				
평양~신의주 간 복선공사				
용산~상삼봉 간 일부복선 기타 공사				
매수선로 개량				
공장 설비				
차량비				449,265
임시가족수당				
전시근면수당				
총계비	600,901			
공사비	36,064,360	2,605,916	1,670,271	2,769,579
수해복구비	2,537,212			
재해비	3,582,287	1,399,908	1,980,660	1,003,112
북선(北鮮) 개척 사업비				
척식철도 부설비				
주임(奏任) 봉급				
판임(判任) 봉급				
사무비				
무산백암선				
차량비				
임시가족수당				
합계	192,423,283	11,306,412	16,928,997	19,899,700

☞ 앞 표에 이어서

(단위 : 엔)

연도 과목	총독부 제2차 직영시대						
	1928년	1929년	1930년	1931년	1932년	1933년	1934년
정거장 신설							
기계 설비비							
전화 설비비							
통신설비 개량							
전기신호 보안설비							
방공 설비비							
부산진~삼랑진 간 복선공사							
대전~영등포 간 복선공사							
경성~평양 간 복선공사							
수성~고무산 간 복선공사							
용산~동경성 간 복선공사							
삼랑진~대전 간 복선공사							
평양~신의주 간 복선공사							
용산~상삼봉 간 일부복선 기타 공사							
매수선로 개량							
공장 설비							
차량비	529,956	617,033	160,070	796,129	508,663	815,995	1,720,257
임시가족수당							
전시근면 수당							
총계비							
공사비	3,125,611	2,511,922	2,123,468	2,599,865	3,829,052	3,811,781	3,588,870
수해복구비							
재해비	1,215,422		161,174			83,105	276,854

☞ 앞 표에 이어서

(단위 : 엔)

과목 \ 연도	총독부 제2차 직영시대						
	1928년	1929년	1930년	1931년	1932년	1933년	1934년
북선(北鮮) 개척 사업비					484,179	795,772	814,299
척식철도 부설비					484,179	795,772	814,299
주임(奏任) 봉급					3,865	6,022	5,115
판임(判任) 봉급					17,659	18,361	13,243
사무비					19,592	8,074	15,389
무산백암선					443,063	615,858	626,013
차량비						147,457	152,539
임시가족수당							
합계	20,449,968	16,967,204	12,213,518	13,632,875	19,391,167	19,584,519	19,589,005

☞ 앞 표에 이어서

(단위 : 엔)

과목 \ 연도	총독부 제2차 직영시대			
	1935년	1936년	1937년	1938년
정거장 신설			219,944	1,520,580
기계 설비비				
전화 설비비				
통신설비 개량			850,131	1,082,356
전기신호 보안설비				
방공 설비비				
부산진~삼랑진 간 복선공사			1,642,006	4,086,888
대전~영등포 간 복선공사			2,337,737	13,002,026
경성~평양 간 복선공사				5,416,419
수성~고무산 간 복선공사				
용산~동경성 간 복선공사				
삼랑진~대전 간 복선공사				
평양~신의주 간 복선공사				
용산~상삼봉 간 일부복선 기타 공사				
매수선로 개량			2,657,893	2,847,460
공장 설비			799,342	1,300,372
차량비	2,207,107	4,461,854	13,983,870	18,478,581
임시가족수당				
전시근면수당				
총계비				
공사비	4,990,973	9,524,389		
수해복구비				
재해비		1,088,892	727,632	1,676,908
북선(北鮮) 개척 사업비	993,384	1,250,409	1,277,789	691,332
척식철도 부설비	993,384	1,250,409	1,277,789	691,332
주임(奏任) 봉급	2,548	2,548	2,072	2,729
판임(判任) 봉급	13,869	9,073	14,550	11,519
사무비	8,234	4,228	8,914	4,805
무산백암선	769,911	994,535	1,041,250	576,244
차량비	198,822	240,025	211,003	96,035
임시가족수당				
합계	24,873,759	36,763,924	65,047,071	96,719,287

☞ 앞 표에 이어서

(단위 : 엔)

연도 / 과목	총독부 제2차 직영시대						
	1939년	1940년	1941년	1942년	1943년	합계	누계
정거장 신설	5,550,055	10,824,229	9,908,872	8,560,583	10,937,353	47,521,615	47,521,615
기계 설비비					942	942	942
전화 설비비		457,685	747,469	3,557,198	1,795,499	6,557,846	6,557,846
통신설비 개량	1,184,936	332,006	949,982	1,213,866	1,294,779	6,908,056	6,908,056
전기신호 보안설비		731,575	2,414,177	2,442,316	2,418,922	8,006,990	8,006,990
방공 설비비		203,419	1,676,303	971,458	1,799,070	4,650,250	4,650,250
부산진~삼랑진 간 복선공사	491,336	360,502	285,420	120,622	24,144	7,010,918	7,010,918
대전~영등포 간 복선공사	1,585,898	773,640	814,169	526,520	539,432	19,799,422	19,579,422
경성~평양 간 복선공사	20,535,934	10,628,793	5,850,013	2,185,963	1,320,997	45,938,119	45,938,119
수성~고무산 간 복선공사	890,647	2,560,686	3,166,422	282,065	133,861	7,033,681	7,033,681
용산~동경성 간 복선공사	953,459	1,794,503	1,293,652	238,007	99,822	4,379,443	4,379,443
삼랑진~대전 간 복선공사		10,502,184	23,080,274	15,472,753	9,445,072	58,500,283	58,500,283
평양~신의주 간 복선공사		4,448,212	10,389,767	8,362,156	15,491,717	38,691,852	38,691,852
용산~상삼봉 간 일부복선 기타 공사				5,154,603	22,895,564	28,050,167	28,050,167
매수선로 개량	1,171,863	1,778,608	118,900	153,081	6,536,744	15,264,549	15,264,549
공장 설비	2,597,093	4,879,103	9,525,926	9,200,133	10,302,268	38,604,237	38,604,237
차량비	32,855,368	46,773,023	23,279,286	32,644,737	28,887,802	211,168,996	211,168,996
임시가족 수당		48,526					48,526
전시근면 수당				65,546			65,546
총계비							600,901
공사비						43,151,696	79,216,056
수해복구비							2,537,212

☞ 앞 표에 이어서

(단위 : 엔)

과목 \ 연도	총독부 제2차 직영시대						
	1939년	1940년	1941년	1942년	1943년	합계	누계
재해비	3,073,327	2,591,016	312,199	330,667		15,920,876	19,503,163
북선(北鮮) 개척 사업비	811,155	1,540,348	2,443,862			11,102,529	11,102,529
척식철도 부설비	811,155	1,540,348	2,443,862			11,102,529	11,102,529
주임(奏任) 봉급	2,456	2,928	2,759			33,042	33,042
판임(判任) 봉급	6,837	15,755	21,263			144,129	144,129
사무비	3,774	11,884	18,614			103,508	103,508
무산백암선	627,739	841,028	1,903,602			8,439,243	8,439,243
차량비	170,349	668,027	497,624			2,381,881	2,381,881
임시가족 수당		726				726	726
합계	137,167,451	148,404,020	141,535,817	136,496,236	168,334,720	1,125,305,650	1,317,728,933

철도투자액 종목별 내역(1906년~1924년)

(단위 : 엔)

종별 \ 연도	총독부 · 철도원 시대				
	1906년	1907년	1908년	1909년	1910년도
경부철도 매수비	35,000,863				
경의마산선 군사비 지불	31,383,216				
철도건설 및 개량비		10,051,035	9,007,431	2,744,988	6,144,904
수해복구비	1,422,996	187,399	654,102	272,715	
재해비					
철도용품자금	700,000				
토목비					
건설개량비 · 소속물건판매비					
보충비	49,016	56,783	46,613	11,307	109,353
합계	68,556,091	10,295,217	7,708,146	3,029,010	6,254,257
누계		78,851,308	86,559,454	89,588,464	95,842,721

☞ 앞 표에 이어서

(단위 : 엔)

연도 종별	총독부 제1차 직영시대					
	1911년	1912년	1913년	1914년	1915년	1916년도
경부철도 매수비						
경의마산선 군사비 지불						
철도건설 및 개량비	8,418,016	8,767,647	8,469,387	7,321,953	7,618,077	7,434,505
수해복구비						
재해비	595,859	612,883		225,813	261,253	
철도용품자금						
토목비						
건설개량비 · 소속물건판매비						
보충비	220,366	262,894	192,260	86,351	125,103	270,606
합계	9,234,241	9,643,424	8,661,647	7,634,117	8,004,433	7,705,111
누계	105,076,962	114,720,386	123,382,033	131,016,150	139,020,583	146,725,694

☞ 앞 표에 이어서

(단위 : 엔)

과목 \ 연도	만철 위탁경영시대		
	1917년	1918년	1919년
경부철도 매수비			
경의마산선 군사비 지불			
철도건설 및 개량비	5,770,302	9,667,914	14,980,222
수해복구비			
재해비			
철도용품자금	21,513		
토목비	230,193	82,212	96,345
건설개량비 · 소속물건판매비	△2,087	△4,797	△11,269
보충비	132,105	1,348,554	684,413
합계	6,152,026	11,093,883	15,749,711
누계	152,877,720	163,971,603	179,721,314

비고)
1. 군사비는 1904년도~1906년도까지 3개년도의 지출을 편의상 일괄하여 1906년에 계상함.
2. 1907년도부터 1910년도까지의 매년 투자비용 중 철도건설 및 개량비, 수해복구비는 일반회계로부터 자본계정의 수입으로 받아들인 금액으로, 각 연도의 지출 결산액과 일치하지 않음.
3. 1911년도 투자액은 동년도 지출 결산비용으로부터 자본계정에 속하는 1910년도 말의 자금에서 총독부 특별회계의 세입으로 편입된 207,241엔(円)을 공제함.
4. 남만주철도 위탁경영기의 보충비는 1917년도분을 제외한 남만주철도 부담이다.

☞ 앞 표에 이어서

(단위 : 엔)

과목 \ 연도	만철 위탁경영시대					1906년도~1924년도
	1920년도	1921년도	1922년도	1923년도	1924년도	합계
경부철도 매수비						35,000,863
경의마산선 군사비 지불						31,383,216
철도건설 및 개량비	15,327,829	18,287,158	21,710,099	14,999,904	10,001,842	184,724,113
수해복구비						2,537,212
재해비	544,693		607,336	534,586	199,864	3,582,287
철도용품자금						721,513
토목비						408,750
건설개량비 · 소속물건판매비	△14,188	△24,914	△445,076	△254,404	△297,371	△1,054,106
보충비	471,037	593,286	1,093,938	1,195,180	402,337	7,351,502
합계	16,329,371	18,855,530	22,967,197	16,475,266	10,306,672	264,655,350
누계	196,050,685	214,906,215	237,873,412	254,348,678	264,655,350	

철도투자액 종목별 내역(1925년~1943년)

(단위 : 천엔)

연도 종별	1906년~1924년	총독부 제2차 직영시대			
		1925년	1926년	1927년	1928년
경부철도 매수비	35,000				
군사비 지불	31,384				
건설 및 개량비	184,724	9,907	14,948	18,896	19,235
사설철도 매수비				4,471	7,570
북선(北鮮) 개척 사업비					
수해 복구비	2,537				
재해비	3,582	1,049	1,981	1,003	1,215
철도용품자금	722	1,000			
토목비	409				
전신전화 시설비					
임시방공 및 경비비					
국경지방 피해 수습비					
건설개량비 · 소속물건판매비	△1,054	△304	△291	△297	△157
보충비	7,351	366	1,099	1,217	825
합계	264,655	12,018	17,737	25,290	28,688
누계		276,673	294,410	319,700	348,388

☞ 앞 표에 이어서

(단위 : 천엔)

종별＼연도	총독부 제2차 직영시대					
	1929년	1930년	1931년	1932년	1933년	1934년
경부철도 매수비						
군사비 지불						
건설 및 개량비	16,967	12,052	13,633	18,907	18,706	18,498
사설철도 매수비	5,805		8,196		706	
북선(北鮮) 개척 사업비				484	796	814
수해 복구비						
재해비		161			83	277
철도용품자금	300					
토목비						
전신전화 시설비						
임시방공 및 경비비						
국경지방 피해 수습비						
건설개량비 · 소속 물건판매비	△142	△34	△95	△20		
보충비	449	300	256	441	665	1,109
합계	23,379	12,479	21,990	19,812	20,956	20,698
누계	371,767	384,246	406,236	426,048	447,004	467,702

☞ 앞 표에 이어서

(단위 : 천엔)

과목 \ 연도	총독부 제2차 직영시대				
	1935년	1936년	1937년	1938년	1939년
경부철도 매수비					
군사비 지불					
건설 및 개량비	23,880	34,425	63,042	94,351	133,283
사설철도 매수비	11,012				8,331
북선(北鮮) 개척 사업비	993	1,250	1,278	692	811
수해 복구비					
재해비		1,089	728	1,677	3,073
철도용품자금			478	500	
토목비					
전신전화 시설비			700		
임시방공 및 경비비			563		325
국경지방 피해 수습비				57	
건설개량비 · 소속물건판매비					
보충비	1,233	1,558	2,151	1,739	3,364
합계	37,118	38,322	68,940	99,016	149,187
누계	504,820	543,142	612,082	711,098	860,285

☞ 앞 표에 이어서

(단위 : 천엔)

과목 \ 연도	총독부 제2차 직영시대					합계
	1940년	1941년	1942년	1943년	계	
경부철도 매수비						35,000
군사비 지불						31,384
건설 및 개량비	144,273	138,780	136,166	168,335	1,098,284	1,283,008
사설철도 매수비				5,267	51,358	51,358
북선(北鮮) 개척 사업비	1,540	2,444			11,102	11,102
수해 복구비						2,537
재해비	2,591	312	331		15,570	19,152
철도용품자금		2,000	2,000		6,278	7,000
토목비						409
전신전화 시설비					700	700
임시방공 및 경비비					888	888
국경지방 피해 수습비					57	57
건설개량비 · 소속물건판매비					△1,340	△2,395
보충비	3,366	3,240	4,376	4,794	32,548	39,899
합계	151,770	146,776	142,873	178,396	1,215,445	1,480,100
누계	1,012,055	1,158,831	1,301,704	1,480,100		

비고)

천엔 미만은 4사5입하였으므로 합계액이 일치하지 않을 수 있음.

[운전]

표 1-1

기관차 및 객화차 운전성적 실수지부(표준궤선)

종별 연도별	기관차 주행 총거리 (km)	환산 차량 주행 총 거리 (km)	석탄(kg)		
			운전용	잡용	계
1906년도	3,316,724.40				
1907년도	4,188,559.00	20,617,411.90	74,845,372	8,179,279	83,024,643
1908년도	4,425,504.50	23,203,696.10	66,618,215	4,645,045	71,263,260
1909년도	3,807,833.40	21,879,148.00	60,030,322	6,386,525	66,416,847
1910년도	4,202,537.80	25,898,841.60	69,767,692	6,252,890	76,020,582
1911년도	4,535,851.70	29,412,079.20	81,717,648	6,985,658	88,703,306
1912년도	5,611,875.40	37,218,339.20	107,507,968	9,266,569	116,774,537
1913년도	6,695,061.70	45,165,127.80	111,457,107	10,801,722	122,258,829
1914년도	7,037,077.40	46,847,523.00	121,792,055	14,058,911	135,850,966
1915년도	7,125,177.30	50,761,675.30	124,140,042	13,856,760	137,996,802
1916년도	7,884,347.00	60,868,610.50	141,684,958	14,467,817	156,152,775
1917년도	9,313,128.70	76,111,569.20	181,910,742	15,951,467	197,861,209
1918년도	9,769,846.70	83,578,604.50	218,099,371	18,996,099	237,095,470
1919년도	9,934,039.10	91,268,705.40	258,075,973	22,250,124	280,326,097
1920년도	8,438,031.60	78,323,677.70	196,416,188	22,277,253	218,693,441
1921년도	8,676,047.20	84,177,490.10	177,089,875	24,955,334	202,045,209
1922년도	9,707,400.30	95,385,656.70	202,771,910	31,514,652	234,286,562
1923년도	10,660,482.00	87,051,504.40	229,744,069	34,471,450	264,215,525
1924년도	10,100,757.60	79,430,521.40	214,257,925	26,912,416	241,170,341

☞ 앞 표에 이어서

종별 연도별	기관차용 오일(ℓ)			
	실린더용	기계용	잡용	계
1906년도				
1907년도	27,123.54	102,407.79	22,873.57	152,404.90
1908년도	29,744.62	96,748.93	51,034.33	177,527.88
1909년도	20,034.19	63,953.91	49,522.65	133,510.75
1910년도	21,060.61	75,219.31	43,537.29	139,817.21
1911년도	22,788.75	91,212.74	52,407.11	166,408.60
1912년도	28,083.31	111,042.91	56,125.04	195,251.26
1913년도	35,211.94	127,661.85	61,160.61	224,034.40
1914년도	36,980.09	127,323.35	62,178.86	226,482.30
1915년도	43,704.26	115,941.31	60,185.73	219,831.30
1916년도	47,956.68	114,038.39	61,995.50	223,990.57
1917년도	61,698.75	137,821.19	83,436.64	282,956.58
1918년도	65,447.72	145,074.69	104,851.28	315,373.69
1919년도	74,252.95	150,218.17	113,892.10	338,363.22
1920년도	65,067.01	124,980.44	103,074.15	293,121.60
1921년도	66,499.71	122,394.61	91,490.52	280,384.84
1922년도	75,022.68	140,345.37	98,690.77	314,058.82
1923년도	81,331.75	154,059.97	95,091.22	336,482.94
1924년도	76,001.70	133,277.13	93,687.32	302,966.15

표 1-2

기관차 및 객화차 운전성적표 실수지부(표준궤선)

종별 / 연도별	기관차 비주행 연일량수 (일량)	기관차 총거리 (km)	환산 차량 총거리 (km)	석탄(kg) 운전용	잡용
1925년도	84,579	10,540,003.80	84,026,693.20	230,422,014	25,165,834
1926년도	84,747	11,332,593.00	94,409,863.40	261,725,415	26,813,285
1927년도	89,552	12,236,632.50	101,850,874.20	281,762,309	27,190,265
1928년도	93,879	13,588,696.10	112,462,311.50	339,413,726	27,889,746
1929년도	100,089	14,831,649.60	121,687,631.00	340,308,033	27,853,055
1930년도	103,934	15,243,394.80	119,105,623.60	319,469,192	27,242,252
1931년도	108,706	15,601,465.30	121,202,973.60	305,783,511	26,108,452
1932년도	111,328	16,224,400.90	126,502,710.40	313,639,803	27,391,339
1933년도	107,947	17,370,693.80	139,416,168.60	346,020,256	26,751,814
1934년도		19,193,778.80	156,151,542.10	408,461,900	27,585,230
1935년도		21,591,099.10	176,776,903.10	460,952,220	32,202,274
1936년도		25,194,190.10	197,366,237.00	523,810,449	37,155,753
1937년도		28,367,959.90	222,099,266.90	573,948,013	41,820,115
1938년도		32,546,395.30	256,599,666.00	725,935,957	44,831,143
1939년도		37,922,432.70	310,130,103.50	927,513,726	63,955,558
1940년도		46,259,572.20	367,637,439.70	1,336,571,418	93,110,276
1941년도		49,181,318.90	400,458,851.70	1,476,894,888	119,328,734
1942년도		55,086,151.80	476,331,893.20	1,870,621,940	134,512,152
1943년도		59,799,732.20	562,368,360.00	2,434,947,738	156,861,803
1944년도 (상반기)		31,013,379.80	336,669,468.30	1,150,241,452	75,319,830

☞ 앞 표에 이어서

종별 연도별	석탄(kg) 계	기관차용 오일(ℓ)				객화차용 오일 총계 (ℓ)
		실린더용	기계용	잡용	계	
1925년도	255,587,848	79,372	135,615	94,021	309,008	78,574
1926년도	288,538,700	85,207	145,338	92,780	323,325	91,164
1927년도	308,952,574	91,957	155,810	106,587	354,354	76,734
1928년도	367,303,472	86,204	140,141	96,266	322,611	71,091
1929년도	368,161,088	90,488	139,124	89,580	319,192	75,745
1930년도	346,711,444	82,731	140,654	94,204	317,589	73,249
1931년도	331,891,963	87,804	141,019	93,586	322,409	69,141
1932년도	341,031,142	92,067	146,704	97,266	336,037	65,619
1933년도	372,772,070	103,152	158,272	105,506	366,930	60,966
1934년도	436,047,130	121,554	182,202	115,518	419,274	66,396
1935년도	493,154,494	143,804	214,822	138,886	497,312	77,651
1936년도	560,966,202	172,865	254,902	174,116	601,883	111,372
1937년도	615,768,128	205,658	317,461	197,663	720,782	129,506
1938년도	770,767,100	238,336	375,814	213,717	827,867	126,015
1939년도	991,469,284	235,332	480,357	301,159	1,116,848	157,808
1940년도	1,429,681,694	484,151	659,641	567,568	1,711,360	155,342
1941년도	1,596,223,622	445,349	579,311	551,413	1,576,073	137,723
1942년도	2,005,134,092	425,904	504,789	901,457	1,832,150	66,063
1943년도	2,591,809,541	521,018	995,886	21,311	1,538,215	71,794
1944년도 (상반기)	1,225,561,282	302,538	720,225	19,986	1,042,749	96,913

표 1-3

기관차 및 객화차 운전성적 평균지부(표준궤선)

종별 / 연도별	기관차 1km 평균 견인량수 (량)	기관차 1일 평균 주행거리 (km)	기관차 1km 평균 운전용 (kg)	기관차 100km 평균(ℓ)				환산차량 100km 평균 운전용 석탄 (kg)
				석탄 총량 (kg)	실린더용 오일	기계용 오일	오일 총량	
1907년도			17.87	1982	0.65	2.44	3.64	363.02
1908년도			15.05	1610	0.67	2.19	4.01	287.1
1909년도			15.76	1744	0.53	1.68	3.51	274.37
1910년도			16.6	1809	0.5	1.79	3.33	269.39
1911년도			18.02	1956	0.5	2.01	3.67	277.84
1912년도			19.16	2081	0.5	1.98	3.48	288.86
1913년도			16.65	1826	0.53	1.91	3.35	246.78
1914년도			17.31	1931	0.53	1.81	3.22	259.98
1915년도			17.42	1937	0.61	1.63	3.09	244.55
1916년도			17.97	1981	0.62	1.45	2.84	232.77
1917년도			19.53	2125	0.66	1.45	3.04	239.01
1918년도			22.32	2427	0.67	1.48	3.23	260.95
1919년도			25.98	2822	0.75	1.51	3.41	282.77
1920년도			23.28	2592	0.77	1.48	3.47	250.77
1921년도			20.41	2329	0.77	1.41	3.23	210.38
1922년도			20.89	2413	0.77	1.45	3.24	212.58
1923년도			21.55	2478	0.76	1.45	3.16	263.91
1924년도			21.21	2388	0.75	1.32	3	269.74

표 1-4

기관차 및 객화차 운전성적 평균지부(표준궤선)

종별 연도별	기관차 1km 평균 견인량수 (량)	기관차 1일 평균 주행거리 (km)	기관차 1일 1차 평균 주행 거리 (km)	기관차 1km 평균운전용 석탄(kg)	석탄 총량 (kg)
1925년도	8	28,876.70	124.6	21.86	2,424.93
1926년도	8.3	31,048.20	133.7	23.09	2,546.10
1927년도	8.3	23,433.40	136.6	23.05	2,524.82
1928년도	8.3	37,229.30	144.7	24.98	2,703.01
1929년도	8.1	40,634.70	148.2	22.94	2,482.27
1930년도	7.8	41,762.70	146.6	20.96	2,274.50
1931년도	7.8	42,627.00	143.5	19.6	2,127.31
1932년도	7.8	44,450.40	145.7	19.33	2,101.96
1933년도	8	47,590.90	160.9	19.92	2,145.98
1934년도	8.1	52,585.70		21.28	2,271.81
1935년도	8.2	58,992.10		21.35	2,284.06
1936년도	7.8	69,025.20		20.79	2,226.57
1937년도	7.8	77,720.40		20.23	2,170.65
1938년도	7.9	89,168.20		22.3	2,368.21
1939년도	9.7	103,613.20		24.46	2,614.47
1940년도	9.6	126,738.60		28.89	3,090.56
1941년도	11	134,743.30		30.03	3,245.59
1942년도	11.3	150,922.00		33.96	3,640.00
1943년도	12.6	163,387.50		40.72	4,334.15
1944년도 상반기	14.8	170,019.00		37.09	3,951.72

☞ 앞 표에 이어서

종별 / 연도별	기관차 100km 평균				환산차량 100km 평균 운전용 석탄 (kg)	환산차량 1000km 객화차용 오일 총량(ℓ)
	석탄 총량 (kg)	실린더용 오일(ℓ)	기계용 오일 (ℓ)	오일 총량 (ℓ)		
1925년도	2,424.93	0.75	1.29	2.92	274.22	0.94
1926년도	2,546.10	0.75	1.28	2.85	277.22	0.97
1927년도	2,524.82	0.75	1.27	2.9	276.72	0.75
1928년도	2,703.01	0.63	1.03	2.27	301.8	0.63
1929년도	2,482.27	0.61	0.94	2.15	279.66	0.62
1930년도	2,274.50	0.54	0.92	2.08	268.22	0.61
1931년도	2,127.31	0.56	0.9	2.07	252.29	0.57
1932년도	2,101.96	0.57	0.9	2.07	247.93	0.52
1933년도	2,145.98	0.59	0.91	21.1	248.19	0.44
1934년도	2,271.81	0.63	0.95	2.18	261.58	0.43
1935년도	2,284.06	0.67	0.96	2.3	260.75	0.44
1936년도	2,226.57	0.69	1.01	2.59	265.4	0.56
1937년도	2,170.65	0.72	1.12	2.54	258.42	0.58
1938년도	2,368.21	0.73	1.15	2.54	282.92	0.49
1939년도	2,614.47	0.88	1.27	2.95	299.07	0.51
1940년도	3,090.56	1.05	1.42	3.7	363.56	0.42
1941년도	3,245.59	0.91	1.18	3.2	368.8	0.34
1942년도	3,640.00	0.77	0.92	1.51	392.71	0.14
1943년도	4,334.15	0.87	1.67	2.57	460.87	0.13
1944년도 상반기	3,951.72	0.98	2.32	3.36	341.65	0.29

표 2-1 기관차 및 객화차 운전성적 실수지부(협궤선)

종별 연도별	기관차 비주행 연일량수 (일량)	기관차 주행 총거리 (km)	환산 차량 총거리 (km)	석탄(kg)		
				운전용	잡용	계
1927년도	1,098	68,198.60	548,128.70	705,256	184,794	890,050
1928년도	6,021	568,725.50	3,899,490.30	5,094,090	714,212	5,808,202
1929년도	12,050	877,923.00	6,282,775.20	8,660,000	1,224,717	9,894,717
1930년도	11,052	826,650.40	5,799,026.30	7,097,423	1,093,778	8,291,201
1931년도	11,117	768,698.10	5,340,513.10	6,489,022	1,030,172	7,519,194
1932년도	11,753	726,280.50	5,101,097.30	5,905,866	905,720	6,811,586
1933년도	12,197	637,583.60	4,255,282.20	4,679,535	518,382	5,197,917
1934년도		789,915.80	4,775,535.90	6,222,449	1,046,210	7,268,659
1935년도		1,057,401.40	6,128,454.30	8,727,545	2,137,709	10,865,254
1936년도		1,187,292.70	7,471,112.20	10,072,480	2,948,830	13,021,310
1937년도		1,196,680.20	7,882,378.00	9,721,706	3,095,645	12,817,351
1938년도		1,017,459.6	6,462,863.00	8,983,795	2,763,831	11,747,626
1939년도		982,071.40	6,098,416.80	9,256,292	2,989,680	12,245,972
1940년도		1,172,730.10	7,032,108.30	15,191,252	3,763,882	18,955,134
1941년도		1,137,531.20	7,106,580.50	15,884,625	4,959,205	20,843,830
1942년도		1,221,846.60	8,153,032.70	14,794,255	5,079,665	19,873,920
1943년도		1,234,399.10	8,904,375.60	20,235,285	5,318,908	25,554,193
1944년도		1,432,111.10	10,012,489.70	36,624,760	4,530,334	41,155,094

☞ 앞 표에 이어서

종별 연도별	기관차용 오일(ℓ)				객화차용 오일 총계(ℓ)
	실린더용	기계용	잡용	계	
1927년도	707	707	147	1,561	–
1928년도	3,708	4,337	2,716	10,131	1,656
1929년도	3,727	5,403	5,696	14,826	3,947
1930년도	2,694	4,452	5,253	12,399	2,255
1931년도	2,492	4,014	4,763	11,269	2,991
1932년도	2,773	4,086	3,848	10,707	3,052
1933년도	2,458	3,503	1,434	7,395	1,708
1934년도	3,894	5,451	2,551	11,896	2,057
1935년도	6,277	9,414	7,993	23,684	2,738
1936년도	6,657	9,482	10,835	26,974	3,455
1937년도	7,854	11,271	11,624	30,749	3,803
1938년도	6,443	9,374	11,091	26,908	2,335
1939년도	8,167	11,224	4,308	23,699	1,664
1940년도	8,159	12,202	9,725	30,086	3,698
1941년도	5,676	7,486	16,823	29,985	2,290
1942년도	5,660	5,316	2	10,978	799
1943년도	5,279	8,870	1,024	15,173	1,750
1944년도	10,971	23,267	4,030	38,268	4,811

표 2-2 기관차 및 객화차 운전성적 평균지부(협궤선)

연도별 / 종별	기관차 1km당 평균 견인량수(량)	기관차 1일 평균 주행 거리(km)	기관차 1일 1차 평균 주행 거리(km)	기관차 1km 평균 운전용 석탄(kg)
1927년도	8	186.3	62.1	10.34
1928년도	6.9	1,558.20	94.5	8.96
1929년도	7.2	2,405.30	72.9	9.86
1930년도	7	2,264.80	74.8	8.71
1931년도	6.9	2,100.30	69.1	8.44
1932년도	7	1,989.80	61.8	8.13
1933년도	6.7	1,746.80	52.3	7.34
1934년도	6	2,164.20		7.88
1935년도	5.8	2,889.10		8.25
1936년도	6.3	3,252.90		8.48
1937년도	6.6	3,278.80		8.12
1938년도	6.4	2,787.60		8.83
1939년도	6.9	2,683.30		9.43
1940년도	6.8	3,213.00		12.95
1941년도	7.2	3,116.50		13.96
1942년도	7.7	2,233.80		12.11
1943년도	8.5	3,372.70		16.39
1944년도	9.1	6,743.40		25.58

☞ 앞 표에 이어서

종별 \ 연도별	기관차 100km 평균				환산 차량 100km당 운전용 석탄 (kg)	환산차량 1000km 객화차용 오일 총량 (ℓ)
	석탄총량 (kg)	실린더용 오일 (ℓ)	기계용 오일 (ℓ)	오일 총량 (ℓ)		
1927년도	1,305.00	1.04	1.04	2.29	128.67	–
1928년도	1,021.00	0.54	0.76	1.78	130.63	0.42
1929년도	1,127.00	0.43	0.62	1.69	127.84	0.63
1930년도	1,002.99	0.33	0.54	1.77	124.41	0.39
1931년도	978.17	0.32	0.52	1.47	121.51	0.56
1932년도	937.87	0.38	0.56	1.47	113.78	0.6
1933년도	815.25	0.39	0.56	1.16	109.97	0.4
1934년도	920.18	0.49	0.69	1.31	130.3	0.43
1935년도	1,027.54	0.59	0.89	2.24	142.41	0.45
1936년도	1,096.72	0.56	0.8	2.27	134.82	0.46
1937년도	1,071.08	0.66	0.94	2.7	123.33	0.48
1938년도	1,154.60	0.63	0.92	2.64	139.01	0.36
1939년도	1,246.95	0.83	1.14	2.41	151.78	0.27
1940년도	1,616.33	0.7	1.04	2.57	216.03	0.53
1941년도	1,832.37	0.5	0.66	2.64	223.52	0.32
1942년도	1,626.55	0.46	0.44	0.9	181.46	0.01
1943년도	2,070.17	0.43	0.72	1.23	227.25	0.2
1944년도	2,880.72	0.77	1.62	2.67	365.79	0.48

제3표 증기동차 운전성적(표준궤선)

(1929년 운전 개시)

종별 / 연도별	동차 비주행 연일량수 (일량)	동차 주행 총거리 (km)	석탄 (kg)	동차용 오일(ℓ)			
				실린더용	기계용	잡용	계
1929년도	229	44,682.40	221,942	285	24	60	369
1930년도	634	133,189.10	537,399	901	489	544	1,934
1931년도	693	103,450.60	455,340	791	667	83	1,543
1932년도	650	88,099.40	527,476	466	773	47	1,286
1933년도	668	101,919.30	366,365	532	767	2	1,301
1934년도		64,658.20	241,290	594	226	6	826
1935년도		37,798.60	189,865	371	676	−	1,047
1936년도		41,649.30	267,640	657	1,379	2	2,047
1937년도		51,628.40	374,420	802	1,133	20	1,955
1938년도		56,743.10	408,570	894	1,533	13	2,440
1939년도		40,786.00	294,470	553	887	−	1,440

종별 / 연도별	동차 1일 평균 주행 거리(km)	동차 1일 1차 평균 주행 거리(km)	동차 1km 평균 석탄 총량(kg)	동차 100km 평균(ℓ)			
				실린더용	기계용	잡오일	계
1929년도	122.4	195.1	4.97	0.64	0.05	0.13	0.82
1930년도	364.9	210.1	4.03	0.68	0.37	0.41	1.46
1931년도	288.1	131.7	4.32	0.75	0.63	0.08	1.46
1932년도	241.4	135.5	3.72	0.53	0.88	0.05	1.46
1933년도	279.2	152.6	3.59	0.52	0.75	0.01	1.28
1934년도		177.1	3.73	0.92	0.35	0.01	1.28
1935년도		103.3	5.02	0.98	1.79	−	2.77
1936년도		114.1	6.43	1.58	3.31	0.03	4.92
1937년도		141.4	7.25	1.55	2.19	0.04	3.78
1938년도		155.5	7.2	1.58	2.7	0.02	4.3
1939년도		166.5	7.64	1.82	2.91	−	4.73

제4표 경유동차 운전성적(표준궤용)

종별 / 연도별	동차 비주행 연일 량수(일량)	동차 주행 총거리 (km)	연료 오일 (ℓ)	동차용 오일(ℓ)			
				모빌 오일	모빌 오일 기어용	잡 오일	계
1930년도	328	19,841.30	15,611	388	216	49	653
1931년도	5,006	840,535.70	397,426	6,192	5,085	730	12,007
1932년도	8,717	1,509,454.30	650,519	10,741	10,729	319	21,789
1933년도	8,975	1,369,487.90	616,616	12,754	12,612	519	25,885
1934년도		1,439,696.70	659,919	17,994	13,703	372	32,069
1935년도		1,438,148.30	720,571	23,351	13,903	618	37,872
1936년도		1,653,121.80	839,714	29,866	15,948	566	46,380
1937년도		1,553,013.00	834,690	21,810	14,790	200	36,800
1938년도		1,318,417.20	689,586	17,357	8,017	789	26,163
1939년도		963,994.60	518,413	14,583	6,601	424	21,608
1940년도		684,817.60	414,391	10,510	5,154	572	16,236
1941년도		83,613.50	37,091	1,573	355	195	2,123
1942년도		2,041.40	휘발유 162 카바이트 158 석탄 9t	내연기유 319	32	–	351
1943년도		13,147.20	석탄 35t	상동 214	260	–	474

주) 1944년도에는 사용하지 않음.

☞ 앞 표에 이어서

종별 / 연도별	동차1일 평균 주행 거리 (km)	동차1일 1차 평균 주행거리 (km)	동차 100km 평균 연료오일 (ℓ)	동차 100km 평균(ℓ)			
				모빌오일	모빌오일 기어용	잡오일	계
1930년도	54.4	60.5	78.68	1.96	1.09	0.25	3.3
1931년도	2,296.50	165.9	47.28	0.74	0.6	0.09	1.43
1932년도	4,135.50	173.2	43.1	0.71	0.71	0.02	1.44
1933년도	3,752.00	152.6	45.03	0.93	0.92	0.04	1.89
1934년도	3,944.40		45.84	1.25	0.95	0.3	2.23
1935년도	3,929.40		50.1	1.62	0.97	0.04	2.63
1936년도	4,529.10		50.8	1.81	0.96	0.03	2.8
1937년도	4,254.80		53.75	1.4	0.95	0.02	2.37
1938년도	3,612.10		52.3	1.32	0.61	0.05	1.98
1939년도	2,639.90		53.78	1.51	0.68	0.04	2.23
1940년도	1,876.20		60.51	1.53	0.75	0.09	2.37
1941년도	234.6		66.68	1.83	0.41	0.23	2.47
1942년도	11.2		－	－	－	－	－
1943년도	36		－	－	－	－	－

제5표 경유동차 운전성적(협궤선)

종별 / 연도별	동차 비주행 연일량수 (일량)	동차 주행 총거리 (km)	연료 오일 (ℓ)	동차용 오일(ℓ) 모빌 오일	머신 오일	잡 오일	계
1928년도	860	83,197.40	14,121	742	–	294	1,036
1929년도	2,352	256,510.00	37,894	2,961	–	796	3,757
1930년도	2,730	323,115.30	58,154	2,317	471	818	3,606
1931년도	4,207	528,588.40	111,532	3,188	1,775	1,220	6,183
1932년도	4,977	556,146.40	126,327	2,468	697	606	3,771
1933년도	5,153	590,375.60	149,604	4,664	1,273	–	5,937
1934년도		441,698.00	114,622	4,101	932	3	5,036
1935년도		350,427.50	99,629	2,672	670	19	3,361
1936년도		251,799.10	69,435	2,361	447	12	2,820
1937년도		155,738.00	46,058	1,636	256	10	1,902
1938년도		75,978.00	20,296	772	120	–	892
1939년도 상반기	–	–	–	–	–	–	–

종별 / 연도별	동차 1일 평균 주행 거리 (km)	동차 1일 1차 평균 주행거리 (km)	동차 100km 평균 연료오일 (ℓ)	동차 100km 평균(ℓ) 모빌오일	모빌오일 기어용	잡오일	계
1928년도	227.9	96.7	16.97	0.89	–	0.35	1.24
1929년도	701.8	109.1	14.77	1.15	–	0.31	1.46
1930년도	885.2	118.4	18	0.72	0.15	0.25	1.12
1931년도	1,444.20	125.6	21.1	0.6	0.34	0.23	1.17
1932년도	1,523.70	111.7	22.71	0.44	0.13	0.11	0.68
1933년도	1,617.50	114.6	25.34	0.79	0.22	–	1.01
1934년도	1,210.10		25.95	0.93	0.21	0	1.14
1935년도	957.5		28.43	0.76	0.19	0.01	0.96
1936년도	689.9		27.58	0.94	0.18	0	1.12
1937년도	426.7		29.57	1.05	0.16	0.01	1.22
1938년도	208.2		26.81	1.02	0.16	–	1.18
1939년도 상반기	–	–	–	–	–	–	–

제6표 중유동차 운전성적(표준궤용)

(1933년 6월 26일부터 운전 개시)

구분 / 연도별	동차 비주행 연일량수 (일량)	동차 주행 총거리 (km)	연료 오일 (ℓ)	동차용 오일(ℓ)			
				모빌오일	모빌오일 기어용	잡오일	계
1933년	392	29,750.70	9,271	208	199	–	407
1934년		31,073.60	9,508	230	201	–	431
1935년		37,223.70	10,483	363	177	–	540
1936년		20,754.60	9,284	199	63	–	262
1937년		632.8	255	25	9	–	34
1938년	–	–	–	–	–	–	–

구분 / 연도별	동차 1일 평균 주행거리 (km)	동차 1개월 1차 평균 주행거리 (km)	동차 100km 평균 연료 오일(ℓ)	동차 100km 평균(ℓ)			
				모빌오일	모빌오일 기어용	잡오일	계
1933년	81.5	76.1	31.16	0.7	0.67	–	1.37
1934년	85.1		30.6	0.74	0.65	–	1.39
1935년	101.7		28.16	0.98	0.48	–	1.46
1936년	56.9		44.73	0.96	0.3	–	1.26
1937년	1.7		40.3	3.95	1.42	–	5.37
1938년	–		–	–	–	–	–

제7표 직용 경유동차(표준궤선)

(1935년 10월 3일부터 운전 개시)

구분 / 연도별	동차주행 총거리 (km)	연료오일(ℓ)	동차용 오일(ℓ)			
			모빌오일	모빌오일기어용	잡오일	계
1935년도	2,726.00	1,309	26	32	–	58
1936년도	3,134.00	1,351	2	–	–	2
1937년도	1,021.60	474	–	–	–	–
1938년도	–	–	–	–	–	–
1939년도	1,883.20	651	4	–	–	4
1940년도	1,278.40	572	1	–	–	1
1941년도	2,011.30	700	27	27	–	54
1942년도	–	–	–	–	–	–

구분 / 연도별	동차 1일 평균주행 거리(km)	동차 100km 평균 연료오일 (ℓ)	동차 100km 평균(ℓ)			
			모빌오일	모빌오일 기어용	잡오일	계
1935년도	7.5	48.02	0.95	1.17	–	2.12
1936년도	8.6	42.83	0.06	–	–	0.06
1937년도	2.8	46.4	–	–	–	–
1938년도	–	–	–	–	–	–
1939년도	5.1	34.57	0.21	–	–	0.21
1940년도	3.5	44.66	0.08	0	–	0.08
1941년도	5.5	34.8	1.34	1.34	–	2.68
1942년도	–	–	–	–	–	–

[육운]

제1표 사설철도 보조성적표

(단위 : 엔)

회사명 \ 구분	회사 회계 연도기별	평균 자본금	수입	지출	공제이익금
전북철도 주식회사	1914년 상반기	-	862	-	862
	1914년 하반기	-	16,625	15,558	1,066
	1915년 상반기	-	23,464	21,507	1,957
	1915년 하반기	-	27,321	20,079	7,242
	1916년 상반기	-	19,113	18,532	581
	1916년 하반기	-	30,198	16,803	13,395
	1917년 상반기	-	31,958	20,016	11,941
	1917년 하반기	-	42,434	27,054	15,380
	1918년 상반기	151,000	47,699	38,075	9,624
	1918년 하반기	150,000	67,375	46,109	21,266
	1919년 상반기	150,000	78,460	56,691	21,769
	1919년 하반기	170,000	97,758	82,863	14,895
	1920년 상반기	217,034	91,533	92,695	△1,162
	1920년 하반기	256,493	112,796	109,245	3,551
조선중앙철도 주식회사	1916년 상반기	-	12,555	-	-
	1916년 하반기	-	14,490	-	-
	1917년 상반기	-	12,639	-	-
	1917년 하반기	-	15,981	10,039	5,942
	1918년 상반기	750,000	33,886	29,655	4,230
	1918년 하반기	1,150,856	98,667	95,703	2,964
조선중앙철도 주식회사	1919년 상반기	1,496,575	187,780	175,530	12,250
	1919년 하반기	1,545,320	182,065	176,090	5,975
	1920년 상반기	2,625,000	320,327	270,277	50,050
	1920년 하반기	2,717,623	241,637	241,225	412
남만주 태흥합명회사	1920년 상반기	1,060,183	32,899	61,722	△28,823
	1920년 하반기	1,113,511	101,271	96,064	5,207
서선(西鮮)식산철도 주식회사	1919년 하반기	750,000	48,622	-	48,622
	1920년 상반기	1,268,888	67,336	-	67,336
	1920년 하반기	1,384,286	79,664	30,340	49,324

☞ 앞 표에 이어서

(단위 : 엔)

회사명 \ 구분	회사 회계 연도기별	평균 자본금	수입	지출	공제이익금
남조선철도 주식회사	1919년 하반기	166,667	5,422	–	5,422
	1920년 상반기	500,000	16,621	–	16,621
	1920년 하반기	500,000	23,358	–	23,358
조선산업철도 주식회사	1919년 하반기	333,333	7,532	–	7,532
	1920년 상반기	833,333	83,959	–	83,959
	1920년 하반기	1,000,000	23,334	–	23,334
조선삼림철도 주식회사	1920년 상반기	166,667	11,669	–	11,669
	1920년 하반기	1,000,000	43,835	–	43,835
양강척림철도 주식회사	1920년 상반기	375,000	25,679	–	25,679
	1920년 하반기	750,000	53,559	–	53,559
조선경남(京南)철도 주식회사	1920년 상반기	833,333	33,737	–	33,737
	1920년 하반기	1,000,000	71,266	–	71,266
금강산전기철도 주식회사	1919년 하반기	125,000	6,588	–	6,588
	1920년 상반기	250,000	6,700	–	6,700
	1920년 하반기	254,795	5,053	–	5,053

☞ 앞 표에 이어서

(단위 : 엔)

회사명 \ 구분	회사 회계 연도기별	보조금	평균 자본에 대한 비율		비고
			이익금(할푼리)	보조금(할푼리)	
전북철도 주식회사	1914년 상반기	3,375	–	–	전북경편철도주식회사를 개칭하였음.
	1914년 하반기	3,565	–	–	
	1915년 상반기	4,830	–	–	
	1915년 하반기	955	–	–	
	1916년 상반기	8,386	–	–	
	1916년 하반기	–	–	–	
	1917년 상반기	–	–	–	
	1917년 하반기	–	–	–	
	1918년 상반기	2,883	064	019	
	1918년 하반기	–	142	–	
	1919년 상반기	–	145	–	
	1919년 하반기	–	088	–	
	1920년 상반기	17,363	△005	080	
	1920년 하반기	17,146	014	067	
조선중앙철도 주식회사	1916년 상반기	7,500			
	1916년 하반기	22,500			
	1917년 상반기	22,500			
	1917년 하반기	25,498			
	1918년 상반기	45,473	006	061	
	1918년 하반기	78,188	003	068	
	1919년 상반기	94,959	008	063	
	1919년 하반기	118,845	004	077	
	1920년 상반기	162,453	019	062	
	1920년 하반기	216,917	–	080	
남만주태흥합명 회사	1920년 상반기	84,815	–	080	1921년 4월 도문철도주식회사에 양도함. 건설비 보조임.
	1920년 하반기	84,134	005	076	
서선(西鮮)식산철도 주식회사	1919년 하반기	13,809	065	018	
	1920년 상반기	37,542	053	029	
	1920년 하반기	63,885	035	046	
남조선철도 주식회사	1919년 하반기	8,182	032	049	
	1920년 상반기	24,210	033	048	
	1920년 하반기	17,809	047	037	

☞ 앞 표에 이어서

(단위 : 엔)

구분 회사명	회사 회계 연도기별	보조금	평균 자본에 대한 비율		비고
			이익금(할푼리)	보조금(할푼리)	
조선산업철도 주식회사	1919년 하반기	19,511	023	059	
	1920년 상반기	−	101	−	
	1920년 하반기	57,833	023	058	
조선삼림철도 주식회사	1920년 상반기	2,247	070	013	
	1920년 하반기	38,356	044	038	
양강척림철도 주식회사	1920년 상반기	5,605	078	015	
	1920년 하반기	10,069	070	013	
조선경남(京南) 철도주식회사	1920년 상반기	34,617	040	042	
	1920년 하반기	12,297	071	012	
금강산전기철도 주식회사	1919년 하반기	3,741	053	030	
	1920년 상반기	13,635	027	055	
	1920년 하반기	15,583	020	061	

주) 평균 자본액은 1917년까지 기록이 없음.
△ 표시는 결손을 나타냄.
1. 본 표의 금액은 소수점 이하를 절삭하였으므로 공제에서 약간의 차이가 발생할 수 있음.
2. 서선(西鮮)식산철도주식회사 이하 7개사에 대한 '공제이익금' 란의 금액은 보조기간에 속한 이익금을 게재했다.
3. 정부 보조율은 전북철도는 1918년 3월까지 6푼, 1919년 9월까지 7푼, 동년 10월 이후는 8푼, 조선중앙철도는 1918년 3월까지 6푼, 1919년 6월까지 7푼, 동년 7월 이후는 8푼, 그 외 8개사는 8푼이다.

제2표 사설철도 보조성적표

(단위 : 엔)

회사명 \ 구분	회사회계 연도기별	평균 자본금	수입	지출	공제이익금
전북철도 주식회사	1921년 상반기	254,301	103,811	92,034	11,777
	1921년 하반기	267,500	134,562	104,164	30,398
	1922년 상반기	267,500	130,053	103,471	26,582
	1922년 하반기	267,500	139,278	107,273	32,005
	1923년 상반기	257,588	124,956	97,575	27,381
	1923년 하반기	255,403	136,587	107,352	29,235
	1924년 상반기	255,403	112,691	88,504	24,187
	1924년 하반기	254,281	127,164	95,544	31,620
	1925년 상반기	253,108	112,446	84,539	27,907
	1925년 하반기	251,880	164,177	110,129	54,048
조선중앙철도 주식회사	1921년 상반기	4,309,484	348,009	346,086	1,923
	1921년 하반기	4,704,452	314,154	281,781	32,373
	1922년 상반기	4,844,862	403,180	354,842	48,338
	1922년 하반기	5,381,541	356,945	326,417	30,528
	1923년 상반기	5,680,308	438,045	385,403	52,642
	1923년중기 (6월~8월)	1,322,260	102,639	101,058	1,581
서선(西鮮)식산철도 주식회사	1921년 상반기	1,500,000	84,147	64,002	20,145
	1921년 하반기	1,500,000	110,255	97,337	12,918
	1922년 상반기	1,500,000	89,011	88,546	465
	1922년 하반기	1,512,055	120,041	119,033	1,008
	1923년 상반기 (4월~8월)	1,285,192	111,907	106,318	5,589
남조선철도주식회사	1921년 상반기	676,712	15,233	−	15,233
	1921년 하반기	885,616	10,227	−	10,227
	1922년 상반기	1,500,000	55,310	18,532	36,778
	1922년 하반기	1,694,521	87,989	56,983	31,006
	1923년 상반기 (4월~8월)	2,230,630	86,949	67,514	19,435
조선산업철도 주식회사	1921년 상반기	1,000,000	133,457	−	133,457
	1921년 하반기	1,000,000	61,742	−	61,742

☞ 앞 표에 이어서

(단위 : 엔)

구분 회사명	회사회계 연도기별	평균 자본금	수입	지출	공제이익금
조선산업철도 주식회사	1922년 상반기	1,000,000	62,883	–	62,883
	1922년 하반기	1,000,000	47,528	–	47,528
	1923년 상반기 (4월~8월)	833,333	27,352	–	27,352
조선삼림철도 주식회사	1921년 상반기	1,000,000	98,985	–	98,985
	1921년 하반기	1,000,000	61,625	–	61,625
	1922년 상반기	1,000,000	56,896	–	56,896
	1922년 하반기	1,000,000	49,189	–	49,189
	1923년 상반기	1,000,000	31,271	–	31,271
	1923년 하반기 (5월~8월)	666,666	28,937	19,000	9,937
양강척림철도 주식회사	1921년 상반기	750,000	48,637	–	48,637
	1921년 하반기	750,000	45,053	–	45,053
	1922년 상반기	750,000	45,198	–	45,198
	1922년 하반기	750,000	44,602	–	44,602
	1923년 상반기 (4월~8월)	625,000	30,781	–	30,781
전기(前期)의 조선중앙철도주식회사 이하 6개사가 합병됨에 따라 1923년 9월 1일 조선철도주식회사가 됨.					
조선철도주식회사	1923년 하반기 (9월~12월)	10,429,703	504,172	424,812	79,360
	1924년 상반기	14,474,971	829,295	724,660	104,635
	1924년 하반기	17,070,117	798,427	665,988	132,439
	1925년 상반기	18,274,502	1,090,544	877,566	212,978
	1925년 하반기	18,830,554	1,107,803	999,252	108,551
조선경남(京南) 철도주식회사	1921년 상반기	1,416,667	76,766	–	76,766
	1921년 하반기	1,500,000	62,593	–	62,593
	1922년 상반기	1,971,233	71,944	16,828	55,116
	1922년 하반기	2,590,685	139,787	56,425	83,362
	1923년 상반기	3,164,658	171,445	80,312	91,133
	1923년 하반기	2,809,589	155,551	104,951	50,600
	1924년 상반기	3,059,153	128,690	123,807	4,883
	1924년 하반기	3,125,051	151,180	147,973	3,207
	1925년 상반기	4,097,534	188,543	123,924	64,619
	1925년 하반기	4,264,384	205,661	163,180	42,481

☞ 앞 표에 이어서

(단위 : 엔)

회사명 \ 구분	회사회계 연도기별	평균 자본금	수입	지출	공제이익금
금강산전기철도 주식회사	1921년 상반기	346,438	1,854	–	1,854
	1921년 하반기	943,520	1,470	–	1,470
	1922년 상반기	995,361	3,511	–	3,511
	1922년 하반기	1,484,215	2,106	–	2,106
	1923년 상반기	1,883,991	1,503	–	1,503
	1923년 하반기	2,134,110	2,397	–	2,397
	1924년 상반기	2,239,125	41,038	14,488	26,550
	1924년 하반기	2,362,572	77,676	54,578	23,098
	1925년 상반기	2,597,621	64,609	52,275	12,334
	1925년 하반기	2,990,360	94,858	77,221	17,637
도문철도주식회사	1921년 상반기	1,214,180	130,073	91,165	38,908
	1921년 하반기	1,222,235	153,241	137,001	16,240
	1922년 상반기	1,435,959	89,769	85,660	4,109
	1922년 하반기	1,490,000	223,417	149,090	74,327
	1923년 상반기	1,492,274	181,104	141,572	39,532
	1923년 하반기	1,529,508	336,936	163,369	173,567
	1924년 상반기	1,556,831	151,466	149,804	1,663
	1924년 하반기	1,641,049	196,986	184,763	12,223
	1925년 상반기	1,650,000	115,174	113,874	1,300
	1925년 하반기	1,650,000	298,769	185,952	112,817

☞ 앞 표에 이어서

(단위 : 엔)

회사명 \ 구분	회사회계 연도기별	보조금	평균 자본에 대한 비율		비고
			이익금(할푼리)	보조금(할푼리)	
전북철도주식회사	1921년 상반기	10,333	044	040	1921년 하반기 이후에는 이익률이 보조율을 초과하므로 보조가 없음.
	1921년 하반기	−	114	−	
	1922년 상반기	−	099	−	
	1922년 하반기	−	120	−	
	1923년 상반기	−	106	−	
	1923년 하반기	−	114	−	
	1924년 상반기	−	095	−	
	1924년 하반기	−	124	−	
	1925년 상반기	−	110	−	
	1925년 하반기	−	215	−	
조선중앙철도 주식회사	1921년 상반기	342,932	−	080	
	1921년 하반기	348,839	007	074	
	1922년 상반기	346,501	010	072	
	1922년 하반기	405,575	006	075	
	1923년 상반기	410,680	009	072	
	1923년 중기 (6월~8월)	104,437	001	079	
서선(西鮮)식산철도 주식회사	1921년 상반기	102,862	013	069	
	1921년 하반기	108,927	009	073	
	1922년 상반기	119,558	−	080	
	1922년 하반기	120,006	001	079	
	1923년 상반기 (4월~8월)	98,055	004	076	
남조선철도주식회사	1921년 상반기	40,427	023	060	
	1921년 하반기	61,645	012	070	
	1922년 상반기	88,661	024	059	
	1922년 하반기	109,206	018	064	
	1923년 상반기 (4월~8월)	161,887	009	072	
조선산업철도 주식회사	1921년 상반기	−	133	−	
	1921년 하반기	24,345	062	024	
	1922년 상반기	23,261	063	023	
	1922년 하반기	37,149	048	037	

(단위 : 엔)

구분 / 회사명	회사회계 연도기별	보조금	평균 자본에 대한 비율		비고
			이익금(할푼리)	보조금(할푼리)	
조선산업철도 주식회사	1923년 상반기 (4월~8월)	41,982	033	050	
조선삼림철도 주식회사	1921년 상반기	–	099	–	
	1921년 하반기	21,457	062	021	
	1922년 상반기	25,948	057	026	
	1922년 하반기	33,271	049	033	
	1923년 상반기	50,292	031	050	
	1923년 하반기 (5월~8월)	43,894	015	066	
양강척림철도 주식회사	1921년 상반기	16,195	065	022	
	1921년 하반기	19,399	060	026	
	1922년 상반기	19,262	060	026	
	1922년 하반기	19,828	059	026	
	1923년 상반기 (4월~8월)	22,258	049	036	
전기(前期)의 조선중앙철도주식회사 이하 6개사가 합병됨에 따라 1923년 9월 1일 조선철도주식회사가 됨.					
조선철도주식회사	1923년 하반기 (9월~12월)	766,884	008	073	
	1924년 상반기	1,068,994	007	074	
	1924년 하반기	1,253,036	008	073	
	1925년 상반기	1,280,928	012	070	
	1925년 하반기	1,414,171	006	075	
조선경남 (京南)철도주식회사	1921년 상반기	42,965	054	030	
	1921년 하반기	63,666	042	042	
	1922년 상반기	110,839	028	056	
	1922년 하반기	136,362	032	053	
	1923년 상반기	175,709	029	055	
	1923년 하반기	181,757	018	065	
	1924년 상반기	240,582	002	078	
	1924년 하반기	247,278	001	079	
	1925년 상반기	272,876	016	066	
	1925년 하반기	305,042	010	072	
금강산전기철도 주식회사	1921년 상반기	25,953	005	075	
	1921년 하반기	42,085	003	077	

☞ 앞 표에 이어서

(단위 : 엔)

구분 회사명	회사회계 연도기별	보조금	평균 자본에 대한 비율		비고
			이익금(할푼리)	보조금(할푼리)	
금강산전기철도 주식회사	1922년 상반기	76,469	004	077	
	1922년 하반기	116,841	001	079	
	1923년 상반기	149,367	001	079	
	1923년 하반기	168,572	001	079	
	1924년 상반기	156,582	012	070	
	1924년 하반기	169,363	009	072	
	1925년 상반기	197,322	005	074	
	1925년 하반기	224,234	006	075	
도문철도주식회사	1921년 상반기	63,972	032	053	
	1921년 하반기	83,975	013	069	
	1922년 상반기	111,383	003	078	
	1922년 하반기	56,021	049	037	
	1923년 상반기	85,780	027	057	
	1923년 하반기	—	096	—	
	1924년 상반기	123,133	001	079	
	1924년 하반기	120,894	007	074	
	1925년 상반기	130,895	001	079	
	1925년 하반기	36,104	068	021	

제3표 사설철도 보조성적표

(단위 : 엔)

회사명 \ 구분	회사회계 연도기별	평균 자본금	수입	지출	공제이익금
조선철도주식회사	1926년 상반기	18,056,292	1,255,174	1,124,292	220,881
	1926년 하반기	18,862,100	1,223,227	1,025,739	197,488
	1927년 상반기	19,615,671	1,579,628	1,223,192	356,456
	1927년 하반기	19,608,203	1,367,836	1,168,732	199,104
	1928년 상반기	19,756,254	1,662,980	1,366,960	296,020
	1928년 하반기	20,021,229	1,411,757	1,182,036	229,721
	1929년 상반기	26,671,202	1,904,160	1,545,395	358,765
	1929년 하반기	20,608,652	1,429,849	1,176,380	253,469
	1930년 상반기	20,731,712	1,274,201	1,095,674	178,527
	1930년 하반기	21,001,250	1,175,549	948,591	226,958
전북철도주식회사	1926년 상반기	240,500	134,102	102,453	31,649
	1926년 하반기	239,244	162,938	114,978	47,960
	1927년 상반기	237,520	145,715	104,119	41,596
조선경남(京南)철도주식회사	1926년 상반기	4,347,835	211,381	177,667	33,714
	1926년 하반기	4,827,580	233,980	203,927	30,053
	1927년 상반기	5,478,934	252,576	245,749	6,827
	1927년 하반기	6,008,769	321,117	282,211	38,906
	1928년 상반기	5,995,774	324,791	309,526	15,265
	1928년 하반기	6,237,263	343,560	310,900	32,660
	1929년 상반기	6,233,304	316,990	305,455	11,535
	1929년 하반기	7,981,582	331,446	318,266	13,180
	1930년 상반기	8,521,741	270,910	267,144	3,766
	1930년 하반기	8,563,918	300,742	298,305	2,437
금강산전기철도주식회사	1926년 상반기	3,560,298	122,588	89,579	33,009
	1926년 하반기	3,617,791	252,632	183,080	69,552
	1927년 상반기	3,809,236	132,073	97,296	34,777
	1927년 하반기	3,925,478	142,683	121,305	21,378
	1928년 상반기	4,379,804	167,527	126,901	40,626
	1928년 하반기	4,918,179	167,133	133,870	33,263
	1929년 상반기	5,346,704	157,670	144,862	12,808
	1929년 하반기	5,867,875	178,558	161,546	17,012

☞ 앞 표에 이어서

(단위 : 엔)

회사명 \ 구분	회사회계 연도기별	평균 자본금	수입	지출	공제이익금
금강산전기철도 주식회사	1930년 상반기	6,111,850	183,570	183,290	280
	1930년 하반기	6,024,654	190,795	180,980	9,815
도문철도주식회사	1926년 상반기	1,650,000	214,391	181,869	32,522
	1926년 하반기	1,699,191	344,828	179,223	165,605
	1927년 상반기	1,794,011	327,201	159,204	167,997
	1927년 하반기	1,865,585	419,881	208,857	211,024
	1928년 상반기	1,865,585	216,107	180,144	35,963
	1928년 하반기	1,839,890	333,075	214,730	118,345
개천철도주식회사	1927년 상반기	397,260	60,696	60,519	177
	1927년 하반기	504,110	70,331	87,951	△17,620
	1928년 상반기	500,000	80,474	88,094	△7,620
	1928년 하반기	500,000	80,054	85,289	△5,235
	1929년 상반기	500,000	73,194	88,034	△14,840
	1929년 하반기	500,000	81,499	99,085	△17,586
	1930년 상반기	500,000	81,535	99,711	△18,176
	1930년 하반기	500,000	72,091	91,408	△19,317
남조선철도 주식회사	1928년 상반기	1,781,421	80,878	-	80,878
	1928년 하반기	2,000,000	93,120	-	93,120
	1929년 상반기	2,306,203	81,953	-	81,953
	1929년 하반기	3,994,145	104,875	-	104,875
	1930년 상반기	3,997,326	39,207	-	39,207
	1930년 하반기	4,795,377	24,481	20,029	4,452
조선경동철도 주식회사	1928년 상반기	-	-	-	-
	1928년 하반기	122,740	2,288	-	2,288
	1929년 상반기	287,671	12,981	-	12,981
	1929년 하반기	300,000	12,583	-	12,583
	1930년 상반기	300,000	9,845	-	9,845
	1930년 하반기	643,154	21,898	20,381	1,518
신흥철도주식회사	1930년 상반기	373,338	96,957	89,018	7,939
	1930년 하반기	320,000	52,446	52,106	340

☞ 앞 표에 이어서

(단위 : 엔)

회사명 \ 구분	회사회계 연도기별	보조금	평균 자본에 대한 비율		비고
			이익금(할푼리)	보조금(할푼리)	
조선철도주식회사	1926년 상반기	1,248,245	013	069	
	1926년 하반기	1,341,055	010	081	
	1927년 상반기	1,266,221	018	065	
	1927년 하반기	1,399,408	010	071	
	1928년 상반기	1,267,503	015	064	
	1928년 하반기	1,286,757	011	064	
	1929년 상반기	1,609,790	013	060	
	1929년 하반기	1,209,076	012	058	
	1930년 상반기	1,289,323	008	062	
	1930년 하반기	1,259,260	011	060	
전북철도 주식회사	1926년 상반기	–	131	–	1927년 10월 1일 국가에 매수됨.
	1926년 하반기	–	200	–	
	1927년 상반기	–	175	–	
조선경남 (京南)철도 주식회사	1926년 상반기	319,169	008	073	
	1926년 하반기	360,656	006	075	
	1927년 상반기	432,509	001	079	
	1927년 하반기	447,631	006	075	
	1928년 상반기	466,680	003	078	
	1928년 하반기	471,214	005	076	
	1929년 상반기	488,857	002	078	
	1929년 하반기	579,113	002	073	
	1930년 상반기	629,790	–	074	
	1930년 하반기	677,299	–	076	
금강산전기철도 주식회사	1926년 상반기	256,765	009	072	
	1926년 하반기	258,357	019	071	
	1927년 상반기	275,171	009	072	
	1927년 하반기	295,859	005	075	
	1928년 상반기	307,023	009	070	
	1928년 하반기	338,305	007	069	
	1929년 상반기	389,353	002	073	
	1929년 하반기	426,248	003	073	
	1930년 상반기	457,262	–	075	
	1930년 하반기	465,717	002	077	

☞ 앞 표에 이어서

(단위 : 엔)

구분 회사명	회사회계 연도기별	보조금	평균 자본에 대한 비율		비고
			이익금(할푼리)	보조금(할푼리)	
도문철도주식회사	1926년 상반기	104,354	020	062	1930년 4월 1일 국가에 매수됨.
	1926년 하반기	–	097	–	
	1927년 상반기	–	094	–	
	1927년 하반기	–	113	–	
	1928년 상반기	114,579	019	061	
	1928년 하반기	34,764	064	019	
개천철도주식회사	1927년 상반기	11,849	–	030	
	1927년 하반기	32,620	△035	065	
	1928년 상반기	22,619	△015	045	
	1928년 하반기	20,235	△010	040	
	1929년 상반기	29,840	△030	060	
	1929년 하반기	32,586	△035	065	
	1930년 상반기	33,175	△036	066	
	1930년 하반기	34,317	△039	069	
남조선철도 주식회사	1928년 상반기	65,679	045	037	
	1928년 하반기	71,536	047	036	
	1929년 상반기	107,485	036	047	
	1929년 하반기	220,369	026	055	
	1930년 상반기	282,540	010	071	
	1930년 하반기	367,435	001	077	
조선경동철도 주식회사	1928년 상반기	–	–	–	제1기 결산에서 는 보조금을 교부 하지 않았음.
	1928년 하반기	–	019	–	
	1929년 상반기	11,980	045	042	
	1929년 하반기	12,927	042	043	
	1930년 상반기	15,337	033	051	
	1930년 하반기	47,926	002	075	
신흥철도주식회사	1930년 상반기	22,880	021	061	
	1930년 하반기	25,277	001	079	

제4표 사설철도 보조성적표

(단위 : 엔)

회사명	회사회계 연도기별	평균 자본금	수입	지출	공제이익금
조선철도주식회사	1931년 상반기	21,115,282	1,369,836	753,135	616,701
	1931년 하반기	20,162,930	1,162,499	758,310	404,189
	1932년 상반기	20,473,805	1,156,222	776,202	380,020
	1932년 하반기	19,617,790	1,350,579	918,546	432,033
	1933년 상반기	18,528,328	1,376,586	970,268	406,318
	1933년 하반기	18,267,172	1,483,406	1,056,721	426,685
	1934년 상반기	18,150,000	1,538,488	1,126,555	411,933
	1934년 하반기	18,023,619	1,715,917	1,150,777	565,140
	1935년 상반기	17,775,000	1,757,662	1,256,736	500,926
	1935년 하반기	17,804,000	1,883,134	1,228,367	654,767
조선경남(京南)철도 주식회사	1931년 상반기	8,998,801	301,851	295,794	6,057
	1931년 하반기	9,656,023	342,639	340,757	1,882
	1932년 상반기	9,693,627	276,769	297,563	△20,794
	1932년 하반기	9,837,925	366,645	364,306	2,339
	1933년 상반기	9,799,884	407,215	407,166	49
	1933년 하반기	9,828,616	474,217	444,131	30,186
	1934년 상반기	10,034,695	467,852	455,588	12,264
	1934년 하반기	9,945,587	529,047	521,604	7,443
	1935년 상반기	10,034,695	569,279	549,712	19,567
	1935년 하반기	9,761,305	524,255	489,517	34,738
금강산전기철도 주식회사	1931년 상반기	6,546,892	224,736	220,513	4,223
	1931년 하반기	6,321,996	187,088	181,941	5,147
	1932년 상반기	6,678,825	184,964	181,946	3,018
	1932년 하반기	6,731,264	190,861	184,942	5,919
	1933년 상반기	6,721,520	191,248	189,880	1,368
	1933년 하반기	6,733,980	218,178	214,225	3,953
	1934년 상반기	6,757,957	250,837	223,377	27,460
	1934년 하반기	6,730,000	257,954	228,254	29,700
	1935년 상반기	6,622,329	288,337	217,763	70,574
	1935년 하반기	6,742,671	277,086	205,025	72,061
개천철도주식회사	1931년 상반기	500,000	56,328	77,674	△21,346
	1931년 하반기	500,000	53,225	75,555	△22,330

☞ 앞 표에 이어서

(단위 : 엔)

구분 회사명	회사회계 연도기별	평균 자본금	수입	지출	공제이익금
개천철도주식회사	1932년 상반기	500,000	53,748	63,788	△11,040
	1932년 하반기	500,000	76,558	66,379	10,179
남조선철도 주식회사	1931년 상반기	5,289,315	221,027	216,197	4,830
	1931년 하반기	5,487,034	244,418	239,872	4,546
	1932년 상반기	5,608,242	222,891	220,826	2,065
	1932년 하반기	5,600,000	207,570	205,199	2,371
	1933년 상반기	5,471,626	295,256	277,801	17,455
	1933년 하반기	7,277,078	369,781	366,318	3,463
	1934년 상반기	5,460,000	321,455	314,928	6,527
	1934년 하반기	5,471,815	406,602	362,274	44,328
	1935년 상반기	5,517,637	418,794	412,350	6,444
	1935년 하반기	5,547,363	437,628	427,692	9,936
조선경동철도 주식회사	1931년 상반기	901,232	76,922	73,578	3,344
	1931년 하반기	1,150,002	87,733	73,000	14,733
	1932년 상반기	1,299,039	81,006	71,406	9,600
	1932년 하반기	1,330,000	93,390	90,685	2,705
	1933년 상반기	1,287,547	97,227	94,976	2,251
	1933년 하반기	1,303,453	102,341	100,128	2,213
	1934년 상반기	1,314,021	128,178	115,954	12,224
	1934년 하반기	1,320,170	122,511	107,789	14,722
	1935년 상반기	1,340,980	147,341	111,605	35,736
	1935년 하반기	1,367,020	129,353	111,425	17,928
신흥철도주식회사	1931년 상반기	320,000	32,301	32,301	−
	1931년 하반기	383,051	54,722	54,654	68
	1932년 상반기	608,555	67,353	67,193	160
	1932년 하반기	643,787	78,007	69,129	8,878
	1933년 상반기	681,567	93,380	81,540	11,840
	1933년 하반기	692,433	100,128	96,330	3,798
	1934년 상반기	709,609	105,481	96,963	8,518
	1934년 하반기	712,000	103,114	90,289	17,825
	1935년 상반기	712,000	126,714	112,209	14,505
	1935년 하반기	713,000	91,393	97,676	△6,283

☞ 앞 표에 이어서

(단위 : 엔)

회사명 \ 구분	회사회계 연도기별	보조금	평균 자본에 대한 비율		비고
			이익금(할푼리)	보조금(할푼리)	
조선철도주식회사	1931년 상반기	925,788	029	044	
	1931년 하반기	1,064,304	020	053	
	1932년 상반기	1,050,089	019	051	
	1932년 하반기	1,056,897	022	054	
	1933년 상반기	954,607	022	052	
	1933년 하반기	916,742	023	050	
	1934년 상반기	929,657	023	051	
	1934년 하반기	772,055	031	043	
	1935년 상반기	741,862	028	042	
	1935년 하반기	591,222	037	033	
조선경남(京南)철도주식회사	1931년 상반기	694,125	001	077	
	1931년 하반기	708,122	–	073	
	1932년 상반기	707,972	△002	073	
	1932년 하반기	709,306	–	072	
	1933년 상반기	684,239	–	070	
	1933년 하반기	681,447	003	069	
	1934년 상반기	715,141	001	071	
	1934년 하반기	699,736	001	070	
	1935년 상반기	611,568	002	061	
	1935년 하반기	487,606	004	050	
금강산전기철도주식회사	1931년 상반기	477,175	001	073	
	1931년 하반기	485,339	001	077	
	1932년 상반기	488,991	–	073	
	1932년 하반기	484,791	001	072	
	1933년 상반기	489,232	–	073	
	1933년 하반기	495,654	001	074	
	1934년 상반기	472,613	004	070	
	1934년 하반기	441,547	004	066	
	1935년 상반기	336,125	011	051	
	1935년 하반기	339,153	011	050	

☞ 앞 표에 이어서

(단위 : 엔)

회사명 \ 구분	회사회계 연도기별	보조금	평균 자본에 대한 비율		비고
			이익금(할푼리)	보조금(할푼리)	
개천철도주식회사	1931년 상반기	36,345	△043	073	1932년 11월 1일 이후 국가에서 차용해 영업하고, 다음해 4월 1일 매수함.
	1931년 하반기	37,330	△045	075	
	1932년 상반기	4,992	△022	010	
	1932년 하반기	−	020	−	
남조선철도 주식회사	1931년 상반기	399,218	001	075	
	1931년 하반기	409,570	001	075	
	1932년 상반기	419,797	−	075	
	1932년 하반기	411,689	−	074	
	1933년 상반기	397,148	003	073	
	1933년 하반기	546,920	001	075	
	1934년 상반기	396,671	001	073	
	1934년 하반기	359,020	008	066	
	1935년 상반기	394,884	001	072	
	1935년 하반기	392,672	002	071	
조선경동철도 주식회사	1931년 상반기	64,619	004	072	
	1931년 하반기	69,192	013	060	
	1932년 상반기	85,497	007	066	
	1932년 하반기	90,938	002	068	
	1933년 상반기	90,041	002	070	
	1933년 하반기	90,174	002	069	
	1934년 상반기	80,289	009	061	
	1934년 하반기	74,878	011	057	
	1935년 상반기	57,284	027	043	
	1935년 하반기	74,628	013	055	
신흥철도주식회사	1931년 상반기	25,600	−	072	영업수지 및 보조금은 보조내선(송흥선)만을 상게(上揭)함.
	1931년 하반기	29,634	−	060	
	1932년 상반기	30,700	−	050	
	1932년 하반기	25,955	014	040	
	1933년 상반기	24,548	017	036	
	1933년 하반기	28,895	006	042	
	1934년 상반기	26,373	012	037	
	1934년 하반기	23,679	018	033	

☞ 앞 표에 이어서

(단위 : 엔)

회사명 \ 구분	회사회계 연도기별	보조금	평균 자본에 대한 비율		비고
			이익금(할푼리)	보조금(할푼리)	
	1935년 상반기	22,851	020	032	
	1935년 하반기	30,153	△009	042	

제5표 사설철도 보조성적표

(단위 : 엔)

회사명 \ 구분	회사회계 연도기별	기말 건설비	수입	지출	공제이익금
조선철도주식회사	1936년 상반기	37,440,644	2,088,584	1,430,925	657,659
	1936년 하반기	39,249,749	2,166,890	1,405,504	761,386
	1937년 상반기	40,672,265	2,233,281	1,655,806	577,475
	1937년 하반기	41,115,325	2,675,611	1,711,428	964,183
	1938년 상반기	38,824,438	2,855,197	1,739,209	1,115,988
	1938년 하반기	40,819,228	2,999,877	1,872,936	1,126,941
	1939년 상반기	37,759,320	3,426,370	1,998,492	1,427,878
	1939년 하반기	37,711,845	3,507,098	2,255,654	1,251,444
	1940년 상반기	26,004,290	2,935,363	1,661,124	1,274,239
	1940년 하반기	26,378,677	3,118,295	1,833,803	1,284,492
조선경남(京南) 철도주식회사	1936년 상반기	19,674,059	532,224	480,726	51,498
	1936년 하반기	19,571,701	507,615	458,510	49,105
	1937년 상반기	19,478,646	539,287	417,295	121,992
	1937년 하반기	19,585,239	607,941	474,037	133,904
	1938년 상반기	19,623,920	666,592	540,934	125,658
	1938년 하반기	19,668,541	699,206	584,790	114,416
	1939년 상반기	19,603,899	769,589	606,531	163,058
	1939년 하반기	19,656,599	751,554	679,563	71,991
	1940년 상반기	19,662,476	857,530	693,723	163,807
	1940년 하반기	19,677,290	907,895	731,924	175,971
금강산전기철도 주식회사	1936년 상반기	13,698,398	314,820	221,890	92,030
	1936년 하반기	13,727,181	362,611	272,411	90,200
	1937년 상반기	13,790,057	335,786	241,067	94,719
	1937년 하반기	13,911,688	354,367	278,356	76,011
	1938년 상반기	14,067,829	456,425	369,662	86,763
	1938년 하반기	14,126,285	420,706	321,250	99,456
	1939년 상반기	14,156,767	491,632	331,237	160,395
	1939년 하반기	14,181,208	470,214	330,400	139,814
	1940년 상반기	14,235,149	551,897	354,636	197,261
	1940년 하반기	14,258,788	509,142	408,008	101,134
조선경동철도 주식회사	1936년 상반기	2,786,268	153,320	115,930	37,390
	1936년 하반기	2,764,990	135,797	119,141	16,656

(단위 : 엔)

회사명 \ 구분	회사회계 연도기별	기말 건설비	수입	지출	공제이익금
조선경동철도 주식회사	1937년 상반기	2,744,126	169,747	119,346	50,401
	1937년 하반기	5,431,579	222,200	196,159	26,041
	1938년 상반기	5,618,652	293,306	284,039	9,267
	1938년 하반기	5,651,932	371,215	349,769	21,446
	1939년 상반기	5,664,047	329,079	318,800	10,279
	1939년 하반기	5,672,727	283,080	281,921	1,159
	1940년 상반기	5,666,696	326,629	321,479	5,150
	1940년 하반기	5,671,919	358,665	371,409	△12,744
신흥철도주식회사	1936년 상반기	1,489,978	123,493	129,424	△5,931
	1936년 하반기	1,495,187	97,559	107,849	△10,290
	1937년 상반기	1,507,503	120,095	124,135	△4,040
	1937년 하반기	1,522,134	118,087	123,620	△5,533
	1938년 상반기	9,174,327	677,738	710,575	△32,837
	1938년 하반기	9,195,283	570,881	588,215	△17,334
	1939년 상반기	9,719,536	937,980	990,287	△52,307
	1939년 하반기	9,997,112	1,010,627	894,507	116,120
	1940년 상반기	10,246,992	1,142,729	1,063,182	79,547
	1940년 하반기	10,442,476	1,251,251	1,155,473	95,778
조선평안철도 주식회사	1938년 하반기	2,713,517	118,903	96,190	22,713
	1939년 상반기	2,782,478	124,460	100,343	24,117
	1939년 하반기	2,895,864	147,861	125,792	22,069
	1940년 상반기	2,991,057	169,917	147,684	22,233
	1940년 하반기	3,047,385	173,832	150,702	23,130
서선(西鮮) 중앙철도 주식회사	1939년 상반기	6,414,181	124,930	66,788	58,142
	1939년 하반기	7,071,185	299,745	229,209	70,536
	1940년 상반기	13,120,892	471,245	311,400	159,845
	1940년 하반기	19,155,110	421,937	289,339	132,598
경춘철도주식회사	1939년 상반기	13,028,034	162,306	126,832	35,474
	1939년 하반기	13,349,883	621,333	493,550	127,783
	1940년 상반기	13,953,207	683,020	571,075	111,945
	1940년 하반기	14,483,152	799,841	730,003	69,838

☞ 앞 표에 이어서

(단위 : 엔)

구분 회사명	회사회계 연도기별	기말 건설비	수입	지출	공제이익금
평북철도주식회사	1939년 하반기	19,674,300	1,018,197	914,233	103,964
	1940년 상반기	20,911,617	1,388,089	1,219,777	168,312
	1940년 하반기	21,454,701	1,203,510	1,093,962	109,548
단풍(端豊)철도 주식회사	1939년 하반기	9,900,155	720,345	586,917	133,428
	1940년 상반기	10,105,117	636,053	564,515	71,538
	1940년 하반기	10,198,728	622,225	575,386	46,839
다사도철도 주식회사	1940년(1개년)	7,993,697	401,020	286,394	114,626
북선(北鮮)척식 철도주식회사	1940년 상반기	19,851,176	446,641	361,703	84,938
	1940년 하반기	23,470,614	648,313	636,046	12,267

☞ 앞 표에 이어서

회사명	회사회계 연도기별	보조금	환산 건설비에 대한 비율		비고
			이익금(할푼리)	보조금(할푼리)	
조선철도주식회사	1936년 상반기	604,978	035	032	
	1936년 하반기	563,035	039	027	
	1937년 상반기	790,089	028	039	
	1937년 하반기	455,361	047	022	
	1938년 상반기	284,350	059	015	
	1938년 하반기	226,610	055	011	
	1939년 상반기	57,145	076	003	
	1939년 하반기	79,573	066	004	
	1940년 상반기	32,483	098	002	
	1940년 하반기	29,124	097	002	
조선경남(京南) 철도주식회사	1936년 상반기	484,364	005	049	
	1936년 하반기	491,937	005	050	
	1937년 상반기	482,889	012	049	
	1937년 하반기	493,133	013	050	
	1938년 상반기	485,829	013	049	
	1938년 하반기	494,208	012	050	
	1939년 상반기	476,846	017	049	
	1939년 하반기	493,878	007	050	
	1940년 상반기	484,472	017	049	
	1940년 하반기	432,675	018	044	
금강산전기철도 주식회사	1936년 상반기	341,121	013	050	
	1936년 하반기	339,487	013	049	
	1937년 상반기	344,363	014	050	
	1937년 하반기	345,409	011	050	
	1938년 상반기	352,653	012	050	
	1938년 하반기	352,183	014	050	
	1939년 상반기	309,447	023	044	
	1939년 하반기	329,551	020	047	
	1940년 상반기	246,444	028	035	
	1940년 하반기	331,574	014	046	
조선경동철도 주식회사	1936년 상반기	57,151	027	041	
	1936년 하반기	73,420	012	053	
	1937년 상반기	40,646	037	－	

☞ 앞 표에 이어서

(단위 : 엔)

회사명	회사회계 연도기별	보조금	환산 건설비에 대한 비율		비고
			이익금(할푼리)	보조금(할푼리)	
조선경동철도 주식회사	1937년 하반기	136,181	010	050	
	1938년 상반기	161,632	003	057	
	1938년 하반기	162,385	008	058	
	1939년 상반기	162,718	003	057	
	1939년 하반기	157,247	−	055	
	1940년 상반기	155,260	002	055	
	1940년 하반기	157,329	△004	055	
신흥철도주식회사	1936년 상반기	52,250	△008	070	
	1936년 하반기	51,778	△014	069	
	1937년 상반기	51,320	△005	068	
	1937년 하반기	51,320	△007	067	
	1938년 상반기	154,299	△007	034	
	1938년 하반기	198,707	△004	043	
	1939년 상반기	216,446	△010	022	
	1939년 하반기	177,024	023	035	
	1940년 상반기	202,617	015	039	
	1940년 하반기	199,979	018	038	
조선평안철도 주식회사	1938년 하반기	70,723	017	052	
	1939년 상반기	73,526	017	053	
	1939년 하반기	66,625	015	046	
	1940년 상반기	65,639	015	044	
	1940년 하반기	72,258	015	047	
서선(西鮮) 중앙철도 주식회사	1939년 상반기	34,534	018	011	
	1939년 하반기	134,717	020	038	
	1940년 상반기	75,743	024	011	
	1940년 하반기	134,739	014	014	
경춘철도주식회사	1939년 상반기	117,346	005	018	
	1939년 하반기	283,918	022	042	
	1940년 상반기	341,698	016	049	
	1940년 하반기	361,026	010	050	
평북철도주식회사	1939년 하반기	491,463	008	050	
	1940년 상반기	506,454	016	048	
	1940년 하반기	525,119	010	048	

회사명	회사회계 연도기별	보조금	환산 건설비에 대한 비율		비고
			이익금(할푼리)	보조금(할푼리)	
단풍(端豊)철도 주식회사	1939년 하반기	169,625	026	034	
	1940년 상반기	238,104	014	047	
	1940년 하반기	252,873	009	049	
다사도철도 주식회사	1940년(1개년)	158,978	014	020	
북선(北鮮)척식 철도주식회사	1940년 상반기	296,974	008	030	
	1940년 하반기	521,576	001	044	

제6표 사설철도 보조성적표

(단위 : 엔)

회사명 \ 구분	회사 회계 연도 기별	기말 건설비	환산 건설비	수입	지출
조선철도주식회사	1941년 상반기	26,543,965	12,381,068	3,016,076	2,159,948
	1941년 하반기	26,705,096	13,232,801	3,007,409	2,216,844
	1942년 상반기	26,798,982	13,509,625	3,612,987	2,776,797
	1942년 하반기	32,847,116	15,291,805	3,935,521	3,159,934
	1943년 상반기	32,978,211	16,624,633	4,584,037	3,640,943
	1943년 하반기	33,431,669	16,611,914	4,776,638	3,938,018
조선경남(京南) 철도주식회사	1941년 상반기	19,690,958	9,764,557	1,017,352	805,139
	1941년 하반기	19,713,504	9,937,766	1,051,347	826,127
	1942년 상반기	19,713,896	9,775,932	1,392,261	942,082
	1942년 하반기	19,749,778	9,956,053	1,362,945	961,948
	1943년 상반기	19,847,499	9,842,185	1,501,899	979,702
	1943년 하반기	19,958,626	10,057,791	1,763,129	1,067,051
경성전기주식회사	1941년 상반기	14,290,256	7,164,704	558,842	413,863
	1941년 하반기	14,300,341	3,604,469	266,643	209,610
	1942년 상반기	13,728,139	6,807,653	594,831	425,041
	1942년 하반기	11,693,550	5,894,831	656,268	517,164
	1943년 상반기	11,724,787	5,814,210	578,537	515,068
	1943년 하반기	11,944,067	6,006,166	758,951	608,640
조선경동 철도주식회사	1941년 상반기	5,936,331	3,108,584	380,392	382,987
	1941년 하반기	5,919,711	3,106,279	356,127	541,101
	1942년 상반기	5,924,316	3,045,319	492,309	514,661
	1942년 하반기	5,913,311	2,079,729	304,788	334,219
신흥철도주식회사	1941년 상반기	11,049,374	4,789,782	1,514,056	1,338,298
	1941년 하반기	12,510,762	4,876,737	1,344,917	1,265,780
	1942년도	12,755,255	8,485,088	3,221,302	2,964,563
	1943년도	12,887,337	9,664,293	3,582,680	3,247,831
조선평안철도 주식회사	1941년 상반기	3,090,213	1,532,407	199,997	175,906
	1941년 하반기	3,379,686	1,703,732	219,511	190,242
	1942년 상반기	3,400,464	1,686,258	258,932	213,016
	1942년 하반기	3,436,399	1,732,322	290,406	235,038
	1943년 상반기	3,499,047	1,735,144	288,146	236,443
	1943년 하반기	3,583,399	1,806,426	384,879	311,174

☞ 앞 표에 이어서

회사명 \ 구분	회사 회계 연도 기별	기말 건설비	환산 건설비	수입	지출
서선(西鮮)중앙 철도주식회사	1941년 상반기	9,362,088	4,693,869	474,601	286,972
	1941년 하반기	20,783,533	10,363,296	888,770	533,515
	1942년 상반기	29,042,616	11,320,788	1,040,050	694,801
	1942년 하반기	30,272,007	15,094,535	1,138,079	871,486
	1943년 상반기	31,300,884	15,693,320	1,223,066	908,555
	1943년 하반기	32,074,900	16,067,450	1,333,717	1,164,698
경춘철도주식회사	1941년 상반기	15,610,755	7,826,762	978,170	769,334
	1941년 하반기	16,476,831	8,164,333	1,074,545	828,016
	1942년 상반기	16,582,045	8,313,783	1,420,341	1,166,412
	1942년 하반기	16,860,302	8,407,055	1,311,721	945,897
	1943년 상반기	17,178,081	8,612,572	1,457,379	1,055,346
	1943년 하반기	17,310,885	8,655,443	1,566,473	1,195,118
평북철도주식회사	1941년 상반기	22,581,221	11,321,544	1,641,691	1,546,281
	1941년 하반기	22,728,794	11,332,118	1,352,815	1,306,866
	1942년 상반기	22,827,947	11,445,245	1,674,388	1,553,738
	1942년 하반기	23,346,886	11,641,461	1,100,800	1,011,583
	1943년 상반기	24,170,199	11,955,760	1,267,710	1,141,191
	1943년 하반기	24,243,689	11,959,839	1,018,617	913,293
단풍(端豊)철도 주식회사	1941년 상반기	10,569,754	5,328,314	668,382	611,953
	1941년 하반기	10,916,533	5,413,404	641,205	582,507
	1942년 상반기	11,169,196	5,630,499	638,145	561,791
	1942년 하반기	11,206,146	5,557,020	533,578	473,999
	1943년 상반기	11,230,240	5,661,272	662,789	584,153
	1943년 하반기	11,275,717	5,599,591	709,726	641,620
다사도철도 주식회사	1941년	8,836,366	8,350,759	755,211	555,106
	1942년	9,039,001	9,039,001	1,027,185	755,645
	1943년	4,464,698	4,464,698	1,152,384	993,234
북선(北鮮)척식 철도주식회사	1941년 상반기	25,122,199	12,664,341	888,292	770,666
	1941년 하반기	26,377,307	13,080,254	874,420	902,304
	1942년 상반기	27,890,966	14,060,103	1,382,363	1,029,973
	1942년 하반기	30,053,949	14,903,465	1,125,340	986,888
	1943년 상반기	30,606,537	15,429,049	1,551,946	1,187,302
	1943년 하반기	31,071,660	15,445,756	1,440,449	1,423,448

☞ 앞 표에 이어서

회사명 \ 구분	회사 회계 연도 기별	기말 건설비	환산 건설비	수입	지출
조선마그네사이트 개발주식회사	1943년 상반기	26,185,675	4,140,882	111,514	147,022
	1943년 하반기	27,596,888	10,384,797	279,239	234,493

☞ 앞 표에 이어서

회사명＼구분	회사 회계 연도 기별	공제 이익금	보조금	환산 건설비에 대한 비율		비고
				이익금 (할푼리)	보조금 (할푼리)	
조선철도주식회사	1941년 상반기	856,128	45,993	064	003	
	1941년 하반기	790,565	63,496	060	005	
	1942년 상반기	836,190	43,830	062	004	
	1942년 하반기	775,587	171,993	051	012	
	1943년 상반기	943,095	185,562	057	011	
	1943년 하반기	838,620	200,876	050	013	
조선경남(京南) 철도주식회사	1941년 상반기	212,213	384,272	022	039	
	1941년 하반기	225,220	382,307	023	038	
	1942년 상반기	450,179	158,885	046	016	
	1942년 하반기	400,961	216,450	040	022	
	1943년 상반기	522,197	94,444	053	010	
	1943년 하반기	696,078	－	069	－	
경성전기주식회사	1941년 상반기	144,979	292,152	020	041	금강산전기철도주식회사는 1942년 1월 1일 경성전기주식회사에 합병
	1941년 하반기	57,033	162,086	016	045	
	1942년 상반기	169,790	247,158	025	036	
	1942년 하반기	139,104	221,541	024	038	
	1943년 상반기	63,469	288,557	011	050	
	1943년 하반기	150,311	117,575	025	036	
조선경동 철도주식회사	1941년 상반기	△2,595	168,542	△001	054	1942년 11월 1일 조선철도 주식회사에 양도
	1941년 하반기	△184,974	172,115	△060	055	
	1942년 상반기	△22,352	170,635	△007	056	
	1942년 하반기	△29,431	115,494	△014	056	
신흥철도주식회사	1941년 상반기	175,758	145,323	037	030	
	1941년 하반기	79,137	199,094	017	041	
	1942년도	256,739	366,329	030	043	
	1943년도	334,849	410,805	035	055	
조선평안철도 주식회사	1941년 상반기	24,091	69,059	016	045	
	1941년 하반기	29,269	74,418	017	044	
	1942년 상반기	45,916	57,556	027	034	
	1942년 하반기	55,368	51,340	032	030	
	1943년 상반기	51,703	54,991	030	032	
	1943년 하반기	73,705	38,365	041	021	

☞ 앞 표에 이어서

(단위 : 엔)

구분 / 회사명	회사 회계 연도 기별	공제 이익금	보조금	환산 건설비에 대한 비율		비고
				이익금 (할푼리)	보조금 (할푼리)	
서선(西鮮)중앙 철도주식회사	1941년 상반기	187,629	103,384	040	022	
	1941년 하반기	355,255	284,306	034	027	
	1942년 상반기	345,249	351,261	030	321	
	1942년 하반기	266,593	652,409	018	043	
	1943년 상반기	314,511	642,814	020	041	
	1943년 하반기	169,019	801,679	011	050	
경춘철도주식회사	1941년 상반기	208,836	271,211	027	035	
	1941년 하반기	246,529	255,657	030	031	
	1942년 상반기	253,929	257,592	031	030	
	1942년 하반기	365,824	156,891	044	019	
	1943년 상반기	402,033	134,823	047	016	
	1943년 하반기	371,355	166,539	043	019	
평북철도주식회사	1941년 상반기	95,410	566,077	008	050	
	1941년 하반기	45,949	566,606	004	050	
	1942년 상반기	120,650	572,097	011	050	
	1942년 하반기	89,217	582,073	008	050	
	1943년 상반기	126,519	597,152	011	050	
	1943년 하반기	105,324	597,992	009	050	
단풍(端豊)철도 주식회사	1941년 상반기	56,429	266,091	011	050	
	1941년 하반기	58,698	269,041	011	050	
	1942년 상반기	76,354	265,294	014	047	
	1942년 하반기	59,579	276,821	011	050	
	1943년 상반기	78,636	264,971	014	047	
	1943년 하반기	68,016	270,800	012	047	
다사도철도 주식회사	1941년	200,105	310,945	024	037	신의주 ~ 남시 간 33.9km 1943년 4월 1일 국가에 매수
	1942년	271,540	284,377	030	031	
	1943년	159,150	284,028	036	064	
북선(北鮮)척식 철도주식회사	1941년 상반기	117,626	633,217	001	050	
	1941년 하반기	△27,884	654,013	△001	050	
	1942년 상반기	352,390	508,836	025	036	
	1942년 하반기	138,452	745,173	001	050	

☞ 앞 표에 이어서

(단위 : 엔)

구분 회사명	회사 회계 연도 기별	공제 이익금	보조금	환산 건설비에 대한 비율		비고
				이익금 (할푼리)	보조금 (할푼리)	
북선(北鮮)척식 철도주식회사	1943년 상반기	364,644	579,331	024	038	
	1943년 하반기	17,001	772,288	001	050	
조선마그네사이트 개발주식회사	1943년 상반기	△35,508	207,044	△009	050	
	1943년 하반기	44,746	519,240	004	050	

사설철도 운수성적표(1915년~1918년)

구분 철도명	연도	연도 말 영업거리 (mile)	여객인원 (인)	수하물 수량 (근)	화물수량 (톤)	운수수입(엔)		
						객차	화차	계
조선가스전기 주식회사	1915	8,9	525,408	–	1,060	34,422	11,757	46,179
	1916	9,8	1,350,572	140,700	3,227	60,960	7,902	68,862
	1917	10,7	1,873,458	317,100	4,694	78,030	3,337	81,367
	1918	10,7	2,038,289	553,700	2,232	81,388	1,294	82,682
전북경편철도 주식회사	1914	15,5	30,338	15,300	4,968	10,184	4,293	14,477
	1915	15,5	109,512	40,882	21,474	35,804	14,442	50,246
	1916	15,5	108,844	52,031	20,649	34,277	14,508	48,785
	1917	15,5	156,140	72,700	29,212	53,496	20,377	73,873
	1918	15,5	270,738	127,292	38,329	86,749	27,387	114,136
함흥탄광철도 주식회사	1915	8,8	19,448	69,902	4,937	6,727	5,050	11,777
	1916	10	45,491	39,997	16,395	11,354	16,197	27,551
	1917	10	69,615	58,161	25,201	17,989	22,275	40,264
	1918	10	81,507	41,615	22,724	18,790	20,981	39,771
개천경편철도 (탄노와 마사노부)	1916	18,4	32,600	18,672	27,432	9,812	17,887	27,699
	1917	18,4	73,505	34,199	45,037	21,830	25,948	47,778
	1918	22,9	116,118	50,067	43,677	36,238	32,507	68,745
조선중앙철도 주식회사	1917	14,3	11,645	27,799	2,195	3,664	2,033	5,697
	1918	72,2	184,534	313,397	20,292	78,860	30,429	109,289
함흥탄광철도 주식회사 (인력철도)	1917	15,6	1,273	–	1,130	667	2,284	2,951
	1918	15,6	14,053	–	11,539	6,325	18,696	25,021

주) 조선가스전기(주)는 1915년도부터 궤도분을 포함함.

사설철도 운수성적표(1919년~1930년)

철도명	연도	연도 말 영업거리 (mile)	여객 인원 (인)	화물 톤수 (톤)	운수 수입(엔) 객차	운수 수입(엔) 화차	운수 수입(엔) 계	1일 1mile 평균 운수 수입(엔)	비고
조선 가스전기	1919	10.7	2,495,178	1,961	115,525	903	116,428	30.29	
	1920	〃	2,362,537	286			159,809	40.92	
	1921	〃	3,094,151	–			199,000	50.95	
	1922	〃	3,957,763	–			248,691	63.68	
	1923	〃	4,400,758	–			273,827	69.85	
	1924	〃	4,767,135	–			286,558	73.37	
	1925	11.3	7,970,737	–			344,789	84.39	
	1926	〃	6,103,081	–			381,455	92.47	
	1927	〃	9,754,867	–			415,091	99.76	
	1928	12	7,526,876	–			450,813	106.15	
	1929	〃	7,733,780	–			463,281	105.77	
	1930	〃	7,131,788	–			425,640	97.17	
전북철도	1919	15.5	394,778	43,216	132,186	42,902	175,088	31.06	
	1920	〃	377,995	38,088	152,355	49,450	201,805	35.67	
	1921	〃	375,364	55,814	161,409	74,211	235,620	41.67	
	1922	〃	398,181	51,625	175,334	90,963	266,297	47.1	
	1923	〃	424,873	64,738	172,589	84,296	256,885	45.46	
	1924	〃	408,000	57,730	152,951	82,222	235,173	41.62	
	1925	〃	452,746	73,154	165,922	103,437	269,359	47.91	
	1926	〃	460,490	81,482	170,718	117,836	288,554	51.32	
	1927	〃	237,158	41,509	81,846	58,884	140,730	49.85	1927년 10월 1일 국가에 매수 되었으므로 상반기분으로 계상함.
함흥 탄광철도	1919	10	103,911	20,622	25,266	23,565	48,831	13.34	함흥~장풍리 간 인력 수압(手押) 철도는 포함 되지 않음.
	1920	〃	74,330	18,027	21,224	23,266	44,490	12.64	
	1921	〃							

☞ 앞 표에 이어서

구분 철도명	연도	연도 말 영업거리 (mile)	여객 인원 (인)	화물 톤수 (톤)	운수 수입(엔) 객차	운수 수입(엔) 화차	운수 수입(엔) 계	1일 1mile 평균 운수 수입(엔)	비고
함흥 탄광철도	1922								함흥~서호진 간 국가에 매수되어 1922년 12월 1일 폐지됨.
함흥탄광 철도수압 (手押) 철도	1919	15.6	17,715	11,830	8,338	21,931	30,269	5.3	1921년 이후부터 폐지될 때까지의 기록이 발견되지 않음. 조선삼림철도주식회사에 양도하여 1923년 8월 25일 폐지됨.
	1920	15.6	13,114	19,762	8,175	44,447	52,622	9.3	
	1921								
	1922								
	1923								
개천철도	1919	22.9	178,438	101,619	53,097	78,041	131,138	15.62	
	1920	"	169,612	96,461	64,916	100,378	165,294	19.71	
	1921	"	125,102	50,806	53,895	62,604	116,499	13.89	
	1922	"	118,791	52,842	56,708	63,445	120,153	14.5	
	1923	"	109,781	75,761	57,828	69,880	127,708	15.22	
	1924	"	107,825	84,662	56,899	79,264	136,163	16.24	
	1925	"	106,122	84,179	56,382	76,402	132,784	15.88	
	1926	"	106,968	85,904	55,319	84,159	139,478	16.69	
	1927	"	98,745	76,802	50,211	77,991	128,202	17.05	회계 연도의 변경에 따라 1927년도분은 11개월로 계상.
	1928	"	105,386	104,731	55,868	100,252	156,120	18.66	
	1929	"	86,928	80,773	49,037	96,314	145,351	17.37	
	1930	"	109,839	104,811	52,876	98,524	151,400	18.13	
조선철도 전남선	1922	22.7	143,673	27,821	73,678	42,072	115,750	28.12	1922년 7월 1일 개업
	1923	"	233,284	33,467	95,026	44,627	139,653	22.87	
	1924	"	336,077	48,748	123,420	79,474	202,894	25.08	

☞ 앞 표에 이어서

구분 철도명	연도	연도 말 영업거리 (mile)	여객 인원 (인)	화물 톤수 (톤)	운수 수입(엔)			1일 1mile 평균 운수 수입(엔)	비고
					객차	화차	계		
조선철도 전남선	1925	〃	423,796	46,275	115,782	85,583	201,365	24.52	
	1926	〃	536,612	60,408	139,690	117,536	257,226	31.36	
조선철도 전남선	1927	〃	535,584	65,176	132,676	121,428	254,104	30.94	1928년 1월 1일 국가에 매수되었으 므로 1927 년도는 매 수에 이르 기까지임.
조선철도 경남선	1923	18.3	15,464	1,513	8,275	2,372	10,647	19.43	
	1924	〃	166,718	22,150	88,805	31,677	120,482	18.81	
	1925	43.5	295,723	26,463	173,323	72,361	245,684	21.47	
	1926	〃	325,094	43,779	221,256	134,545	255,801	22.66	
	1927	〃	324,152	54,846	224,128	157,038	281,166	24.17	
	1928	〃	302,479	58,009	227,425	162,520	389,945	24.64	
	1929	〃	313,987	42,746	243,440	151,183	394,623	21.46	
	1930	〃	306,267	38,973	169,817	103,719	273,536	17.36	
조선철도 경동선	1919	73.4	435,213	83,024	223,126	123,256	346,382	15.55	
	1920	〃	507,789	71,550	305,412	151,768	457,180	17.07	
	1921	92.1	413,209	59,707	299,279	231,976	531,255	19	
	1922	92	465,114	70,048	331,591	226,215	557,806	16.69	
	1923	〃	491,301	73,677	345,544	251,768	597,312	17.8	
	1924	〃	501,898	58,324	303,103	237,345	540,448	16.19	
	1925	〃	530,095	52,811	276,799	214,734	491,533	14.93	
	1926	〃	556,722	72,041	293,102	264,094	557,196	16.76	
	1927	91.9	531,473	66,935	282,881	251,479	534,360	16.08	
	1928	〃	281,409	30,533	143,992	119,863	263,855	15.91	1928년 7월 1일 국가에 매수, 6개월 분
조선철도 경북선	1924	37.2	53,878	12,041	25,840	28,807	54,647	25.41	1924년 10 월 1일 개업
	1925	〃	265,849	57,605	121,272	175,645	296,917	21.95	
	1926	〃	339,037	66,652	129,754	211,169	340,923	25.21	
	1927	〃	321,303	81,732	125,760	253,624	379,384	28.07	
	1928	53	389,231	86,628	173,780	275,789	449,569	30.98	

철도명 \ 구분 \ 연도	연도	연도 말 영업거리 (mile)	여객 인원 (인)	화물 톤수 (톤)	운수 수입(엔) 객차	화차	계	1일 1mile 평균 운수 수입(엔)	비고
조선철도 경북선	1929	〃	374,664	66,950	239,476	274,434	513,910	23,05	
	1930	〃	315,291	82,682	153,321	263,757	417,078	22,12	
조선철도 충북선	1921	14,1	20,580	6,841	12,914	11,291	24,205	28,2	1921년 11월 1일 개업
	1922	〃	113,547	39,780	73,572	57,333	130,905	25,71	
	1923	29	175,481	40,548	103,386	75,912	179,298	20,58	
	1924	〃	289,712	47,147	128,533	104,590	233,123	22,25	
	1925	〃	340,658	51,547	126,772	133,560	260,332	24,77	
	1926	〃	354,639	53,889	139,175	144,813	283,988	27,02	
	1927	〃	372,422	71,307	143,460	181,020	324,480	30,89	
	1928	58,4	421,693	86,787	163,853	213,759	377,612	35,4	
	1929	〃	453,514	106,265	264,012	322,679	586,691	24,14	
	1930	〃	425,889	79,463	183,925	243,137	427,062	20,4	
조선철도 황해선	1919	9,4	22,971	49,773	5,455	28,099	33,554	10,61	1919년 5월 20일 개업
	1920	22,8	46,519	51,595	17,267	52,129	69,396	14,51	
	1921	31,2	206,055	59,639	80,386	88,689	169,075	17,91	
	1922	〃	210,899	63,178	101,849	99,169	201,018	18,4	
	1923	〃	179,829	65,176	80,963	90,558	171,521	20,66	
	1924	36,2	276,846	78,559	123,719	107,428	231,147	20,98	
	1925	45,7	305,492	92,612	128,169	134,211	262,380	20,07	
	1926	〃	359,022	120,887	143,902	202,375	346,277	22,34	
	1927	〃	410,265	174,197	165,512	276,702	442,214	28,48	
	1928	〃	396,727	170,494	165,172	279,554	444,726	28,66	
	1929	77,4	396,643	188,366	196,765	330,674	527,439	25,53	
	1930	81,4	397,456	194,650	186,282	286,999	473,281	11,07	
조선철도 함남선	1923	17,6	63,872	18,417	21,366	24,146	45,512	15,53	1923년 6월 10일 개업
	1924	〃	135,817	41,244	42,205	52,654	94,859	15,08	
	1925	〃	161,993	55,207	44,063	69,273	113,336	17,59	
	1926	35,3	232,845	97,666	87,262	126,153	213,415	26,86	
	1927	〃	312,460	131,175	159,148	202,002	361,150	28,56	
	1928	47,1	336,886	183,514	178,133	388,841	566,974	25,29	
	1929	〃	383,767	185,435	216,207	469,498	685,705	35,19	
	1930	35,3	276,454	161,175	117,364	256,620	373,984	18,41	

☞ 앞 표에 이어서

구분 철도명	연도	연도 말 영업거리 (mile)	여객 인원 (인)	화물 톤수 (톤)	운수 수입(엔) 객차	운수 수입(엔) 화차	운수 수입(엔) 계	1일 1mile 평균 운수 수입(엔)	비고
조선철도 함북선	1927	22.2	15,799	9,342	12,550	19,817	32,367	10.91	1927년 8월 20일 개업
	1928	〃	35,889	30,034	30,876	74,107	104,983	13.42	
	1929	37.3	42,727	35,321	45,731	101,226	146,957	13.41	
	1930	〃	35,955	30,582	39,439	72,075	111,514	8.22	
도문철도	1920	25.2	46,738	19,802	44,704	87,579	132,283	14.48	1920년 1월 5일 임시개업 1920년 4월 28일 본개업
	1921	〃	56,991	46,858	61,399	209,217	270,616	30.35	
	1922	31.4	70,696	48,381	75,128	226,891	302,019	30.75	
	1923	〃	109,011	80,284	108,325	382,421	490,746	44.28	
	1924	36.3	107,389	42,416	107,871	205,726	313,597	26.63	
	1925	〃	107,685	71,772	103,117	250,756	353,873	29.84	
	1926	36.3	143,549	114,971	134,326	335,978	470,304	40.21	
	1927	37.2	191,966	162,311	180,739	461,844	642,583	53.89	
	1928	〃	145,626	110,336	137,540	324,377	461,917	41.74	1929년 4월 1일 국가에 매수 1929년 3월 31일까지
금강산 전기철도	1924	17.9	68,011	12,393	27,896	27,189	55,085	12.65	1924년 8월 1일 개업
	1925	31.7	187,924	27,010	55,391	54,816	110,207	13.93	
	1926	37	276,986	40,804	86,371	91,290	177,661	14.15	
	1927	42	315,825	53,119	97,026	117,761	214,787	14.79	
	1928	〃	267,108	61,433	104,685	145,396	250,081	16.46	
	1929	58.9	300,108	59,576	123,493	143,272	266,765	13.35	
	1930	67.2	278,437	55,297	134,357	152,833	287,190	12.02	
조선경남 (京南) 철도	1922	25.2	97,934	54,606	69,876	57,975	127,851	22.16	1922년 6월 1일 개업
	1923	46.8	194,353	81,807	141,197	101,678	242,875	22.65	
	1924	〃	255,641	34,759	186,073	84,216	270,289	16.08	
	1925	64.5	259,800	70,793	189,136	127,597	316,733	17.25	
	1926	〃	338,844	86,428	231,815	183,696	415,511	18.38	
	1927	90.2	396,652	119,373	272,313	545,026	817,339	19.38	

☞ 앞 표에 이어서

구분\철도명	연도	연도 말 영업거리 (mile)	여객 인원 (인)	화물 톤수 (톤)	운수 수입(엔)			1일 1mile 평균 운수 수입(엔)	비고
					객차	화차	계		
조선경남 (京南) 철도	1928	″	420,251	123,040	307,843	325,385	633,228	19,74	
	1929	105,6	436,021	114,574	304,894	293,894	598,788	18,15	
	1930	117,5	398,591	108,998	253,041	273,577	526,618	13,69	
남조선 철도	1930	99,5	10,673	481	6,577	975	7,552	10,94	1930년 12월 25일 개업
조선경동 철도	1930	33	8,965	3,260	4,677	6,734	11,411	15,19	1930년 12월 1일 개업
신흥철도	1930	11,8	146,700	103,773	46,583	82,553	129,136	30,84	1930년 2월 1일 개업

주)
1. 본 표에는 각사 부대영업에 의한 수입을 포함하지 않음.
2. 1일 1mile 평균 수입에는 운수 기타수입을 포함함.
3. 조선철도주식회사는 영업 연도를 변경한 결과, 1929년 1, 2월분은 4년도에 더하여 1년 2개월로 처리함.

사설철도 운수성적표(1931년~1936년)

철도명 \ 구분	연도	연도 말 영업거리(km)	여객인원(인)	화물톤수(톤)
조선가스전기	1931	9.5	6,832,539	–
	1932	9.5	6,510,702	–
	1933	9.5	6,673,483	–
	1934	9.5	7,475,992	–
	1935	9.5	8,482,698	–
	1936	9.5	9,904,903	34
개천철도	1931	36.9	79,458	65,985
	1932	36.9	95,723	71,429
조선철도 충북선	1931	94	385,032	101,697
	1932	94	367,010	81,738
	1933	94	414,894	97,375
	1934	94	433,245	113,179
	1935	94	468,485	116,244
	1936	94	513,093	153,236
경남선	1931	70	43,128	10,386
경북선	1931	188.1	327,925	108,927
	1932	188.1	298,258	93,663
	1933	188.1	290,357	117,722
	1934	188.1	341,189	125,913
	1935	188.1	410,126	129,787
	1936	188.1	431,334	135,896
황해선	1931	183.4	414,299	193,135
	1932	217.5	596,747	247,440
	1933	219.8	789,910	279,052
	1934	219.8	1,060,740	360,915
	1935	219.8	1,395,938	373,588
	1936	242.9	1,667,515	447,622
함남선	1931	56.6	248,422	70,593
	1932	56.6	261,189	119,064
	1933	56.6	319,405	119,326
	1934	56.6	502,218	184,033
	1935	56.6	629,255	326,573
	1936	56.6	712,691	305,900

☞ 앞 표에 이어서

구분 철도명	연도	연도 말 영업거리(km)	여객인원(인)	화물톤수(톤)
함북선	1931	60.1	29,086	36,941
	1932	60.1	33,809	51,466
	1933	60.1	53,274	70,575
	1934	60.1	68,572	80,973
	1935	60.1	74,845	91,802
	1936	60.1	94,926	97,999
소계	1931	582.2	1,447,892	521,679
	1932	546.3	1,557,013	593,371
	1933	548.6	1,867,840	648,050
	1934	548.6	2,405,964	865,013
	1935	548.6	2,978,649	1,037,994
	1936	548.6	3,419,559	1,140,653
금강산전기철도	1931	116.6	247,419	49,222
	1932	116.6	227,785	61,269
	1933	116.6	249,487	71,984
	1934	116.6	287,246	99,553
	1935	116.6	316,412	134,635
	1936	116.6	399,263	151,922
조선경남(京南)철도	1931	213.3	418,267	125,275
	1932	213.3	438,794	104,298
	1933	214	539,862	136,573
	1934	214	719,021	148,852
	1935	214	863,032	158,849
	1936	214	916,361	169,437
조선경동철도	1931	73.4	95,162	58,646
	1932	73.4	109,165	39,661
	1933	73.4	108,665	43,005
	1934	73.4	137,454	50,730
	1935	73.4	168,699	50,882
	1936	73.4	183,912	53,173
남조선철도	1931	160	581,550	35,948
	1932	160	589,435	45,822
	1933	160	858,226	85,015
	1934	160	797,854	110,969

☞ 앞 표에 이어서

철도명 ＼ 구분	연도	연도 말 영업거리(km)	여객인원(인)	화물톤수(톤)
남조선철도	1935	160	840,918	124,872
신흥철도 송흥선	1931	20	65,012	37,843
	1932	20	82,317	54,910
	1933	50.6	130,291	90,040
	1934	50.6	135,899	97,305
	1935	50.6	137,167	105,888
	1936	50.6	146,103	98,755
장진선	1934	61.8	130,187	54,969
	1935	46.4	320,971	204,198
	1936	46.4	250,594	145,682
흥남선	1934	14.9	249,043	33,237
	1935	14.9	1,096,138	210,972
	1936	18.3	2,719,249	305,245
소계	1931	20	65,012	37,843
	1932	20	82,317	54,910
	1933	50.6	130,291	90,040
	1934	127.3	515,129	185,511
	1935	111.9	1,554,276	521,058
	1936	115.3	3,115,946	549,682
합계	1931	1,202.40	2,934,760	894,598
	1932	1,166.50	3,100,232	970,760
	1933	1,200.10	3,754,371	1,074,667
	1934	1,239.90	4,862,668	1,460,628
	1935	1,224.50	6,721,986	2,028,290
	1936	1,227.90	8,035,041	2,064,867

☞ 앞 표에 이어서

구분 철도명	연도	운수 수입(엔)				1일 1km 평균 운수 수입(엔)	비고
		여객	화물	운수잡수입	계		
조선 가스전기	1931				409,492	58.13	본 철도의 계수에는 연도 말 영업거리(km) 이외는 부산시 내 궤도분을 포함. 운수수입 내역은 기록이 없음.
	1932				390,528	55.43	
	1933				399,445	55.96	
	1934				445,778	59.43	
	1935				501,787	63.21	
	1936				581,764	73.28	
개천철도	1931	39,450	68,048	248	107,746	8	1932년 11월 1일 국가의 차용 영업
	1932	41,414	83,720	295	125,429	9.31	1933년 4월 1일 국가에 매수
조선철도 충북선	1931	160,231	276,041	9,061	445,333	12.94	
	1932	161,221	255,342	14,671	431,234	12.57	
	1933	186,126	299,164	27,914	513,204	14.96	
	1934	213,970	317,941	31,570	563,481	16.42	
	1935	227,553	331,329	35,922	594,804	17.3	
	1936	254,286	520,227	44,953	819,466	23.88	
경남선	1931	19,930	18,424	452	38,806	17.88	1931년 4월 1일 국가에 매수
경북선	1931	159,110	328,750	11,486	499,346	13.98	
	1932	169,339	280,814	11,976	462,129	10.72	
	1933	183,382	356,376	25,767	565,525	13.12	
	1934	216,465	362,927	24,469	603,861	14.01	
	1935	248,299	348,787	28,245	625,331	14.47	
	1936	264,874	382,579	26,387	673,840	15.63	
황해선	1931	211,146	321,153	49,160	581,459	11.26	
	1932	321,538	374,896	50,795	747,229	10.22	
	1933	442,369	434,906	73,831	951,106	11.9	
	1934	562,053	605,361	92,321	1,259,735	15.7	
	1935	721,182	649,080	96,183	1,466,445	18.23	
	1936	860,773	750,566	114,460	1,725,799	20.99	
함남선	1931	67,783	122,811	4,679	195,273	9.38	
	1932	78,057	177,011	9,826	264,894	12.78	
	1933	93,361	182,533	17,706	293,600	14.21	

☞ 앞 표에 이어서

구분 철도명	연도	운수 수입(엔)				1일 1km 평균 운수 수입(엔)	비고
		여객	화물	운수잡수입	계		
함남선	1934	148,439	238,926	34,130	421,495	20.4	
	1935	180,790	341,745	68,294	590,829	28.52	
	1936	199,576	327,510	54,400	581,486	28.15	
함북선	1931	33,128	82,464	1,163	116,755	5.31	
	1932	37,935	104,828	7,528	150,291	6.85	
	1933	55,881	138,594	21,612	216,087	9.85	
	1934	64,304	157,415	26,865	248,584	11.33	
	1935	71,543	182,742	33,700	287,985	13.09	
	1936	90,153	215,574	35,269	340,996	15.54	
소계	1931	651,328	1,149,643	76,001	1,876,972	11.26	
	1932	768,090	1,192,891	94,796	2,055,777	10.64	
	1933	964,119	1,411,573	166,830	2,539,522	12.7	
	1934	1,205,231	1,682,580	209,355	3,097,166	15.47	
	1935	1,449,767	1,853,683	262,344	3,565,794	17.76	
	1936	1,669,456	2,196,456	275,469	4,141,587	20.48	
금강산 전기철도	1931	129,595	129,273	1,511	260,379	6.22	
	1932	117,441	152,817	2,015	272,273	6.42	
	1933	132,246	166,762	5,530	304,538	7.16	
	1934	152,712	236,832	12,203	401,747	9.44	
	1935	166,178	278,410	18,098	462,686	10.84	
	1936	202,402	324,600	18,794	545,796	12.83	
조선경남 (京南) 철도	1931	259,946	302,448	13,067	575,461	7.83	
	1932	277,939	264,764	22,026	564,729	7.23	
	1933	326,204	356,583	25,352	708,139	9.09	
	1934	422,384	378,486	15,005	815,875	9.37	
	1935	509,576	420,374	22,828	952,778	12.2	
	1936	542,345	428,362	33,039	1,003,746	12.82	
조선 경동철도	1931	48,169	92,677	9,067	149,913	7.49	
	1932	62,430	84,076	9,375	155,881	5.82	
	1933	65,796	93,901	11,736	171,433	6.4	
	1934	80,200	116,483	14,245	210,928	7.87	
	1935	102,639	118,325	13,426	234,390	8.75	
	1936	110,794	131,897	12,809	255,500	9.51	

☞ 앞 표에 이어서

구분 / 철도명	연도	운수 수입(엔)				1일 1km 평균 운수 수입(엔)	비고
		여객	화물	운수잡수입	계		
남조선 철도	1931	305,130	90,358	3,825	399,313	6.82	
	1932	286,265	112,622	3,107	401,994	6.88	
	1933	402,724	181,541	7,158	591,423	10.13	
	1934	385,561	235,320	25,527	646,408	11.07	
	1935	413,888	277,027	30,445	721,360	12.75	
신흥철도 송흥선	1931	18,150	34,168	4,821	57,139	8.16	송흥선은 함남 신흥~부전호반 간을 말함.
	1932	19,860	49,587	3,750	73,197	10.03	
	1933	39,797	133,025	5,479	178,301	14.23	
	1934	40,922	157,445	9,544	207,911	11.26	
	1935	43,439	165,161	8,466	217,066	11.72	
	1936	50,327	154,594	8,127	213,048	11.54	
장진선	1934	48,366	100,934	3,378	152,678	18.31	장진선은 상통~사수(구진) 간을 말함(사수~구진 간은 1935년 폐지됨).
	1935	124,842	367,838	22,073	514,753	26.76	
	1936	95,359	337,402	18,575	451,336	26.65	
흥남선	1934	44,588	33,746	1,601	79,935	17.77	흥남선은 서함흥~서호리 간을 말함.
	1935	116,654	124,717	10,500	251,871	46.4	
	1936	207,690	165,381	19,668	392,739	63.54	
소계	1931	18,150	34,168	4,821	57,139	8.16	
	1932	19,860	49,587	3,750	73,197	10.03	
	1933	39,797	133,025	5,479	178,301	14.23	
	1934	133,876	292,125	14,523	440,524	15.44	
	1935	284,935	657,716	41,039	983,690	22.57	
	1936	353,376	657,377	46,370	1,057,123	25.87	
합계	1931	1,451,768	1,866,615	108,540	3,426,923	8.99	
	1932	1,573,439	1,940,477	135,364	3,649,280	8.67	
	1933	1,927,886	2,343,385	222,085	4,493,356	10.75	
	1934	2,379,964	2,941,826	290,858	5,612,648	12.83	
	1935	2,926,983	3,605,535	388,180	6,920,698	15.38	
	1936	2,878,579	3,738,692	386,481	7,003,752	17.89	

주) 조선가스전기는 합계에서 제외됨.
    각사 모두 부대영업에 의한 수입을 포함하지 않음.

사설철도 운수성적표(1937년~1943년)

철도명 \ 구분	연도	연도 말 영업거리 (km)	여객인원 (인)	화물톤수 (톤)
남선(南鮮)합동전기	1937	21.6	11,561,087	36
	1938	21.6	13,174,025	32
	1939	21.6	17,956,000	
	1940	22.6	24,751,537	
	1941	22.6	29,394,369	
조선철도 충북선	1937	94	576,923	164,992
	1938	94	727,532	208,020
	1939	94	882,492	197,908
	1940	94	1,135,381	173,218
	1941	94	1,272,601	200,138
	1942	94	1,279,956	214,929
	1943	94	1,557,251	202,549
조선철도 경북선	1937	118.1	414,554	159,749
	1938	118.1	513,158	218,438
	1939	118.1	669,250	201,063
조선철도 황해선	1937	286	1,907,627	803,874
	1938	286	2,301,375	1,101,409
	1939	286	3,097,677	1,120,276
	1940	286	4,187,449	1,191,297
	1941	286	4,522,450	1,238,598
	1942	286	4,634,152	1,211,293
	1943	286	5,479,468	1,072,724
조선철도 함남선	1937	56.6	938,809	305,346
	1938	56.6	165,858	37,695
조선철도 함북선	1937	60.1	145,423	108,578
	1938	60.1	301,647	141,906
	1939	60.1	596,300	190,803
	1940	60.1	131,428	35,098
조선철도 경동선	1942	125.4	331,199	135,513
	1943	125.4	1,386,752	152,034
조선철도 소계	1937	614.8	3,983,136	1,542,539
	1938	614.8	4,009,570	1,707,738

☞ 앞 표에 이어서

구분 철도명	연도	연도 말 영업거리 (km)	여객인원 (인)	화물톤수 (톤)
조선철도 소계	1939	558,2	5,245,719	1,710,050
	1940	440,1	5,454,258	1,399,613
	1941	380	5,795,051	1,438,736
	1942	505,4	6,245,307	1,489,735
	1943	505,4	8,423,471	1,427,307
(금강산 전기철도) 경성전기	1937	116,6	437,622	176,066
	1938	116,6	570,007	210,267
	1939	116,6	714,594	210,221
	1940	116,6	837,182	197,659
	1941	116,6	699,090	145,703
	1942	116,6	897,904	230,031
	1943	116,6	1,088,294	205,003
조선경남(京南)철도	1937	214	966,330	200,581
	1938	214	1,120,818	295,445
	1939	214	1,343,069	240,790
	1940	214	1,659,156	192,086
	1941	214	1,739,954	277,467
	1942	214	1,668,782	340,258
	1943	214	2,147,737	288,242
조선경동철도	1937	125,4	264,944	120,753
	1938	125,4	414,955	147,857
	1939	125,4	571,632	102,543
	1940	125,4	839,386	127,911
	1941	125,4	962,881	127,621
	1942	125,4	737,752	139,732
신흥철도	1937	115,3	3,813,621	619,674
	1938	171,9	5,136,521	511,600
	1939	172,1	7,191,628	689,025
	1940	171	9,247,996	684,158
	1941	171	7,532,099	827,023
	1942	171	6,819,695	760,509
	1943	173,1	7,924,359	605,315

☞ 앞 표에 이어서

구분 철도명	연도	연도 말 영업거리 (km)	여객인원 (인)	화물톤수 (톤)
다사도철도	1940	58	553,637	105,498
	1941	58	1,118,428	169,495
	1942	58	1,463,717	237,628
	1943	24,1	1,517,611	253,252
삼척철도	1940	41,4	183,237	424,944
	1941	41,4	269,282	541,801
	1942	41,4	236,846	581,837
	1943	54,3	331,491	640,673
경춘철도	1939	93,5	691,130	90,201
	1940	93,5	1,487,031	179,934
	1941	93,5	1,993,855	297,059
	1942	93,5	2,507,724	328,557
	1943	93,5	3,443,524	238,614
조선평안철도	1938	34,7	166,094	147,857
	1939	34,7	487,118	91,786
	1940	34,7	665,447	98,511
	1941	34,7	802,623	113,406
	1942	34,7	841,150	113,157
	1943	34,7	1,040,282	97,198
단풍철도	1939	80,3	253,713	143,060
	1940	80,3	517,436	326,745
	1941	80,3	424,488	328,275
	1942	80,3	344,712	385,531
	1943	80,3	511,267	283,540
평북철도	1939	124,1	267,542	378,659
	1940	128,2	571,771	2,037,017
	1941	128,2	765,908	2,019,108
	1942	128,2	714,119	1,557,577
	1943	128,2	835,739	590,405
서선(西鮮)중앙철도	1939	38,1	291,163	423,039
	1940	38,1	525,153	698,701
	1941	78,6	715,826	894,527
	1942	108,9	890,912	1,206,072
	1943	108,9	1,192,416	1,134,515

☞ 앞 표에 이어서

구분 철도명	연도	연도 말 영업거리 (km)	여객인원 (인)	화물톤수 (톤)
(조선석탄공업) 조선인조석유	1939	5,9	137,700	255,102
	1940	5,9	233,550	373,860
	1941	5,9	387,967	262,441
	1942	10,4	451,098	362,558
	1943	10,4	777,715	721,948
북선(北鮮)척식철도	1940	60,4	743,717	433,833
	1941	60,4	1,046,263	792,612
	1942	60,4	1,203,171	1,040,962
	1943	60,4	1,547,090	1,149,030
조선 마그네사이트 개발	1943	59,7	231,755	67,223
합계	1937	1,186,10	9,465,653	2,659,613
	1938	1,220,80	11,417,965	3,020,764
	1939	1,562,90	17,195,008	4,334,476
	1940	1,607,60	23,518,957	7,280,470
	1941	1,588,00	24,253,715	8,235,274
	1942	1,622,80	25,022,889	8,774,144
	1943	1,650,70	31,012,751	7,702,265

☞ 앞 표에 이어서

구분 철도명	연도	운수 수입(엔)				1일 1km 평균 운수 수입(엔)	비고
		여객	화물	운수잡수입	계		
남선(南鮮) 합동전기	1937				665,009	83.76	1942년 8월 궤 도로 변경
	1938				767,028	96.62	
	1939				1,051,412	122.07	
	1940				1,472,302	185.45	
	1941				1,749,885	218.47	
조선철도 충북선	1937	272,398	465,895	47,501	785,794	22.9	
	1938	357,756	595,120	66,143	1,019,019	29.7	
	1939	471,077	633,725	53,062	1,157,864	33.65	
	1940	577,101	526,462	54,939	1,158,502	33.77	
	1941	633,201	516,624	63,349	1,213,174	35.36	
	1942	795,706	554,603	91,479	1,441,788	42.02	
	1943	1,047,944	536,091	110,784	1,694,819	49.26	
조선철도 경북선	1937	267,150	459,400	32,024	758,574	17.6	1940년 3월 1 일 국가에 매수
	1938	342,636	686,258	44,607	1,073,501	24.9	
	1939	462,143	725,022	44,471	1,231,636	28.49	
조선철도 황해선	1937	976,954	1,166,994	131,353	2,275,301	22.22	
	1938	1,180,274	1,611,015	160,514	2,951,803	28.28	
	1939	1,576,200	1,887,981	173,083	3,637,264	34.75	
	1940	2,214,704	2,009,831	211,670	4,436,205	32.5	
	1941	2,423,069	2,191,362	195,880	4,810,311	47.32	
	1942	3,080,920	2,364,651	263,369	5,708,940	49.96	
	1943	3,982,769	2,111,569	252,468	6,346,806	59.51	
조선철도 함남선	1937	245,379	326,054	58,182	629,615	30.48	1938년 5월 1 일 신흥철도주 식회사에 양도
	1938	44,202	45,803	10,755	100,760	29.18	
조선철도 함북선	1937	119,952	233,139	37,757	390,848	21.76	1940년 5월 1 일 북선(北鮮) 척식철도주식 회사에 보상매 수되어 폐지
	1938	198,189	324,165	40,089	562,443	25.64	
	1939	312,782	419,693	39,703	772,178	35.1	
	1940	54,744	65,784	8,544	129,072	34.66	
조선철도 경동선	1942	211,303	161,386	25,091	397,780	26.43	1942년 11월 1 일 조선경동철 도주식회사에 의해 전철도 양수 1942년은 4개 월분
	1943	862,370	391,344	65,339	1,319,053	38.74	

☞ 앞 표에 이어서

구분 철도명	연도	운수 수입(엔)				1일 1km 평균 운수 수입(엔)	비고
		여객	화물	운수잡수입	계		
조선철도 소계	1937	1,881,833	2,651,482	306,817	4,840,132	21,76	
	1938	2,123,057	3,262,361	322,108	5,707,526	27,55	
	1939	2,822,202	3,666,421	310,319	6,798,942	33,28	
	1940	2,846,549	2,602,077	275,153	5,723,779	40,19	
	1941	3,056,270	2,707,986	259,229	6,023,485	44,3	
	1942	4,087,929	3,080,640	379,939	7,548,508	49,99	
	1943	5,893,083	3,039,004	428,591	9,360,678	54,54	
(금강산 전기철도) 경성전기	1937	203,497	365,928	19,279	588,704	13,83	
	1938	273,592	468,528	26,616	768,736	18,06	
	1939	366,868	483,190	31,094	881,152	20,65	
	1940	468,388	452,297	33,169	953,854	22,41	
	1941	369,763	346,276	26,755	742,794	23,17	
	1942	616,871	527,377	56,127	1,200,375	28,2	
	1943	789,737	501,136	46,615	1,337,488	31,45	
조선경남 (京南)철도	1937	578,707	519,688	48,833	1,147,228	14,69	
	1938	719,997	572,880	58,953	1,351,830	17,31	
	1939	888,377	538,082	85,393	1,511,852	19,36	
	1940	1,145,104	506,340	98,039	1,749,483	22,34	
	1941	1,243,786	744,219	80,694	2,068,699	26,48	
	1942	1,685,505	960,658	109,008	2,755,171	35,27	
	1943	2,234,112	881,195	149,710	3,265,017	41,8	
조선 경동철도	1937	139,974	219,151	25,607	384,732	11,16	1942년 11월 1일 조선철도 주식회사에 양 도, 1942년도 분은 10개월분 계상
	1938	218,019	392,665	44,649	655,333	14,32	
	1939	294,548	276,374	38,113	609,035	13,31	
	1940	367,488	275,494	39,335	682,317	14,89	
	1941	394,757	287,706	45,735	728,198	15,91	
	1942	222,169	233,431	36,709	492,309	21,69	
신흥철도	1937	419,089	637,359	46,555	1,103,003	26,21	
	1938	580,994	628,120	33,554	1,242,668	20,96	
	1939	895,690	997,690	46,428	1,939,808	30,8	
	1940	1,213,592	1,067,263	73,595	2,354,450	37,64	
	1941	1,404,284	1,353,885	100,804	2,858,973	45,81	
	1942	1,864,632	1,266,221	90,449	3,221,302	51,61	
	1943	2,347,553	1,147,871	87,256	3,582,680	37,3	

☞ 앞 표에 이어서

구분 철도명	연도	운수 수입(엔)				1일 1km 평균 운수 수입(엔)	비고
		여객	화물	운수잡수입	계		
다사도 철도	1940	218,372	133,729	47,368	399,469	33.27	1939년 11월 8 일 영업 개시, 1939년도 기록 은 없음.
	1941	433,040	241,130	81,041	755,211	37.68	
	1942	615,544	296,772	70,899	983,215	46.44	
	1943	663,699	290,746	182,979	1,137,424	71.16	
삼척철도	1940	99,140	752,312	59,997	911,449	90.6	1940년 8월 1 일 영업 개시 1944년 2월 11 일 국철동해선 의 일부 삼척~ 북평 간 12.9km 철도 직업의 수 탁
	1941	150,508	934,518	80,896	1,165,922	77.16	
	1942	162,907	972,341	127,976	1,263,314	83.6	
	1943	199,307	1,087,594	50,709	1,337,610	84.67	
경춘철도	1939	440,846	306,843	27,370	775,059	33.03	1939년 7월 25 일 영업 개시
	1940	823,067	539,408	65,395	1,427,870	41.84	
	1941	1,084,104	858,350	110,261	2,052,715	60.15	
	1942	1,460,797	1,087,914	183,351	2,732,062	80.05	
	1943	1,993,358	934,008	96,486	3,023,852	88.36	
조선평안 철도	1938	39,058	75,120	3,430	117,608	19.37	1938년 7월 10 일 영업 개시
	1939	110,889	146,116	15,316	272,321	21.5	
	1940	163,555	164,716	10,444	338,715	26.96	
	1941	208,002	192,749	18,757	419,508	33.12	
	1942	323,606	201,223	24,509	549,338	43.37	
	1943	466,120	175,659	31,246	673,025	53.14	
단풍철도	1939	196,600	486,377	36,272	719,249	49.21	1939년 9월 1 일 영업 개시
	1940	406,931	765,592	82,468	1,254,991	42.82	
	1941	349,660	877,934	81,993	1,309,587	44.68	
	1942	350,382	749,441	71,900	1,171,723	39.98	
	1943	527,136	823,342	22,034	1,372,512	46.7	
평북철도	1939	214,770	768,617	34,810	1,018,197	44.83	1939년 10월 1 일 영업 개시
	1940	498,937	1,868,065	150,608	2,517,610	54.83	
	1941	639,216	2,137,495	217,795	2,994,506	63.99	
	1942	756,680	1,851,900	166,608	2,775,188	59.31	
	1943	907,508	1,272,025	106,797	2,286,330	48.86	

☞ 앞 표에 이어서

구분 철도명	연도	운수 수입(엔)				1일 1km 평균 운수 수입(엔)	비고
		여객	화물	운수잡수입	계		
서선 (西鮮) 중앙철도	1939	87,198	309,860	27,375	422,433	45,36	1939년 7월 1일 영업 개시
	1940	134,721	710,899	45,652	891,272	64,09	
	1941	256,023	920,428	186,920	1,363,371	64,08	
	1942	492,788	1,323,137	362,204	2,178,129	63,12	
	1943	816,209	1,338,504	402,070	2,556,783	64,32	
(조선석탄 공업) 조선인조 석유	1939	23,560	58,867	989	83,416	38,63	1938년 9월 9일 영업 개시
	1940	39,360	89,561	2,376	131,297	60,97	
	1941	62,302	94,802	2,387	159,491	52	
	1942	76,850	123,749	2,760	203,359	73,59	
	1943	149,067	351,053	11,763	511,883	111,6	
북선 (北鮮) 척식철도	1940	276,712	760,336	44,742	1,081,790	58,92	1940년 5월 1일 영업 개시
	1941	311,569	1,366,612	84,531	1,762,712	79,69	
	1942	447,415	1,871,603	188,685	2,507,703	113,75	
	1943	483,832	2,154,620	353,942	2,992,394	135,73	
조선 마그네사이트 개발	1943	175,133	170,596	45,023	390,752	28,08	1943년 4월 1일 영업 개시
합계	1937	3,223,100	4,393,608	447,091	8,063,799	17,53	
	1938	3,954,717	5,399,674	489,310	9,843,701	19,6	
	1939	6,341,548	8,036,437	653,479	15,031,464	31,82	
	1940	8,701,916	10,688,089	1,028,341	20,418,346	43,7	
	1941	9,963,784	13,064,090	1,377,798	24,405,672	47,73	
	1942	13,164,075	14,546,497	1,871,124	29,581,696	56,43	
	1943	17,645,854	14,167,353	2,015,221	33,828,428	64,12	

주)
1. 국철에 차용 운영한 철도 및 특수한 철도분은 기재하지 않음.
2. 조선철도 함남선의 1938년도 영업거리 56.6km는 신흥철도의 동년 영업거리에도 계상되며, 또한 조선경동철도 1942년 영업거리 125.4km는 조선철도의 영업거리에도 계상되어 있으므로(모두 철도 양도에 의한 관계) 합계에는 이중으로 계상하지 않는다.
3. 남선(南鮮)합동전기는 합계에서 제외됨.
4. 각사 모두 부대영업에 의한 수입은 포함되지 않음.
5. 1일 1km 평균 운수수입의 합계란은 단순 산출 평균으로 함.

궤도 운수 성적표

구분 궤도명	연도	연도 말 영업거리 (km)	여객 인원 (인)	화물 톤수 (톤)	수입 (엔)	지출 (엔)	이익금 (엔)	1일 1km 평균 수입 (엔)	비고
경성전기	1914	26.1	11,286,473	478	324,438	245,001	79,437	34.28	
	1915	26.7	11,522,724	1,447	331,906	218,927	112,979	34.38	
	1916	26.2	13,822,979	3,299	387,227	180,706	206,521	40.34	
	1917	26.2	17,096,650	5,323	476,108	233,664	242,444	49.72	
	1918	26.9	21,155,506	22,325	589,988	335,829	254,159	60.16	
	1919	26.9	25,233,663	21,800	826,890	558,096	268,794	84.46	
	1920	28	23,010,754	34,055	1,201,007	922,804	278,203	121.9	
	1921	28.6	27,471,740	26,685	1,361,728	971,070	390,658	131.54	
	1922	28.6	31,026,934	8,760	1,523,158	1,060,786	462,372	145.21	
	1923	30.2	33,105,468	12,415	1,614,478	1,074,012	540,466	150.77	
	1924	30.2	33,162,519	8,085	1,592,453	1,066,935	525,518	144.15	
	1925	30.2	32,868,847	5,300	1,572,446	1,055,808	516,638	142.34	
	1926	31.5	34,506,109	4,570	1,645,863	1,140,508	505,355	145.48	
	1927	31.5	35,339,044	2,485	1,687,030	1,168,512	518,518	145.97	1899년 5월 17일 영업 개시
	1928	32.8	38,996,952	5,990	1,855,265	1,271,345	583,920	160.03	
	1929	35.1	43,557,489	6,945	2,079,456	1,503,109	576,347	162.39	
	1930	34.9	40,494,313	5,255	1,927,897	1,351,478	576,419	151.89	
	1931	34.9	38,035,104	16,571	1,807,278	1,227,613	579,665	142.51	
	1932	34.7	37,709,950	1,745	1,788,998	1,219,442	569,556	140.71	
	1933	34.5	46,635,739	1,825	2,172,990	1,789,588	383,402	172.12	
	1934	34.5	56,932,720	1,400	2,653,655	2,260,355	393,300	210.82	
	1935	35.6	67,829,068	675	3,179,927	2,472,218	707,709	251.79	
	1936	36.2	77,374,480	940	3,592,872	2,790,732	802,140	275.21	
	1937	35.9	86,961,058	740	4,072,082	3,326,150	745,932	305.85	
	1938	35.9	101,672,066	70	4,718,561	3,749,204	969,357	362.72	
	1939	35.9	127,971,303	25	5,942,885	4,402,047	1,540,838	449.25	
	1940	35.9	131,145,349	−	7,446,186	6,456,539	989,647	557	
	1941	38.4	147,469,811	−	8,112,967	6,936,207	1,176,760	592.66	
	1942	38.4	196,388,000	−	9,148,529	7,819,679	1,328,850	652.72	
	1943	38.4	187,584,000	−	10,061,522	7,204,798	2,856,724	716.15	
남선 (南鮮) 합동전기	1914	9.3	201,009	83,732	25,977	16,247	9,730	7.63	

☞ 앞 표에 이어서

구분 궤도명	연도	연도 말 영업거리 (km)	여객 인원 (인)	화물 톤수 (톤)	수입 (엔)	지출 (엔)	이익금 (엔)	1일 1km 평균 수입 (엔)	비고
남선 (南鮮) 합동전기	1915	14.3	525,408	1,060	38,470	26,106	12,364	9.25	사설 철도 부산진~동래 간 영업 실적을 포함함. 궤도 영업 개시는 1915년 11월 1일
	1916	15.8	1,350,572	3,227	68,862	29,998	38,864	12.49	
	1917	17.2	1,873,458	4,694	82,154	50,179	31,975	13.9	
	1918	17.2	2,038,289	2,232	84,057	68,810	15,247	13.13	
	1919	17.2	2,495,178	1,961	118,741	120,930	△2,189	18.83	
	1920	17.2	2,362,537	286	159,809	142,658	17,151	25.43	
	1921	17.2	3,094,151	—	199,000	155,567	43,433	31.67	
	1922	17.2	3,957,763	—	248,691	177,008	71,683	39.58	
	1923	17.2	4,400,758	—	273,827	199,198	77,629	43.41	
	1924	17.2	4,767,135	—	286,558	238,225	48,333	45.6	
	1925	18.1	7,970,737	—	344,789	266,922	77,867	52.45	
	1926	18.1	6,103,081	—	381,455	206,373	175,082	57.47	
	1927	18.3	9,754,867	—	415,091	303,821	111,270	62	
	1928	19.3	7,526,876	—	450,813	313,808	137,005	65.97	
	1929	19.3	7,733,780	—	463,281	302,816	160,465	65.74	
	1930	19.3	7,131,788	—	425,640	328,667	96,973	60.39	
	1931	19.3	6,832,539	—	409,492	304,516	104,976	58.13	
	1932	19.3	6,510,702	—	390,528	336,673	53,855	55.43	
	1933	19.3	6,673,483	—	399,445	337,737	61,708	55.96	
	1934	19.9	7,475,992	—	445,778	253,069	192,709	59.43	
	1935	21.6	8,482,698	—	501,787	369,168	132,619	63.21	
	1936	〃	9,904,903	34	581,764	398,626	183,138	73.28	
	1937	〃	11,561,087	36	665,009	378,548	286,461	83.76	
	1938	〃	13,174,025	32	767,028	424,775	342,253	96.62	
	1939	〃	17,956,000	—	1,051,412	552,194	499,218	122.07	
	1940	〃	24,751,537	—	1,472,302	608,800	863,502	185.45	
	1941	〃	29,394,369	—	1,749,885	698,163	1,051,722	218.47	
	1942	〃	33,470,000	—	2,030,069	848,569	1,181,500	246.1	
	1943	〃	32,390,000	—	2,080,043	785,241	1,294,802	262.63	
평양부영 (府營) 궤도	1923	4.5	2,307,807	—	112,507	73,442	39,065	96.41	1923년 5월 20일 영업 개시
	1924	4.5	2,586,002	—	124,797	77,886	46,911	77.27	
	1925	7.4	2,985,167	—	190,972	90,576	100,396	55.81	
	1926	7.4	3,265,828	—	150,472	93,391	57,081	59.58	
	1927	12.1	3,515,019	—	167,466	133,516	33,950	54.69	
	1928	12.1	4,161,240	2,210	203,909	127,049	76,860	46.9	

☞ 앞 표에 이어서

구분 궤도명	연도	연도 말 영업거리 (km)	여객 인원 (인)	화물 톤수 (톤)	수입 (엔)	지출 (엔)	이익금 (엔)	1일 1km 평균 수입 (엔)	비고
1938년 1월 1일 서선(西鮮) 합동전기	1929	12,1	4,666,089	2,255	234,767	142,905	91,862	54,02	
	1930	12,1	4,390,100	2,573	206,406	155,859	50,547	45,95	
	1931	12,1	4,278,267	4,112	197,040	133,112	63,928	41,33	
	1932	12,9	4,411,677	2	201,856	123,881	77,975	42,87	
	1933	12,9	5,162,835	1,960	233,451	141,796	91,655	49,2	
	1934	〃	6,229,076	3,335	283,576	254,489	29,087	59,76	
	1935	〃	7,467,667	2	340,521	335,180	5,341	71,57	
	1936	〃	8,521,357	1,905	378,814	351,342	27,472	79,83	
	1937	〃	6,917,059	1,215	319,795	224,359	95,436	89,45	
	1938	〃	11,628,561	2,555	523,792	357,894	165,898	104,49	
	1939	〃	16,716,855	715	747,232	474,430	272,802	158,26	
	1940	〃	23,579,345	–	1,121,029	1,003,518	117,511	235,61	
	1941	〃	29,721,798	–	1,410,107	1,310,545	99,562	303,19	
	1942	〃	37,392,000	–	1,784,423	1,652,466	131,957	378,98	
	1943	〃	42,267,000	–	2,001,099	1,895,516	105,583	421,73	
왜관궤도 林 賢吉 (모리 겐키치) 山形 定衛 門(야마가 타 사다에 몬) 倉員 彦三 郎(구라카 즈 히코사 부로) 德山 伝八 (도쿠야마 덴파치)	1914	1,1	–	8,216	2,970	2,482	488	7,35	화물운송 만 1912 년 9월 20일 영 업 개시 1937년 7 월 영업 폐지 1936년, 1937년 실적 기 록 없음.
	1915	〃	–	22,658	1,971	1,588	383	0,48	
	1916	1,1	–	17,900	2,008	1,637	371	4,87	
	1917	〃	–	10,853	2,009	1,724	285	5,85	
	1918	〃	–	12,795	3,819	3,501	318	10,94	
	1919	〃	–	11,451	6,319	5,899	420	18,33	
	1920	〃	–	12,586	4,025	3,552	473	9,79	
	1921	〃	–	22,658	3,942	3,474	468	9,59	
	1922	〃	–	7,763	2,964	2,712	252	7,21	
	1923	〃	–	8,064	2,986	2,714	272	7,24	
	1924	〃	–	7,521	2,881	2,681	200	7,01	
	1925	〃	–	7,277	3,299	3,099	200	13,05	
	1926	1,1	–	8,017	2,997	2,800	197	10,29	
	1927	〃	–	6,118	2,486	2,325	161	6,5	
	1928	〃	–	3,159	1,243	1,163	80	1,63	
	1929	〃	–	2,208	856	694	162	2,08	
	1930	〃	–	1,683	742	564	178	1,85	
	1931	〃	–	2,347	872	684	188	2,17	
	1932	〃	–	1,643	610	479	131	1,52	
	1933	〃	–	1,579	338	139	199	0,87	

☞ 앞 표에 이어서

구분 / 궤도명	연도	연도 말 영업거리 (km)	여객 인원 (인)	화물 톤수 (톤)	수입 (엔)	지출 (엔)	이익금 (엔)	1일 1km 평균 수입 (엔)	비고
	1934	〃	−	1,160	270	112	158	0.74	
	1935	〃	−	510	216	90	126	0.54	
김제궤도 奧村竹三 郎(오쿠무 라 다케사 부로)	1919	2.1	11,133	2,257	5,280	5,195	85	8.82	1919년 9 월 13일 영업 개 시 1928년 중에 영 업 폐지
	1920	〃	11,382	2,570	7,037	6,907	130	9.71	
	1921	〃	11,117	3,389	5,494	5,136	358	7.19	
	1922	〃	9,255	4,842	7,686	7,088	598	10.07	
	1923	〃	8,409	5,055	7,806	6,584	1,222	10.22	
	1924	〃	5,475	4,790	6,830	6,503	327	8.94	
	1925	〃	5,609	6,455	8,064	7,500	564	11.44	
	1926	〃	3,500	4,560	8,365	5,838	1,527	10.45	
	1927	〃	2,998	6,092	9,588	7,260	2,328	12.34	
	1928	〃	1,963	4,383	6,869	5,422	1,447	9.75	
청진궤도 松本 勝太 郎(마쓰모 토 가쓰타 로)	1917	1	2,825	11,484	2,506	2,378	128	39.94	1918년 1 월 26일 영업 개 시 1928년 중에 영 업 폐지
	1918	〃	20,469	26,515	7,559	6,857	702	21.45	
	1919	1	31,799	15,521	7,005	6,713	292	20.06	
	1920	〃	65,569	15,606	8,860	8,478	382	25.15	
	1921	〃	81,445	21,106	13,142	11,775	1,367	37.13	
	1922	〃	96,869	35,980	16,644	14,731	1,913	47.5	
	1923	〃	95,852	42,672	22,589	21,018	1,571	64.11	
	1924	〃	98,392	18,854	13,933	15,500	△ 1,567	39.36	
	1925	〃	79,042	19,199	10,584	9,635	949	29.9	
	1926	〃	57,811	15,526	8,178	7,773	405	22.77	
	1927	〃	34,114	14,629	6,310	7,274	△ 964	17.59	
	1928	〃	1,639	392	238	443	△ 205	8.22	
강경궤도 (강경미곡 신탁(주))	1921	1.6	8,792	2,000	2,245	2,413	△ 168	4.29	1921년 5 월 11일 영업 개 시 1929년 중에 영 업 폐지
	1922	〃	5,082	3,640	1,624	3,244	△ 1,600	2.77	
	1923	〃	907	832	331	300	31	2.29	
	1924	〃	4,332	2,961	1,240	1,152	88	1.61	
	1925	〃	10,525	4,336	2,141	2,285	△ 144	3.65	
	1926	〃	10,946	2,354	1,937	2,372	△ 435	3.3	
	1927	〃	10,344	2,065	1,637	2,147	△ 510	2.89	
	1928	〃	8,933	1,324	1,338	1,750	△ 412	1.66	

☞ 앞 표에 이어서

구분 / 궤도명	연도	연도 말 영업거리 (km)	여객 인원 (인)	화물 톤수 (톤)	수입 (엔)	지출 (엔)	이익금 (엔)	1일 1km 평균 수입 (엔)	비고
생기령궤도(생기령점토석탄(주))	1920	10.8	13,517	7,785	19,639	22,376	△ 2,737	3.49	1919년 4월 2일 영업 개시 1931년 9 월 영업 폐지
	1921	〃	12,417	4,009	8,485	9,359	△ 874	2.16	
	1922	〃	2,023	9,480	9,543	12,327	△ 2,784	2.42	
	1923	〃	5,792	55	913	1,013	△ 100	0.23	
	1924	10.8	7,947	23,211	21,499	22,808	△ 1,309	5.46	
	1925	〃	5,762	28,037	20,909	23,178	△ 2,269	5.39	
	1926	〃	4,378	21,972	17,708	20,395	△ 2,687	4.57	
	1927	7.6	3,814	3,765	17,376	19,925	△ 2,549	3.9	
	1928	〃	482	931	383	902	△ 519	0.21	
	1929	〃	592	126	612	1,285	△ 673	0.29	
	1930	〃	323	153	352	876	△ 524	0.13	
함평궤도	1926	6.1	8,657	447	3,130	3,882	△ 752	6.29	1927년 1 월 21일 영업 개 시 1941년 7월 1일 고성(高城)궤도(주)에 합병
	1927	〃	31,453	2,445	15,525	12,605	2,920	7.13	
	1928	〃	32,560	4,716	13,501	18,827	△ 5,326	6.24	
	1929	〃	21,546	4,380	13,197	19,775	△ 6,578	6.1	
	1930	〃	27,557	4,549	26,237	29,960	△ 3,723	11.85	
	1931	〃	26,204	2,369	24,889	32,289	△ 7,400	11.15	
	1932	〃	23,974	507	5,976	15,450	△ 9,474	2.68	
	1933	〃	33,230	140	7,686	9,080	△ 1,394	3.45	
	1934	〃	28,985	138	7,441	11,455	△ 4,014	3.34	
	1935	〃	26,101	140	8,701	11,701	△ 3,000	3.74	
	1936	〃	40,149	269	9,761	13,056	△ 3,295	4.38	
	1937	〃	43,747	386	9,929	14,303	△ 4,374	4.46	
	1938	〃	88,530	620	20,487	24,061	△ 3,574	9.2	
	1939	〃	134,312	1,175	30,708	36,448	△ 5,740	13.79	
	1940	〃	188,215	1,526	41,747	39,137	2,610	18.75	
	1941	〃	184,048	1,096	43,547	37,157	6,390	19.56	
	1942	〃	188,000	1,109	61,939	54,240	7,699	27.82	
	1943	〃	226,000	1,039	74,641	55,706	18,935	32.63	
경성궤도	1931	4.3	235,268	31	12,510	22,642	△ 10,132	8.62	1930년 11월 1일 영업 개 시
	1932	7.2	261,181	86,285	30,882	28,461	2,421	14.93	
	1933	9.2	509,256	208,837	67,351	58,738	8,613	21.46	
	1934	〃	741,011	211,745	86,079	75,923	10,156	21.48	
	1935	13.3	976,547	234,424	131,785	116,524	15,261	25.07	
	1936	13.3	1,212,072	266,566	207,198	191,154	16,044	39.42	

☞ 앞 표에 이어서

구분 궤도명	연도	연도 말 영업거리 (km)	여객 인원 (인)	화물 톤수 (톤)	수입 (엔)	지출 (엔)	이익금 (엔)	1일 1km 평균 수입 (엔)	비고
경성궤도	1937	14.7	1,303,564	272,723	175,982	150,676	25,306	33.48	
	1938	〃	1,655,170	293,679	223,677	157,380	66,297	42.56	
	1939	〃	2,015,644	276,140	301,199	215,016	86,183	57.15	
	1940	〃	2,254,680	271,638	317,168	247,397	69,771	60.34	
	1941	〃	2,516,567	242,087	428,983	336,179	92,804	81.62	
	1942	〃	2,678,696	183,004	556,603	433,896	122,707	101.52	
	1943	〃	3,661,061	160,851	637,515	511,040	126,475	120.97	
제주도 순환궤도	1929	55.5	12,547	1,119	8,618	12,872	△ 4,254	1.18	1929년 9월 6일 영업 개 시
	1930	〃	25,910	2,122	14,481	18,607	△ 4,126	0.71	1931년 9 월 영업 폐지

사설철도 영업수지표(1915년~1918년)

(단위 : 엔)

회사명 \ 구분	연도	영업선구간	수입	지출	이익금	1일 1mile 수입
조선가스전기 주식회사	1915	부산진~동래 간 부산시내	38,470	26,106	12,364	14.88
	1916		68,862	29,998	38,864	20.09
	1917		82,154	50,179	31,975	22.36
	1918		84,057	68,810	15,247	21.13
전북경편철도 주식회사	1914	이리(익산)~ 전주 간	16,625	15,558	1,067	9.48
	1915		50,786	41,586	9,200	8.95
	1916		49,313	36,192	13,121	9.94
	1917		74,393	47,915	26,478	13.19
	1918		115,075	84,184	30,891	20.34
함흥탄광철도 주식회사	1915	함흥~서호진 간	13,622	9,009	4,613	4.42
	1916		28,370	21,395	6,975	8.45
	1917		40,264	32,573	7,691	11.03
	1918		40,502	41,569	△ 1,067	11.09
개천경편철도	1916	신안주~개천 간 신안주~천동 간	27,699	21,757	5,942	7.53
	1917		47,778	43,753	4,025	7.25
	1918		67,779	49,386	19,393	10.24
조선중앙철도 주식회사	1917	대구~하양 간 대구~포항~ 불국사 간	15,982	10,040	5,942	18.19
	1918		132,554	125,360	7,194	12.64
함흥탄광철도 주식회사 (인력철도)	1917	함흥~장풍리 간	2,951	2,709	242	2.7
	1918		25,019	25,019	–	4.26

주)
1. 조선가스전기(주)의 1915년도 수입과 전(前) 표의 운수성적표 수입과 뚜렷하게 상이하지만 그 이유는 불명확함. 더구나 1915년도부터 궤도분을 포함한 숫자로 되어 있다.
2. 전북경편철도 1914년도(영업 개시 1914년 11월 17일)는 1개월 남짓의 단기간에 대해 본 표에 기재함.
3. 본 표의 수입에는 전(前)표의 수입에 운수잡수입을 보태고 있다.

사설철도 영업수지표(1919년~1930년)

(단위 : 엔)

회사명 \ 구분	연도	영업선구간	수입	지출	이익금	1일 1mile 평균 수입	비고
조선가스전기 주식회사	1919	부산진~동래 간 부산부(府) 내	118,741	120,930	△2,189	30.29	부산부(府) 내 궤도분을 포함
	1920		159,809	142,658	17,151	40.92	
	1921		199,000	155,567	43,433	50.95	
	1922		248,691	177,008	71,683	63.68	
	1923		273,827	199,198	74,629	69.85	
	1924		286,558	238,225	48,333	73.37	
	1925		344,789	266,922	77,867	84.39	
	1926		381,455	206,373	175,082	92.47	
	1927		415,091	303,821	111,270	99.76	
	1928		450,813	313,808	137,005	106.15	
	1929		463,281	302,816	160,465	105.77	
	1930		425,640	328,667	96,973	97.17	
전북철도 주식회사	1919	이리(익산)~전주 간	166,219	139,555	26,664	31.05	
	1920		204,329	202,040	2,289	35.07	
	1921		238,273	196,198	42,075	41.67	
	1922		269,331	210,744	58,587	47.1	
	1923		261,543	204,927	56,616	45.46	
	1924		239,855	184,048	55,807	41.62	
	1925		276,623	194,668	81,955	47.91	
	1926		297,040	217,431	79,609	51.32	
	1927		145,715	104,119	41,596	49.85	1927년 10월 1일 국가의 매수에 대해 상반기분 계상
함흥탄광 철도 주식회사	1919	함흥~서호진 간	48,831	41,820	7,011	13.34	함흥~서호진 간 국가에 매수되어 1922년 12월 1일 폐지됨.
	1920		46,122	40,091	6,031	12.64	1921년 이후부터 폐지까지의 기록이 발견되지 않음.

☞ 앞 표에 이어서

(단위 : 엔)

구분 회사명	연도	영업선구간	수입	지출	이익금	1일1mile 평균 수입	비고
함흥탄광 철도 주식회사	1921						
	1922						
동 (수압철도)	1919	함흥~장풍리 간	30,269	28,213	2,056	5.3	조선삼림철도 주식회사에 양 도하여 1923년 8월 25일 폐지 됨.
	1920		52,622	48,739	3,883	9.3	1921년 이후부 터 폐지까지의 기록이 발견되 지 않음.
	1921						
	1922						
	1923						
개천철도 주식회사	1919	신안주~천동 간	131,138	108,696	22,442	15.62	
	1920		165,468	156,262	9,206	19.71	
	1921						1921년부터 1926년까지의 기록이 발견되 지 않음.
	1922						
	1923						
	1924						
	1925						
	1926						
	1927		131,027	148,470	△ 17,443	17.05	회계 연도의 변경에 따라 1927년도분은 11개월로 계상
	1928		160,528	173,383	△ 12,855	18.66	
	1929		154,693	187,119	△ 32,426	17.37	
	1930		153,626	191,119	△ 37,493	18.13	
조선철도 주식회사 전남선	1922	송정리~담양 간	143,299	75,515	67,784	28.12	1922년 7월 1 일 개업
	1923		86,949	67,514	19,435	22.87	

☞ 앞 표에 이어서

(단위 : 엔)

구분 회사명	연도	영업선구간	수입	지출	이익금	1일 1mile 평균 수입	비고
조선철도 주식회사 전남선	1924	송정리~담양 간					
	1925						
	1926						
	1927						1928년 1월 1일 국가에 매수되어 1927년도분은 매수시점까지
조선철도 주식회사 경남선	1923						1923년 12월 1일 개업
	1924						
	1925						
	1926						
	1927						
	1928						
	1929						
	1930						
조선철도 주식회사 경동선	1919	대구~학산 서악~불국사 간	369,923	351,617	18,306	15.55	
	1920	〃	561,964	511,503	50,461	20.98	
	1921	〃	698,163	627,867	70,296	19	
	1922	〃	760,125	681,259	78,866	16.69	
	1923	〃	540,684	486,441	54,243	17.8	
	1924						
	1925						
	1926						
	1927						
	1928						1928년 7월 1일 국가에 매수
조선철도 주식회사 경북선	1924	김천~점촌 간					1924년 10월 1일 개업
	1925						
	1926						
	1927						
	1928						

☞ 앞 표에 이어서

(단위 : 엔)

구분 회사명	연도	영업선구간	수입	지출	이익금	1일 1mile 평균 수입	비고
조선철도 주식회사 경북선	1929	김천~점촌 간					
	1930						
조선철도 주식회사 충북선	1921						1921년 11월 1 일 개업
	1922						
	1923						
	1924						
	1925						
	1926						
	1927						
	1928						
	1929						
	1930						
조선철도 주식회사 황해선	1919	내토~상해 간	33,554	53,997	△ 20,443	10.61	1919년 5월 20 일 개업
	1920	내토~상해	185,915	66,002	119,913	38.86	
		사리원~재령 간	194,402	161,339	33,063	17.91	
	1921	내토~상해	209,052	207,579	1,473	18.4	
		사리원~재령 간	111,907	106,318	5,589	20.66	
	1922	〃					
	1923	〃					
	1924	상기 외 화산~미력 간					
	1925	상기 외 미력~하성 간					
	1926	〃					
	1927	〃					
	1928	〃 상기 외					
	1929	신천~수교 신원~학현 간					
	1930	상기 외 학현~동해주 간					

☞ 앞 표에 이어서

구분 회사명	연도	영업선구간	수입	지출	이익금	1일 1mile 평균 수입	비고
조선철도 주식회사 함남선	1923		60,208	19,000	41,208	15.53	1923년 6월 10 일 개업
	1924						
	1925						
	1926						
	1927						
	1928						
	1929						
	1930						
조선철도 주식회사 함북선	1927						1927년 8월 20 일 개업
	1928						
	1929						
	1930						
조선철도 주식회사	1923	전선	504,172	424,812	79,360	19.03	1923년 9월 1 일 6개사 합병 에 의해 1923 년도는 하반기 실적에 따름. 1923년도 합병 이후는 조선철 도주식회사 전 체의 숫자에 따름.
	1924	〃	1,627,722	1,390,648	237,074	19.94	
	1925	〃	2,198,347	1,876,818	321,529	19.47	
	1926	〃	2,478,401	2,150,032	428,369	22.5	
	1927	〃	2,947,484	2,391,924	555,560	24.15	
	1928	〃	3,074,737	2,548,996	525,741	26.81	
	1929	〃	3,334,009	2,721,775	612,234	24.62	
	1930	〃	2,449,750	2,044,265	405,485	19.28	
도문철도 주식회사	1920	회령~상삼봉 간	134,170	130,786	3,384	14.48	1920년 1월 5 일 임시영업 1920년 4월 28 일 본영업
	1921	〃	283,314	228,166	55,148	30.35	

☞ 앞 표에 이어서

(단위 : 엔)

구분 회사명	연도	영업선구간	수입	지출	이익금	1일 1mile 평균 수입	비고
도문철도 주식회사	1922	회령~종성 간	313,186	234,750	51,436	30,75	
	1923	〃	518,040	304,941	213,099	44,28	
	1924	회령~동관진 간	348,452	334,567	13,885	26,63	
	1925	〃	413,943	299,826	114,117	29,84	
	1926	〃	559,219	361,092	198,127	40,21	
	1927	상기 외 상삼봉~상삼봉교 중심 간	747,082	368,061	379,021	53,89	
	1928	〃	549,182	394,874	154,308	41,74	1929년 4월 1 일 국가에 매수
금강산 전기철도 주식회사	1924	철원~김화 간	118,714	69,066	49,048	12,65	1924년 8월 1 일 개업
	1925	철원~금성 간	159,467	129,496	29,971	13,93	
	1926	철원~탄감리 간	375,220	272,659	102,561	14,15	
	1927	철원~창도 간	274,756	218,601	56,155	14,79	
	1928	철원~창도 간	334,660	260,771	73,889	16,46	
	1929	철원~화계 간	336,228	306,408	29,820	13,35	
	1930	철원~금강구 간	374,365	364,270	10,095	12,02	
조선경남 (京南)철도 주식회사	1922	천안~예산 간	211,731	73,253	138,478	22,16	1922년 6월 1 일 개업
	1923	천안~광천 간	326,996	185,263	141,733	22,65	
	1924	천안~광천 간	279,870	271,780	8,090	16,08	
	1925	상기 외 천안~안성 간	394,203	287,104	107,099	17,25	
	1926	〃	445,361	381,594	63,767	18,38	
	1927	천안~광천 간 천안~장호원 간	573,693	527,960	45,733	19,38	
	1928	〃	668,351	620,426	47,925	19,74	
	1929	천안~남포 간 천안~장호원 간	648,436	623,721	24,715	18,15	
	1930	상기 외 판교~장항 간	571,652	565,449	6,203	13,69	
남조선철도 주식회사	1930	순천~여수 순천~광주 간	24,481	20,029	4,452	10,94	1930년 12월 25일 개업

☞ 앞 표에 이어서

(단위 : 엔)

구분 회사명	연도	영업선구간	수입	지출	이익금	1일 1mile 평균 수입	비고
조선 경동철도 주식회사	1930	수원~이천 간	21,898	20,381	1,518	15.19	1930년 12월 1 일 개업
신흥철도 주식회사	1930	함남~신흥 함남~송흥 간	149,403	141,124	8,279	30.84	1930년 2월 1 일 개업

주) 1. 본 표에는 각사 부대영업의 수입이 포함되지 않음.
　　2. 수입에는 운수 잡수입을 포함함.

사설철도 영업수지표(1931년~1936년)

(단위 : 엔)

구분 회사명	연도	영업선 구간	수입	지출	이익금	1일 1mile 평균 수입	비고
조선가스전기 주식회사	1931	부산진~동래 간	409,492	304,516	104,976	58,13	
	1932	부산부(府) 내	390,528	336,673	53,855	55,43	
	1933	〃	399,445	337,737	61,708	55,96	
	1934	〃	445,778	253,069	192,709	59,43	
	1935	〃	501,787	369,168	132,619	63,21	
	1936	〃	581,764	398,626	183,138	73,28	
개천철도 주식회사	1931	신안주~천동 간	109,553	153,229	43,676	8	1932년 11월 1 일 국가에 차 용영업 1933년 4월 1 일 국가에 매수
	1932	〃	130,306	130,167	21,219	9,31	
조선철도 주식회사	1931	전선	2,532,335	1,511,445	1,020,890	11,26	
	1932	〃	2,506,801	1,694,748	·812,053	10,64	
	1933	〃	2,859,992	2,026,989	833,003	12,7	
	1934	〃	3,254,405	2,277,332	977,073	15,47	
	1935	〃	3,640,796	2,485,103	1,155,693	17,76	
	1936	〃	4,255,474	2,836,429	1,419,045	20,48	
금강산 전기철도 주식회사	1931	철원~내금강 간	411,824	402,454	9,370	6,22	
	1932	〃	375,825	366,888	8,937	6,42	
	1933	〃	409,426	404,105	5,321	7,16	
	1934	〃	508,791	451,631	57,160	9,44	
	1935	〃	565,423	422,788	142,635	10,84	
	1936	〃	677,431	494,301	183,130	12,83	
조선경남 (京南)철도 주식회사	1931	천안~장항 간 천안~장호원 간	644,490	636,551	7,939	7,83	
	1932	〃	643,414	661,869	△ 18,455	7,23	
	1933	천안~장항잔교 간 천안~장호원 간	881,432	851,297	30,135	9,09	
	1934	〃	996,899	977,192	19,707	9,37	
	1935	〃	1,093,534	1,039,229	54,305	12,2	
	1936	〃	1,039,839	939,236	100,603	12,82	

(단위 : 엔)

구분 회사명	연도	영업선 구간	수입	지출	이익금	1일 1mile 평균 수입	비고
조선경동철도 주식회사	1931	수원~여주 간	164,665	146,578	18,077	7.49	
	1932	〃	174,396	162,091	12,305	5.82	
	1933	〃	199,568	195,104	4,464	6.4	
	1934	〃	250,689	223,743	26,946	7.87	
	1935	〃	276,694	223,030	53,664	8.75	
	1936	〃	289,117	235,071	54,046	9.51	
남조선철도 주식회사	1931	순천~여수 간 순천~광주 간	465,445	456,069	9,376	6.82	1936년 3월 1 일 국가에 매수
	1932	〃	430,461	426,025	4,436	6.88	
	1933	〃	665,037	644,119	20,918	10.13	
	1934	〃	728,057	677,202	50,855	11.07	
	1935	〃	856,422	840,042	16,380	12.75	
신흥철도 주식회사	1931	함남 신흥~ 함남 송흥 간	87,023	86,955	68	8.16	
	1932		145,360	136,322	9,038	10.03	
	1933	함남 신흥~ 부전호반 간 서함흥~천기리 간	193,508	163,530	29,978	14.23	
	1934	상동 상통~사수 간	208,595	187,252	21,343	15.44	
	1935	〃	218,107	209,885	8,222	22.57	
	1936	상동 천기리~서호리 간	221,052	237,273	△ 16,221	25.87	
합계	1931		4,415,325	3,393,281	1,109,396	8.99	
	1932		4,406,563	3,578,110	849,533	8.67	
	1933		5,015,455	4,285,144	923,819	10.75	
	1934		5,738,841	4,794,352	1,153,084	12.83	
	1935		6,650,976	5,220,077	1,430,899	15.38	
	1936		6,482,913	4,742,310	1,740,603	17.89	

주) 조선가스전기주식회사는 합계에서 제외됨.
　　각사 모두 부대영업에 의한 수입은 포함하지 않음.
　　조선철도주식회사는 각 선별 지출에 대한 기록이 없어 기재되지 않음.

사설철도 영업수지표(1937년~1943년)

(단위 : 엔)

구분 회사명	연도	영업선구간	수입	지출	이익금	1일 1km 평균 수입	비고
남선(南鮮) 합동전기(주)	1937	부산진~동래 간 부산부(府) 내	665,009	378,548	286,461	83.76	
	1938	〃	767,028	424,775	342,253	96.62	
	1939	〃	1,051,412	552,194	499,218	122.07	
	1940	〃	1,472,302	608,800	863,502	185.45	
	1941	〃	1,749,885	698,163	1,051,722	218.47	
조선철도(주)	1937	전선	4,840,132	3,367,234	1,472,898	21.76	
	1938	〃	5,707,527	3,612,146	2,095,381	27.55	
	1939	〃	6,798,944	4,354,147	2,444,797	33.28	
	1940	〃	5,721,764	3,606,182	2,115,582	40.19	
	1941	〃	6,023,487	4,376,792	1,646,695	44.3	
	1942	〃	7,548,508	5,936,731	1,611,777	49.99	
	1943	〃	9,360,675	7,578,961	1,781,714	54.54	
(금강산 전기철도) 경성전기(주)	1937	철원~내금강 간	690,153	519,423	170,730	13.83	
	1938	〃	864,477	690,912	173,565	18.06	
	1939	〃	960,275	662,137	298,138	20.65	
	1940	〃	1,051,805	762,644	289,161	22.41	
	1941	〃	825,485	623,473	202,012	23.17	
	1942	〃	1,251,099	942,205	308,894	28.2	
	1943	〃	1,337,488	1,123,708	213,780	31.45	
조선경남 (京南)철도(주)	1937	천안~장항잔교 천안~장호원 간	1,147,227	891,331	255,896	14.69	
	1938	〃	1,351,830	1,125,724	226,106	17.31	
	1939	〃	1,511,852	1,216,094	295,758	19.36	
	1940	〃	1,749,482	1,425,647	323,835	22.34	
	1941	〃	2,068,699	1,631,266	437,433	26.48	
	1942	〃	2,755,206	1,904,066	851,140	35.27	
	1943	〃	3,265,028	2,046,753	1,218,275	41.8	
조선경동철도 (주)	1937	인천항~여주 간	384,732	315,505	69,227	11.16	
	1938	〃	655,333	634,417	20,916	14.32	
	1939	〃	609,035	600,721	8,314	13.31	

☞ 앞 표에 이어서

(단위 : 엔)

구분 경영자	연도	영업선구간	수입	지출	이익금	1일 1km 평균 수입	비고
조선경동철도 (주)	1940	〃	683,315	692,914	△9,599	14.89	
	1941	〃	736,519	924,088	△187,569	15.91	
	1942	〃	797,097	848,880	△ 51,783	21.69	
신흥철도(주)	1937						1937년도분은 해당 자료가 없음.
	1938	함흥~부전호반 간 오로~사수 간 함흥~서호리 간	1,242,668	1,298,790	△ 56,122	20.96	
	1939	〃	1,939,808	1,884,794	55,014	30.8	
	1940	〃	2,354,449	2,218,655	135,794	37.64	
	1941	〃	2,858,973	2,604,078	254,895	45.81	
	1942	〃	3,221,302	2,964,563	256,739	51.61	
	1943	〃	3,582,680	3,247,831	334,849	37.3	
다사도철도 (주)	1940	신의주~다사도 간 남시~양시 간	399,470	286,394	113,076	33.27	
	1941	〃	755,211	555,106	200,105	37.68	
	1942	〃	1,027,185	755,645	271,540	46.44	
	1943	양시~다사도 간	1,152,384	993,234	159,150	71.16	
경춘철도(주)	1939	성동~춘천 간	805,059	620,382	184,677	33.03	
	1940	〃	1,427,871	1,301,078	126,793	41.84	
	1941	〃	2,052,715	1,597,350	445,365	60.15	
	1942	〃	2,732,062	2,112,309	619,753	80.05	
	1943	〃	3,023,852	2,250,464	773,388	88.36	
조선평안철도 (주)	1938	진남포~ 용강온천 간	117,608	96,190	21,418	19.37	
	1939	〃	272,321	226,135	46,186	21.5	
	1940	〃	338,716	293,176	45,540	26.96	
	1941	〃	419,508	366,148	53,360	33.12	
	1942	〃	549,338	448,054	101,284	43.37	
	1943	〃	673,025	547,617	125,408	53.14	
단풍철도(주)	1939	단천~홍군 간	719,249	586,917	132,332	49.21	
	1940	〃	1,254,991	1,139,901	115,090	42.82	
	1941	〃	1,309,587	1,194,460	115,127	44.68	

☞ 앞 표에 이어서

(단위 : 엔)

경영자 \ 구분	연도	영업선구간	수입	지출	이익금	1일 1km 평균 수입	비고
단풍철도(주)	1942	〃	1,171,723	1,035,790	135,933	39.98	
	1943	〃	1,372,515	1,225,273	147,242	46.7	
평북철도(주)	1939	정주~ 압록강 중심 간	1,018,197	914,234	103,963	44.83	
	1940	〃	2,517,609	2,313,739	203,870	54.83	
	1941	〃	2,994,506	2,853,147	141,359	63.99	
	1942	〃	2,775,188	2,565,321	209,867	59.31	
	1943	〃	2,286,327	2,054,484	231,843	48.86	
서선(西鮮) 중앙철도(주)	1939	승호리~ 평남강동 간	422,434	296,000	126,434	45.36	
	1940		891,273	600,739	290,534	64.09	
	1941	상동 신성리~북창 간	1,363,371	820,487	542,884	64.08	
	1942	승호리~북창 간	2,178,129	1,566,287	611,842	63.12	
	1943	〃	2,556,783	2,073,253	483,530	64.32	
북선(北鮮) 척식철도(주)	1940	고무산~무산 간	1,081,790	997,749	84,041	58.92	
	1941	〃	1,762,712	1,672,970	89,742	79.69	
	1942	〃	2,507,703	2,016,861	490,842	113.75	
	1943	〃	2,992,395	2,610,750	381,645	135.73	
조선마그네사이트개발(주)	1943	여해진~용양 간	390,753	381,515	9,238	28.08	
합계	1937		7,062,244	5,093,493	1,968,751	15.36	
	1938		9,939,443	7,458,179	2,481,264	19.6	
	1939		15,057,174	11,361,561	3,695,613	31.13	
	1940		19,472,535	15,638,818	3,833,717	38.35	
	1941		23,170,773	19,219,365	3,951,408	44.92	
	1942		28,514,540	23,096,712	5,417,828	52.73	
	1943		31,993,905	26,133,843	5,860,062	58.45	

주)
1. 본 표에서 지출은 전 표의 운수성적표에도 그 밖에도 기록이 없으므로 제1장에 게시한 보조성적표의 수입, 영업
   비 및 이익금 숫자를 사용했다. 단, 운수성적표의 운수수입과 보조성적표의 수입이란 보조금 계상의 관계에서
   반드시 일치하는 않는 것이 있다.
   단, 1일 1km 평균 수입은 운수성적표대로이다.
2. 1일 1km 평균 수입의 합계란은 단순 산술 평균으로 했다.
3. 남선(南鮮)합동전기(주)는 합계에서 제외되었다.

4. 상기의 사정으로 인해 비보조철도인 삼척철도(주) 및 조선인조석유(주)분은 기록이 없어 기재하지 않았다.
5. 비고란의 기재에 대해서는 전 표의 운수성적표의 동란을 참조한다.
6. 본 표에는 각사 부대영업에 의한 수입이 포함되지 않았다.
7. 국철에서 차용 영업한 철도 및 특수한 철도분은 기재하지 않았다.

III. 지정 공사 시행자 일람표

III. 지정 공사 시행자 일람표

일본철도청부업사

일본토목건설업사로부터 일부 인용보필

불명확한 부분은 공란으로 함.

경인선(경인철도합자회사 건설)

공구	구간	연장(km)	공사기간	건설업자	비고
1	인천~주안	8.0	1899. 4. 8.~8. 15.	가지마(鹿島)구미	교량감독 : 다니구치 고지로
2	주안~오류동	16.1	1899. 4. 8.~8. 15.	〃	경간 : 200ft×10련 프래트
3	오류동~노량진	10.9	1899. 6.~9. 13.	〃	트러스(Pratt truss)
4	노량진~한강좌안	7.2	1899. 9. 30.~10.	〃	연장 : 2,062ft
	한강교량		1899. 4. ~1900. 7. 5.	〃	교대 : 화강암 쌓기
	한강우안~경성		1899. 5. 26.~1900. 6. 말	〃	교각 : 벽돌 쌓기, 일부 돌 쌓기

경인철도 건설공구 약도

모스 기공식
1897. 3. 22.
경인철도합자회사 기공식
1899. 4. 23.

제1공구
기공 : 1899. 4. 8.
준공 : 1899. 8. 15.

제2공구
기공 : 1899. 4. 8.
준공 : 1899. 8. 15.

제3공구
기공 : 1899. 6.
준공 : 1899. 9. 13.

제4공구
기공 : 1900. 5. 26.
준공 : 1900. 6. 말

준공 : 1900. 7. 5.

기공 : 1899. 9. 30.
준공 : 1899. 10.

경부선(경부철도주식회사 건설)

공구	구간	연장	공사기간	건설업자	비고
	남대문~영등포	8.37km	1905. 3.~1906. 1.		북부 제5착수
	한강피일(避溢)교	경간 60ft 10련	1905. 3.~1906. 6.		
1	**영등포~명학동**	18.48km	1901. 9.~1902. 12.		북부 제1착수
	내영등포~시흥			일한(日韓)공업구미	
	시흥~안양			시기(志岐)구미	(조선인회사 명의)
	안양~명학동			야마구치타헤에	
2	**명학동~진위**	36.21km	1902. 9.~1903. 10.		북부 제2착수
	수원~병점			아가와(阿川)구미	(일한공업 명의)
	오산~진위			야마구치타헤에	
3	**진위~부강**	77.39km	1903. 5.~1904. 7.		북부 제3착수
4	진위~성환			시기(志岐)구미	
5	성환~소정리			아가와(阿川)구미	
	소정리~부강				
	소정리~전의			일한(日韓)공업구미	
	전의~조치원			하자마(間)구미	
	조치원~부강			오타(太田)구미	
	부강~영동	74.34km	가선(假線)		북부 제4착수(속성)
	부강~신탄진		1904. 3.~1904. 11.	가지마(鹿島)구미	(제1금강교량 200ft ×4+60ft×2) (1905. 10. 3. 개통)
	신탄진~대전			하자마(間)구미	(제2금강교량 200ft ×4+60ft×2) (1906. 1. 7. 개통)
	대전~증약			스기이(杉井)구미	
	증약~옥천			가지마(鹿島)구미	
	옥천~이원			오타(太田)구미	
	이원~영동			─	
	영동~성현	124.43km	1904. 3.~1904. 10.		남부 제4착수(속성)
	영동~추풍령			오바야시(大林)구미	
	추풍령~김천			아라이(荒井)구미	
	김천~대구				
	대구~경산			요시다(吉田)구미	
	경산~성현			오쿠라(大倉)구미	

☞ 앞 표에 이어서

공구	구간	연장	공사기간	건설업자	비고
	성현~밀양	40.88km			남부 제3착수
10	성현 전후(갑)		1903. 4.~1904. 4.	가지마(鹿島)구미	(토공)
	(을)			시기(志岐)구미	(성현터널 연장 3948ft)
9	청도 전후			시기(志岐)구미	
8	유천 전후			오쿠라(大倉)구미	
7	유천~밀양				
	밀양~구포	42.41km			남부 제2착수
6	밀양~삼랑진			오쿠라(大倉)구미	
5	삼랑진 전후			오바야시(大林)구미	
4	삼랑진~원동				
3	원동~물금			오쿠라(大倉)구미	
2	물금~구포				
1	**구포~초량**	16.62km	1901 .10.~1902. 10.	오쿠라(大倉)구미	남부 제1착수
	초량~부산	1.24km	1905. 12.~1908. 3.	오쿠라(大倉)구미	남부 제5착수
	한강제2교량		1911. 7.~1912. 9.	(인부 공급) 하자마(間)구미	(직영)

주)

1. 피일교(避溢橋) : 홍수 때에 물이 잘 빠져나가도록 둑 속에 만든 다리
2. 단위 : km, ft=feet(呎)
3. 판형(鈑桁) : 플레이트 거더(Plate Girder)
4. 구미(組, くみ) : 토목·건축 공사를 도급한 업자 등이 회사명에 사용하는 명칭
5. 야마구치 타헤에 : 山口 太兵衛

경부철도 건설공사 약도

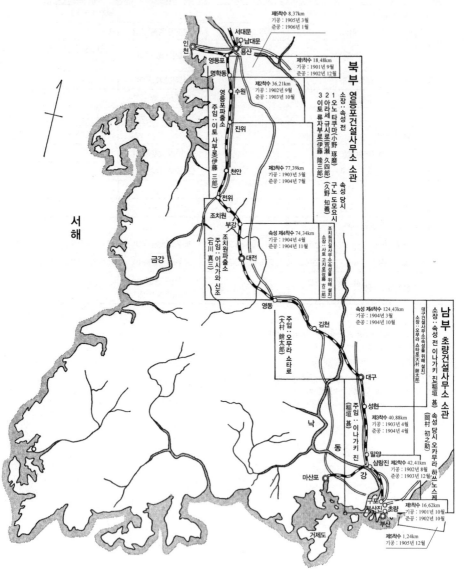

경의선(임시군용철도감부)

공구	구간	연장(km)	공사기간	건설업자	비고
1~10	용산~개성	74.8km	1904. 3. 12.~1905. 2. 15.	가지마(鹿島)구미, 오쿠라(大倉)구미, 요시다(吉田)구미, 구메(久米)구미, 니시모토(西本)구미, 시기(志岐)구미, 아가와(阿川)구미, 스기이(杉井)구미, 미야자키(宮崎)구미, 아키야마(秋山)구미, 오바야시(大林)구미 외	제1착수
	구간 사이 임진강 가교량	488.9m	1904. 3.~1905. 2.	스기이(杉井)구미	
11~30	개성~평양	193.1km	1904. 4. 9.~1905. 1. 14.	오쿠라(大倉)구미, 가지마(鹿島)구미, 모리(森)구미, 구메(久米)구미, 시기(志岐)구미, 요시다(吉田)구미, 에모리(江森)구미, 아가와(阿川)구미, 스가와라(菅原)구미, 세요샤(盛陽社), 마에다(前田)구미 외	제2착수
	구간 사이 겸이포선 황천~겸이포	11.3km		직영	(공병대)
	대동강 가교량(제1)	407.2m	1904. 11.~1905. 3.	시기(志岐)구미	
	대동강 가교량(제2)	364.5m			
31~48	평양~신의주	237.7km	1904. 6. 25.~1905. 4. 28.	오쿠라(大倉)구미, 스가와라(菅原)구미, 하자마(間)구미, 마쓰모토(松本)구미, 오바야시(大林)구미, 세요샤(盛陽社), 호쿠리쿠(北陸)토목, 데쓰도(鐵道)공업, 시기(志岐)구미 외	제3착수
	청천강 가교량	944.3m	1905. 5.~1906. 3.	세요샤(盛陽社)	(공사감독) 나카노 신(中野深)
	대령강 가교량	200ft×6	1905. 5.~1905. 12.	하자마(間)구미	

☞ 앞 표에 이어서

공구	구간	연장(km)	공사기간	건설업자	비고
31~48	**압록강교량** (공사비 1,750천엔)	300ft×6	1909. 8.~1911. 10.	직영 인부 공급 하자마(間)구미	압록강건설 사무소소장 오카무라 하 쓰노스케(岡 村 初之助), 야마다 가메 히로시(山田 龜浩) 나카노 신(中 野深)

주)
1904년 3월 철도대대 및 공병 제4대대에 의해 용산-마포 간 및 신장리-능곡 간을 각각 공사에 착수했지만, 경
의 전선의 속성공사에 비하여 군대의 힘에만 의존한 직영시공은 제반 정세를 감안해 보아 도저히 불가능하다고 인
정되어 이를 도급 위탁하게 되었다. 우선 본 구간 및 지선(재료 운반용) 토성-벽란도 간까지를 10공구로 나누었
다.(부도 A참조)

부도 A 용산~개성 간 간선 및 벽란도 지선 약도(1904년 7월 현재)

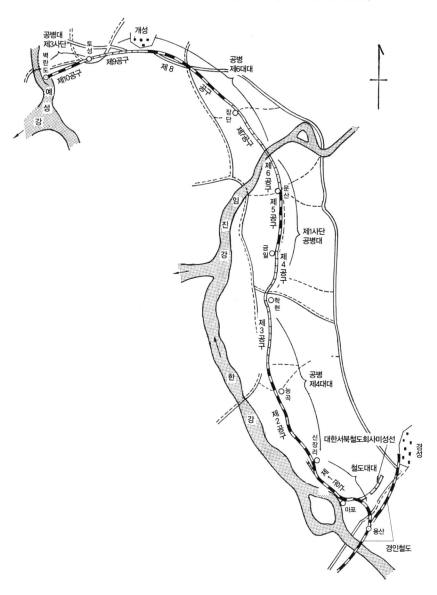

부도 B 군용철도 경의선 건설공구 약도

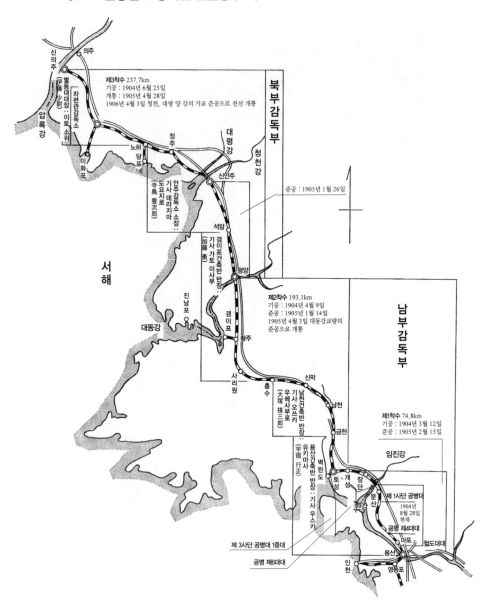

건설공사

선명	공구	구간	연장 (km)	공사비 (천엔)	공사기간	공사계
호남선	1	대전~흑석리	19.3		1910. 10. 1.~11. 4. 15.	
	2	흑석리~연산	20.3		1910. 10. 5.~11. 6. 16.	
	3	연산~강경	21.6		1911. 3. 10.~11. 9. 24.	
	4	강경~이리(익산)	27.4		1911. 5. 20.~11. 12. 20.	
	5	이리(익산)~군산	23.8		1911. 6. 9.~11. 12. 25.	
	6	이리(익산)~김제	18.5		1911. 12. 6.~12. 5. 25.	
	7	김제~정읍	25.3		1912. 2. 1.~13. 9. 19.	
	8	정읍~사가리(백양사)	17.9		1912. 12. 24.~13. 10. 28.	
	9	사가리(백양사)~임곡	25.3		1912. 11. 16.~13. 10. 25.	
	10	임곡~나주	27.2		1912. 10. 21.~13. 7. 30.	
	11	나주~학교	21.1		1912. 4. 1.~13. 5. 5.	
	12	학교~몽탄	16.6		1911. 10. 20.~12. 12. 25.	
	13	몽탄~목포	19.3		1911. 10. 20.~13. 2. 21.	
경원선	1	용산~청량리	11.6		1910. 10. 18.~11. 8. 6.	용산
	2	청량리~의정부	20.3		1910. 10. 15.~11. 7. 15.	의정부
	3	의정부~동두천	27.4		1911. 4. 20.~11. 12. 10.	전곡
	4	동두천~연천	15.1		1911. 4. 25.~11. 12. 12.	연천
	5	연천~철원	24.0		1911. 5. 20.~12. 8. 18.	철원
	6	철원~평강	22.4		1911. 11. 1.~12. 9. 25.	평강
	7	평강~검불랑	18.8		1912. 5. 1.~13. 6. 19.	검불랑
	8	검불랑~세포	9.8		1912. 5. 1.~13. 10. 18.	세포
	9	세포~삼방	9.8	790	1912. 5. 1.~14. 8. 9.	삼방
	10	삼방~재천	9.2	1,162	1912. 8. 1.~14. 7. 1.	재천
	11	재천~고산	8.2		1912. 6. 15.~14. 6. 14.	고산
	12	고산~용지원	6.8	270	1912. 4. 1.~13. 8. 14.	용지원
	13	용지원~남산	17.5	350	1912. 4. 1.~13. 6. 24.	석왕사
	14	남산~갈마	16.9		1910. 10. 16.~12. 10. 19.	안변
	15	갈마~원산	5.0	170	1910. 10. 4.~12. 12. 31.	원산
함경선		(남부)				
	1	원산~장흥리	20.1	314	1914. 10. 1.~15. 7. 20.	원산
	2	장흥리~영흥	36.7	296	1914. 11. 1.~15. 12. 27.	문천
		용흥강교량 전후	2.1	95	1917. 4. 1.~18. 6. 24.	영흥

☞ 앞 표에 이어서

선명	공구	구간	연장 (km)	공사비 (천엔)	공사기간	공사계
함경선	3	영흥~왕장	20,9	526	1918. 6. 24.~19. 9. 15.	영흥
	4	왕장~정평	24,3	503	1918. 7. 1.~19. 10. 8.	정평
	5	정평~함흥	20,4	711	1918. 7. 1.~20. 1. 21.	함흥
	6	함흥~신중리	25,9	1,127	1921. 10. 1.~23. 6. 15.	서호진
	7	신중리~퇴조	10,0	743	1921. 10. 1.~23. 5. 28.	
	8	퇴조~삼호	11,6	1,254	1922. 7. 10.~24. 1. 26.	퇴조
	9	삼호~경포	21,6	569	1922. 8. 7.~23. 12. 15.	홍원
	10	경포~신포	18,8	751	1922. 8. 1.~23. 12. 20.	신포
	11	신포~양화	7,6	993	1922. 9. 13.~24. 7. 20.	
	12	양화~속후	12,9	803	1923. 9. 5.~25. 6. 14.	양화
	13	속후~신북청	10,3	859	1925. 7. 25.~26. 7. 12.	신북청
	14	신북청~거산터널	5,6	385	1926. 11. 28.~27. 10. 15.	거산
	15	거산터널 전후	2,9	850	1925. 10. 1.~27. 7. 19.	거산터널
	16	거산터널~건자	8,4	681	1926. 12. 16.~28. 3. 5	평리
	17	건자~증산	8,2	572	1926. 9. 7.~27. 11. 10.	창흥
	18	증신~군선	11,9	791	1927. 4. 20.~28. 6. 30.	군선
	19	군선~곡구	10,3	500	1926. 5. 15.~27. 7. 15.	
	20	곡구~기암	5,1	940	1926. 5. 20.~27. 9. 15.	장원리
	21	기암~용강	5,6	1,015	1926. 5. 20.~27. 5. 20.	정석진
	22	용강~단천	10,3	1,002	1926. 5. 20.~27. 9. 2	단천
	남	(중부)				
	5	단천~용대	15,3	1,161	1923. 4. 11.~24. 10. 11.	
	4	용대~일신	7,7	1,653	1922. 6. 15.~23. 10. 15.	
	3	일신~풍조	5,8	3,069	1919. 10. 10.~21. 11. 20	
	2	풍조~세동	5,0	2,501	1919. 11. 5.~22. 3. 13.	
	1	세동~성진	9,0	2,748	1919. 11. 5.~22. 1. 10	
	북					
	1	성진~업억	18,8	1,130	1922. 9. 15.~23. 2. 20.	
	2	업억~지산	11,6	1,332	1922. 9. 15.~24. 10. 13.	
	3	지산~길주	11,9	514	1922. 11. 1.~23. 12. 22.	
		(북부)				
	15	길주~온수평	11,1	231	1926. 9. 1.~27. 7. 30.	온수평
	14	온수평~고참	5,5	1,187	1925. 10. 10.~27. 3. 16.	
	13	고참~피자령	6,0	690	1926. 4. 15.~27. 9. 30.	피자령

☞ 앞 표에 이어서

선명	공구	구간	연장 (km)	공사비 (천엔)	공사기간	공사계
함경선	12	피자령~우사장	7.2	278	1926. 9. 11.~27. 8. 15.	피자령
	11	우사장~극동	14.8	659	1926. 4. 15.~27. 9. 15	용동
	10	극동~수남	17.7	936	1925. 7. 15.~26. 10. 24.	수남
	9	수남~회문	17.7	890	1922. 10. 1.~24. 12. 29.	
	8	회문~주을	17.7	1,749	1922. 5. 27.~24. 3. 31.	
	7	주을~경성	12.6	1,286	1919. 9. 1.~21. 11. 8.	
	6	경성~수성	23.7	968	1918. 7. 20.~20. 7. 19.	
	1	청진~장흥	23.3	791	1914. 10. 11.~17. 7. 24.	
	2	장흥~고무산	22.2	550	1914. 11. 10.~16. 7. 2.	
	3	고무산~전거리	19.0	1,563	1914. 11. 5.~17. 5. 17.	
	4	전거리~영산	11.9	285	1916. 7. 15.~17. 8. 20.	
	5	영산~회령	17.5	609	1916. 7. 15.~17. 8. 27.	
		지선(회령탄광선)				
		회령~계림	10.6		1926. 5. (1928. 8. 11.)	
		계림~신학	1.1		1932.	
		(북청선) 신북청~북청	9.4		1928. 3. 10.(1929. 9. 20.)	신북청
		(차호선) 증산~차호	4.9		1928. 3. 9.(1929. 9. 20.)	증산
		(이원철산선) 나흥~이원철산	3.0		1928. 3. 9.(1929. 9. 20.)	창흥
		(천내리선) 용담~천내리	4.4		(1927. 11. 1.)	
마산선	1~5	마산~삼랑진	40.4		1904. 9.(1905. 10.)	
평남선	1~5	평양~진남포	55.4	1,380	1909. 9.(1910. 10. 16.)	
평양 탄광선		대동강~승호리	23.3		1909. ~1918. 7. 5.	
진해선	1	진해~창원	20.6	3,736	1921. 10. 12.(1926. 11.)	
	2					
평원선	(서)					
	1	서포~	25.0		1926. 5. 6 (1927. 5. 20.)	
	2					
	3	사인장				
	4	사인장~	22.3		1927. 5. 20. (1928.10.15.)	마산장
	5	순천				

☞ 앞 표에 이어서

선명	공구	구간	연장 (km)	공사비 (천엔)	공사기간	공사계
평원선	6	순천~신창	19,7	855	1927. 11. 8.(29. 11. 1.)	순천
	7	신창~원덕			1929. 2. 15.	신창
	8	원덕				원덕
	9		29,5			
	10	-장림			(1931. 10. 1.)	장림
	11	장림~회덕			1933. 8. 17.	회덕
	12	회덕~화창	27,4			화창
	13	화창~양덕			1936. 11. 1.	양덕
	14	양덕-내동		1,347	1939. 5.~1940. 12.	양덕
	15	내동~석탕	8,0	930	1938. 7.~1940. 11.	순간
	16	석탕~거차	6,0	1,636	1938. 7.~1940. 11.	
	17	거차~천을		1,450	1938. 8.~1940. 11.	거차
	18	천을~청용		1,135	1939. 5. (1941. 4. 1.)	청용
	19	청용~관평		767	1939. 6.~1941. 4.	청용
	(동)					
	5	관평~직동		1,200	1935. 9. 20.~1937. 10.	직동
	4	직동~성내		1,100	1939. 4.~1940. 10.	창촌
	3	성내~축전			1933. 11.~1935. 8.	인흥
	2	축전~미둔	300		1931. 4. 21.(37. 12. 16.)	미둔
	1	미둔~고원			1931. 4. 21.(37. 12. 16.)	고원
도문선		웅기역 전후			1928. 9. 1.(29. 11. 16.)	웅기
	1	웅기~청학		1,288	1927. 10. 20.(29. 11. 16.)	
	2	청학~아오지	65,0			청학
	3	아오지~신아산				아오지
	4	신아산~경원	399		1929. 2. 20.(30. 10. 1.)	신아산
	5	경원~훈융				경원
	6	훈융~풍인	12,0	340	1930. 6. 25.(31. 10. 21.)	훈융
	7	풍인~온성	127			온성
	8	온성~풍리	10,6		1931. 9. 1.(32. 11. 1.)	
	9	풍리~남양	3,9		1931. 12. 20.(32. 12. 1.)	남양
	10	남양~동관진	18,7		1931. 12. 20.~(33. 8. 1.)	동관진
혜산선	1	길주~수북			1931. 5. 1.~(32. 12. 1.)	길주
	2	수북~성후	26,2			성후
	3	성후~재덕				재덕

☞ 앞 표에 이어서

선명	공구	구간	연장 (km)	공사비 (천엔)	공사기간	공사계
혜산선	4	재덕~동산	31.0		1931. 11. 15.(33. 11. 1.)	양곡
	5	동산~합수				합수
	6	합수~남계	12.8		1932. 6. 22.(34. 8. 1.)	
	7	남계~백암				백암
	8	백암~영하			1932. 9. 11.	열결수
	9	영하~장생		235		영하
	10	장생~봉두리		265	(1935. 9. 1.)	장생
	11	봉두리~보안	12.0		1934. 8. 1.	봉두리
	12	보안~심포리				일건
	13	심포리~대오시				
	14	대오시~검산			1935. 9. ~1936. 11.	대오시
	15	검산~혜산진	14.0		1935. 8. (1937. 11. 1.)	혜산
만포선 (순천-만포교)	1	순천~각암	32.6	292	1931. 4. 26.~32. 5.(32. 11. 1.)	순천
	2	각암~천동				중서
	3	천동~개천	6.3		1932. 9. 1.(33. 7. 15.)	북원
	4	개천~원리	24.1		1932. 6. 6.(33. 10. 15.)	
	5	원리~구장		375		구장
	6	구장~북신현	46.8	260	1932. 6. 6.	북신현
	7	북신현~월림		471		월림
	8	월림~평동				부성
	9	평동~희천		556	(1934. 11. 1.)	희천
	10	희천~초상	30.2		1933. 8. 17.	초상
	11	초상~초참		830		초참
	12	초참~명문				명문
	13	명문-개고개		230	(1935. 10. 1.)	장막
	14	구현 제1		490	1934. 7. 1.~35. 8.	구현 제1
	15	구현 제2		895	1934. 7. 1.~35. 11.	구현 제2
	16	구현 제3		1,310	1934. 7. 1.~35. 11.	구현 제3
	17	구현 제4		1,243	1934. 7. 1.~36. 5.	구현 제4
	18	구현~	63.1	320		고인
	19				1934. 9.	리만
	20					중암
	21			698		황인
	22					전천
	23	~전천			(1936. 12. 1.)	

☞ 앞 표에 이어서

선명	공구	구간	연장 (km)	공사비 (천엔)	공사기간	공사계
만포선	24	전천~쌍방	47.5	590	1935. 6. 22.	쌍방
	25	쌍방~별하				별하
	26	별하~오모로				오모로
	27	오모로~공인				공인
	28	공인~강계			(1937. 12. 1.)	강계
	29	강계~곡하	49.3	445	1935. 8. 16.	곡하
	30	곡하~사평				사평
	31	사평~건하				시중
	32	건하~고개		1,212	1935. 10.~1938. 1.	고개
	33	고개~만포		439	1936. 12. (39. 2. 1.)	만포
		만포교 부근(거더 가설)	3.5		1937. 6. 19.(39. 10. 1)	
동해선 (북부)	1	안변~오계	31.4	790	1928. 2. 2.~1929. 3.	안변
	2	오계~태진			1928. 2.~1929. 5.	상음
	3	태진~흡곡		400	1928. 4.~(1929. 9. 11.)	자동
	4	흡곡~송전	29.8	260	1930. 5. 6.	패천
	5	송전~통천			1930. 6.(1931. 7. 21.)	통천
	6	통천~두백	14.7		1931. 5. 1.(1932. 5. 21.)	두백
	7	두백~남애	16.8		1931. 4.~1932. 8.	남애
	8	남애~장전			(1932. 8. 1.)	장전
	9	장전~외금강	7.8		1931. 10. 19.(32. 9. 16.)	고성
	10	외금강~고성	10.4		1931. 10. 19.(32. 11. 1.)	
	11	고성~초구			1932. 10. 11.	고성
	12	초구~현내				마차진
	13	현내~간성			(1935. 11. 1.)	거진
	14	간성~문암			1935. 11. 28.	공현진
	15	문암~속초			1935. 11.~1936. 7.	천진
	16	속초~대포			1936. 7.~1937. 7.	대포
	17	대포~양양			(1937. 12. 1.)	양양
	18	양양~선양		250		광정
	19	선양~인구		300		
	20	인구~주문진		400	1937. 6.~1938. 9.	주문진
	21	주문진~강릉		609	1937. 1.~1938. 5.	강릉
	22	강릉~강동		790	1938. 1.~1939. 5.	강동
	23	강동~정동진			1940. 11.~1941. 11.	정동진

☞ 앞 표에 이어서

선명	공구	구간	연장 (km)	공사비 (천엔)	공사기간	공사계
동해선 (북부)	24	정동진~옥계		1,962	1939. 2.~1941. 12.	옥계
	25	옥계~묵호		1,627		묵호
	26	묵호~북평			~1942. 6.	북평
	27	북평~삼척	12.9		1939. 11.~1941. 7.(1944. 2. 11.)	삼척
	28	삼척~오분	3.4		1940. 7.~1942. 6.	
	30	동막~매원		816	1940. 1.~1942. 6.	매원
		매원~용화		1,642	1941. 5.~1943. 7.	
	31	송라~흥해	22.9	700	1940. 4.~1942. 9.	청하
		흥해~포항		800	1940. 4.~1942. 1.	학산
동해선 (남부)	1	부산진~동래	18.9			–
	2	동래~수영			1930. 9. 10.(34. 7. 16.)	해운대
	3	수영~해운대				
	4	해운대~기장		450	1930. 10.	기장
	5	기장~좌천		80	(1934. 12. 16.)	삼성
	6	좌천~남창		508	1932. 10.	월내
	7	남창~덕하		220		남창
	8	덕하~울산		250	(1935. 12. 16.)	울산
중앙선 (경경 선)		(남부)				
	1	영천~화산	10.6	819	1936. 12. 8.	영천
	2	화산~신녕	8.6	167		
	3	신녕~봉림	7.4	929		화서
	4	봉림~우보	15.1	625	1937. 7.(38. 12. 1.)	화본
	5	우보~탑리	10.8	777	1937. 8. 7.	탑리
	6	탑리~의성	8.8	999		의성
	7	의성~운산	11.6	1,330		세촌
	8	운산~수하	11.7	1,023	1937. 12.~1938. 10.	무릉
	9	수하~안동	3	512	(1940. 3. 1.)	안동
	10	안동~서지	2.5	1,215	1938. 2. 1.	
	11	서지~이하	7.5	1,173		서지
	12	이하~옹천	10.2	941		옹천
	13	옹천~평은	4.2	976		
	14	평은~문주	7.6	958		금광
	15	문주~영주	13.8	1,195	1941. 7. 1.	영주
	16	영주~풍기	11	837		풍기

☞ 앞 표에 이어서

선명	공구	구간	연장 (km)	공사비 (천엔)	공사기간	공사계
	17	풍기~희방사	6.7	2,295	1937. 9. 1.	죽령
	18	희방사~죽령	6.7	1,710	1937. 4. 1.~1940. 5.	
	19	죽령~단양	4.8	730	(1942. 4. 1.)	단양
		(북부)				
	19	단양~도담	6.6	975		현천
	18	도담~삼곡	8.9	1,710		매포
	17	삼곡~제천	9.4	2,208	(1941. 7. 1.)	
	16	제천~구학	10.1	761	1939. 3.~1940. 7.	제천
	15	구학~신림	13.1	1,195	1936. 11.~1938. 3.	옥전
	14	신림~치악	6.8	1,792		치악
중앙선 (경경선)	13	치악~반곡	2.9	1,181		
	12	반곡~원주	7.5	697		
	11	원주~만종	11.4	1,158		원주
	10	만종~간현	12.2	543		동화
	9	간현~판대	4.4	1,023		양동
	8	판대~매곡	10.6	1,121		
	7	매곡~지평	17.0	508	1938. 1.~1939. 5.	구둔
	6	지평~양평	7.6	1,013	1937. 8.(1939. 4. 1.)	용문
	5	양평~국수	9.6	817	1937. 1.~1938. 12.	옥천
	4	국수~양수	9.6	1,083	1936. 11.~1938. 6.	신원
	3	양수~팔당	10.0	939		진촌
	2	팔당~이패	9.0	186	1937. 1.	덕소
	1	이패~청량리	14.0	178		망우
		청량리정거장				청량리
		(북부)				
	1	전주~용암		418	1929. 4. 18.	전주
	2	용암~관촌			1929. 5.	관촌
	3	관촌~오류	60.5		1930. 4.~1931. 7.	임실
	4	오류~서도			1930. 4.~1931. 8.	오수
경전선	5	서도~남원			1930. 4.(1931. 10. 1.)	남원
	6	남원~금지	20.3		1932. 10. 14.	남원
	7	금지~곡성			(1933. 10. 15.)	곡성
	8	곡성~구례	52.4		1933. 11. 14.	용림
	9	구례~송음			(1936. 12. 16.)	괴목

☞ 앞 표에 이어서

선명	공구	구간	연장 (km)	공사비 (천엔)	공사기간	공사계
경전선	10	송음~상동	52.4			상동
	11	상동~순천				
		지선				
	1	금지~순창			1939. 11.~1942. 2.	순창
	2	순창~담양			1939. 11.~1942. 2.	
		(남부)				
		직전~횡천	7.0		1942. 11.~1944. 5. 31.	직전
		하동~섬거	7.3		1942. 11.~1944. 5. 31.	하동
백무선	1	백암~도내	33.8		1932. 11. 16.	백암
	2	도내~산양대			(1934. 9. 1.)	도내
	3	산양대~연암	22.1		1932. 11. 16.(35. 9. 1.)	연암
	4	연암~상파			1933. 8. 2.	
	5	상파~천수	44.6		(1936. 10. 15.)	하황토
	6	천수~유평동				
	7	유평동~나적			1936. 10. 1.	유평동
	8	나적~소도	36.3		(1939. 10. 1.)	나적
	9	소도~연사				
	10	연사~연수		17.4	1939. 10. 1.~44. 12. 1.	연사
	11	연수~흥암		19.2	1940. 11.~44. 12. 1.	흥암
	12	흥암~무산		18.2	1942. 6.(44. 12. 1.)	무산
청라선	1	청진~반죽	8.9	2,772	1942. 10.(1945. 3.)	청진
	2	반죽~청암	7.0	5,150	1942. 6.~1944. 11.	청암
	3	청암~망양	3.6	1,513	1942. 10.~1944. 11.	망양
	4	망양~연진	11.2	1,807	1942. 10.~1944. 11.	연진
	5	연진~부거	10.3	3,060	1942. 6.~1944. 11.	부거
	6	부거~수평	12.0	2,588	1943. 1.~1944. 11.	수평
	7	수평~낙산	8.5	2,207	1943. 1.~1944. 11.	낙산
	8	낙산~방진	5.6	2,153	1942. 10.~1944. 11.	방진
	9	방진~명호	5.8	2,479	1942. 10.~1944. 11.	후창
	10	명호~나진	6.1	1,760	1943. 5.~1944. 11.	명호
대삼선	1	삼천포~사천	29.1	–	1941. 9.~1943. 10.	삼천포
	2	사천~개양				사천
	10	오동~금당	8.2	10,420	1943. 8.~1944. 10	장계
북청 철산선	1	북청~삼기	21.9		1944. 4.~1945. 5.	북청
	2	삼기~상본궁	20.4			삼기

☞ 앞 표에 이어서

선명	공구	구간	주임	건설업자	비고
호남선	1	대전~흑석리	이다(飯田 憲美)	능천 길위(菱川 吉衛)	
	2	흑석리~연산	이노우에(井上 清吉)		
	3	연산~강경	가타하라(片原 栄治郎)	고바야시 (小林 長兵衛)	
	4	강경~이리(익산)	이소무라(礒村 篤太郎)		
	5	이리(익산)~군산	쓰카모토(塚本 純太郎)		
	6	이리(익산)~김제	유 아사(湯 浅)		
	7	김제~정읍	오타(太田 鉄之助)		
	8	정읍~사가리(백양사)	이토(伊藤 信吉)		
	9	사가리(백양사)~임곡	나이토(内藤 朝義)		
	10	임곡~나주	아오야기(青柳 汀)		
	11	나주~학교	스기모토(杉本 一)		
	12	학교~몽탄	다카하시(高橋 等揚)		
	13	몽탄~목포	나이토(内藤 朝義)		
경원선	1	용산~청량리	마쓰자키 나카타로	가메와리(亀割)구미	
	2	청량리~의정부	오카다		
	3	의정부~동두천	오카다	호쿠리쿠(北陸)토목	
	4	동두천~연천	고이케	세요샤(盛陽社)	
	5	연천~철원	야마시타	시기(志岐)구미	
	6	철원~평강	야마시타	시기(志岐)구미	
	7	평강~검불랑	히로후지	호쿠리쿠(北陸)토목	
	8	검불랑~세포	야마시타	기시카와(岸川)구미	
	9	세포~삼방	이케가미	제니타카(銭高)구미	
	10	삼방~재천	야나가와	하자마(間)구미	
	11	재천~고산	오카베	하자마(間)구미	
	12	고산~용지원	오카다	다니구치(谷口)구미	
	13	용지원~남산	와다	다카하라(高原)구미	
	14	남산~갈마	도리이		
	15	갈마~원산	도리이	아가와(阿川)구미	
함경선		(남부)			
	1	원산~장흥리	마쓰사키	세요샤(盛陽社)	
	2	장흥리~영흥	오카베	시라카와(白河)구미	
		용흥강교량 전후	마쓰사키	하야카와(早川)구미	
	3	영흥~왕장	마쓰사키	호리우치(堀内)구미	
	4	왕장~정평	마쓰사키	간사이(関西)공업	

☞ 앞 표에 이어서

선명	공구	구간	주임	건설업자	비고
	5	정평~함흥	오카베	세요샤(盛陽社)	
	6	함흥~신중리	사쿠마	세요샤(盛陽社)	
	7	신중리~퇴조	마쓰사키	호리우치(堀内)구미	
	8	퇴조~삼호	후지카와	하자마(間)구미	
	9	삼호~경포	기타와라	아리마(有馬)구미	
	10	경포~신포	효도	나가토(長門)구미	
	11	신포~양화	효도	시기(志岐)구미	
	12	양화~속후	가타하라	시기(志岐)구미	
	13	속후~신북청	후지카와	하자마(間)구미	
	14	신북청~거산터널	도리사키	토목용달합자	
	15	거산터널 전후	후세지마	아라이(荒井)구미	
	16	거산터널~건자	이시노	호쿠리쿠(北陸)토목	
	17	건자~증산	우에무라	데라오(寺尾)구미	
	18	증산~군선	스즈키	세요샤(盛陽社)	
	19	군선~곡구	스즈키	아리마(有馬)구미	
	20	곡구~기암	요사자와	호리우치(堀内)구미	
	21	기암~용강	기노시타	아가와(阿川)구미	
함경선	22	용강~단천	고바	하자마(間)구미	
	남	(중부)			
	5	단천~용대	오카베	세요샤(盛陽社)	
	4	용대~일신	곤도	아가와(阿川)구미	
	3	일신~풍조	기타하라	아가와(阿川)구미	
	2	풍조~세동	스기모토	아라이(荒井)구미	
	1	세동~성진		마쓰모토(松本)구미	
	북				
	1	성진~업억	사누키	아라이(荒井)구미	
	2	업억~지산	에사키	호리우치(堀内)구미	
	3	지산~길주		니시모토(西本)구미	
		(북부)			
	15	길주~온수평	가타하라	마쓰모토(松本)구미	
	14	온수평~고참	우에하라	마쓰모토(松本)구미	
	13	고참~피자령	우에노	니시모토(西本)구미	
	12	피자령~우사장	우에노	고데라(小寺)구미	
	11	우사장~극동	나가누마	오쿠라(大倉)토목	
	10	극동~수남	나가누마	오쿠라(大倉)토목	

☞ 앞 표에 이어서

선명	공구	구간	주임	건설업자	비고
함경선	9	수남~회문	타구치	일본토목	
	8	회문~주을	이토	마쓰모토(松本)구미	
	7	주을~경성	야나가와	마쓰모토(松本)구미	
	6	경성~수성	.	마쓰모토(松本)구미	
	1	청진~장흥		시기(志岐)구미	
	2	장흥~고무산		아가와(阿川)구미	
	3	고무산~전거리		마쓰모토(松本)구미	
	4	전거리~영산		호쿠리쿠(北陸)토목	
	5	영산~회령		시기(志岐)구미	
		지선 (회령탄광선)			
		회령~계림			공사기간란 ( )는 영업 개시 월일, 이하 동등
		계림~신학			
		(북청선) 신북청~북청	다카하시	마에다(前田)구미	
		(차호선) 증산~차호	고가	세요샤(盛陽社)	
		(이원철산선) 나흥~이원 철산	우에무라	테라오(寺尾)구미	
		(천내리선) 용담~천내리		차용영업	
마산선	1~5	마산~삼랑진	반장	사토 스케쿠로 (佐藤 助九郞)	(군용철도감부)
			이시가와	오쿠라(大倉)토목	
				시기(志岐)구미 외 일부 직영	
평남선	1~5	평양~진남포			
평양 탄광선		대동강~승호리	한국정보로부터의 이관과 오 노다시멘트사 선을 매수		
진해선	1	진해~창원	이토	호쿠리쿠(北陸)토목	
	2		효토		
평원선	(서)				
	1	서포~			
	2		도다		
	3	사인장			

☞ 앞 표에 이어서

선명	공구	구간	주임	건설업자	비고
	4	사인장~			
	5	순천			
	6	순천~신창	요시자와	니시모토(西本)구미	
	7	신창~원덕	이케다 · 마쓰노	아리마(有馬)구미	
	8	원덕	마쓰노		
	9		요시자와	나가토(長門)구미	
	10	~장림	요시자와	가지마(鹿島)구미	
	11	장림~회덕	요시자와 · 나카노	오쿠무라(奧村)구미	
	12	회덕~화창	가지마	경성토목	
	13	화창~양덕	미야카와	쓰다(津田)구미	
	14	양덕~내동	야마시타	니시모토(西本)구미	1933년 5월 이후 '공사계' 및 '주임'을 각각 '공사구' 및 '구장'으로 개칭. 이하 동등
	15	내동~석탕	야마시타	가지마(鹿島)구미	
평원선	16	석탕~거차	오쿠다	니시마쓰(西松)구미	
	17	거차~천을	우치가와	니시모토(西本)구미	
	18	천을~청용	시라가와	니시모토(西本)구미	
	19	청용~관평	우에무라이마무라	니시모토(西本)구미	
			오쿠다		
	(동)				
	5	관평~직동	나가누마	마쓰모토(松本)구미	
			가와노		
	4	직동~성내	마쓰야마	니시모토(西本)구미	
	3	성내~축전		오쿠라(大倉)토목	
	2	축전~미둔		호쿠리쿠(北陸)토목	
	1	미둔~고원		호쿠리쿠(北陸)토목	
		웅기역 전후	고바야시	가지마(鹿島)구미	
	1	웅기~청학	오에노	가지마(鹿島)구미	
	2	청학~아오지	나가누마	아라이(荒井)구미	
	3	아오지~신아산	시마사키	아가와(阿川)구미	
	4	신아산~경원	기노시타	마쓰모토(松本)구미	
도문선	5	경원~훈융	다시로	하자마(間)구미	
	6	훈융~풍인	사토	미키(三木)합자	
	7	풍인~온성	다시로	하자마(間)구미	
	8	온성~풍리	다시로	마쓰모토(松本)구미	
	9	풍리~남양	세가와	마쓰모토(松本)구미	
	10	남양~동관진	스즈키	나가토(長門)구미	(전선 개통)

☞ 앞 표에 이어서

선명	공구	구간	주임	건설업자	비고
혜산선	1	길주~수북	쓰보이	세요샤(盛陽社)	
	2	수북~성후	아라이	세요샤(盛陽社)	
	3	성후~재덕	사이쇼	미키(三木)합자	
	4	재덕~동산	다카하시	하자마(間)구미	
	5	동산~합수	아카시	세요샤(盛陽社)	
	6	합수~남계	히라이	하자마(間)구미	
	7	남계~백암	고바야시	구스미(楠見)구미	
	8	백암~영하	아라이	아라이(荒井)구미	
	9	영하~장생	모리	호쿠리쿠(北陸)토목	
	10	장생~봉두리	쓰보이	시기(志岐)구미	
	11	봉두리~보안	다카모토	일본공업	
	12	보안~심포리	소노다	후지카와(藤川)구미	
	13	심포리~대오시	소노다	사카키다니(榊谷)구미	
	14	대오시~검산	마치다	경성토목	
	15	검산~혜산진	다카하시	오쿠라(大倉)토목	전선 개통
만포선 (순천-만포교)	1	순천~각암	요시자와	니시마쓰(西松)구미	
	2	각암~천동	미시마	미야케(三宅)구미	
	3	천동~개천	요시자와	가지마(鹿島)구미	
	4	개천~원리	요시자와	가지마(鹿島)구미	
	5	원리~구장	시마사키	나가토(長門)구미	
	6	구장~북신현	시마다	경성토목	
	7	북신현~월림	다카하시	고우에이(高栄)구미	
	8	월림~평동	모리	가지마(鹿島)구미	
	9	평동~희천	나가누마	가지마(鹿島)구미	
	10	희천~초상	우에노	오바야시(大林)구미	
	11	초상~초참	마쓰오	나가토(長門)구미	
	12	초참~명문	사이쇼	시미즈(清水)구미	
	13	명문~개고개	다카하시	세요샤(盛陽社)	
	14	구현 제1	요쓰미야	도스미(楠見)구미	
	15	구현 제2	후지모토	도비시마(飛島)구미	
	16	구현 제3	오카미	니시모토(西本)구미	
	17	구현 제4	아라기	니시마쓰(西松)구미	
	18	구현~	히라이	아가와(阿川)구미	
	19		무라카미	고데라(小寺)구미	

☞ 앞 표에 이어서

선명	공구	구간	주임	건설업자	비고
만포선 (순천- 만포교)	20		고바야시	일만(日滿)토목	
	21		나가누마	가지마(鹿島)구미	
	22		마쓰오	제니타카(錢高)구미	
	23	~전천	마쓰오	제니타카(錢高)구미	
	24	전천~쌍방	요쓰미야	사카키다니(榊谷)구미	
	25	쌍방~별하	무라기	모리모토(森本)구미	
	26	별하~오모로	야나기하라	니시모토(西本)구미	
	27	오모로~공인	다나카	무라카미(村上)구미	
	28	공인~강계	요쓰미야	사카키다니(榊谷)구미	
	29	강계~곡하	시라가와	나가토(長門)구미	
	30	곡하~사평	베쓰토우	아가와(阿川)구미	
	31	사평~건하	무라기		
	32	건하~고개	노가미	하자마(間)구미	전선 개통
	33	고개~만포	노가미	하자마(間)구미	매집선 = 연락
		만포교 부근(거더 가설)	모리	사카키다니(榊谷)구미	
				미야지(宮地)철공	
동해선 (북부)	1	안변~오계	마쓰노	진나이(陳内)구미	
	2	오계~태진	도메키	하자마(間)구미	
			아라기		
	3	태진~흡곡	가미무라	호쿠리쿠(北陸)토목	
	4	흡곡~송전	아카시		
	5	송전~통천	고가	이시모토(石本)구미	
	6	통천~두백	소노다		
	7	두백~남애	고가	니시모토(西本)구미	
	8	남애~장전	시마사키		
	9	장전~외금강	마쓰이		
	10	외금강~고성	마쓰이		
	11	고성~초구	구보		
	12	초구~현내	고가		
	13	현내~간성	구보		
	14	간성~문암	나카노		
	15	문암~속초	오오타케	쓰다(津田)구미	

☞ 앞 표에 이어서

선명	공구	구간	주임	건설업자	비고
동해선 (북부)	16	속초~대포	오오타케	시미즈(清水)구미	
	17	대포~양양	스가이	미야케(三宅)구미	
	18	양양~선양	다이와	쓰다(津田)구미	양양 이남의 공구는 노반공사 완성(미개업)
	19	선양~인구	다이와	도마시로(熊城)구미	
	20	인구~주문진	오쿠다	시미즈(清水)구미	
	21	주문진~강릉	미키	도비시마(飛島)구미	
	22	강릉~강동	사이	하자마(間)구미	
	23	강동~정동진	스와	구스미(楠見)구미	
	24	정동진~옥계	호카 아베	데쓰도(鐵道)공업	
	25	옥계~묵호	호카 야나기	데쓰도(鐵道)공업	
	26	묵호~북평	호카	도비시마(飛島)구미	
	27	북평~삼척	미야나가	구스미(楠見)구미	
	28	삼척~오분	미야나가		
	30	동막~매원	나카노 이노우에	오쿠라(大倉)토목	
	31	매원~용화			
		송라~흥해	가토	아가와(阿川)구미	
		흥해~포항	시바타	아가와(阿川)구미	
동해선 (남부)	1	부산진~동래	마쓰이	사카이(酒井)구미	
	2	동래~수영			
	3	수영~해운대			
	4	해운대~기장	우에노	제니타카(錢高)구미	
	5	기장~좌천	오다	나카타니(中谷)구미	
	6	좌천~남창	마쓰야마	니시모토(西本)구미	
	7	남창~덕하	다카노	미키(三木)합자	
	8	덕하~울산	다카노	쓰다(津田)구미	전선 개통
중앙선 (경경 선)		(남부)			
	1	영천~화산	다무라	모리모토(森本)구미	
	2	화산~신녕			
	3	신녕~봉림	후지나가		
	4	봉림~우보	요시미	제니타카(錢高)구미	
	5	우보~탑리	야마시타	모리모토(森本)구미	

☞ 앞 표에 이어서

선명	공구	구간	주임	건설업자	비고
중앙선 (경경선)	6	탑리~의성	다나카	모리모토(森本)구미	
	7	의성~운산	세키	아가와(阿川)구미	
			하라		
	8	운산~수하	다무라	데쓰도(鐵道)공업	
	9	수하~안동	가지마	고데라(小寺)구미	
			모리		
			요시미		
	10	안동~서지	후지나가		
	11	서지~이하	나카노	가지마(鹿島)구미	
			요시미		
	12	이하~옹천	오타케	아가와(阿川)구미	
	13	옹천~평은			
	14	평은~문수	미야나가	오바야시(大林)구미	
	15	문수~영주	오카다	미키(三木)합자	
	16	영주~풍기	시바타	미야케(三宅)구미	
	17	풍기~희방사	사이쇼	니시마쓰(西松)구미	
	18	희방사~죽령	하기와라		
	19	죽령~단양	하기와라	모리모토(森本)구미	(1942. 4. 1. 전선 개통)
		(북부)			
	19	단양~도담	무라기	사카키다니(榊谷)구미	(1942. 4. 1. 전선 개통)
			가와쿠보		
	18	도담~삼곡	가와쿠보	미키(三木)합자	
	17	삼곡~제천	가와쿠보		
	16	제천~구학	다이와	일만(日滿)토목	
	15	구학~신림	스즈키	니시모토(西本)구미	
	14	신림~치악	가네시게		
	13	치악~반곡	미시마	아라이(荒井)구미	
	12	반곡~원주	오하라	미야지(宮地)철공	
	11	원주~만종	오하라		
	10	만종~간현	이케노우에		
	9	간현~판대	베쓰토		
	8	판대~매곡	베쓰토		
	7	매곡~지평	다카시마	나가토(長門)구미	
	6	지평~양평	시라카와	오쿠라(大倉)구미	

☞ 앞 표에 이어서

선명	공구	구간	주임	건설업자	비고
중앙선 (경경 선)	5	양평~국수	가와쿠보	오쿠라(大倉)구미	
	4	국수~양수	고이데	하자마(間)구미	
	3	양수~팔당	가와노	하자마(間)구미	
	2	팔당~이패	이케노우에	사카이(酒井)구미	
	1	이패~청량리	오카다	구스미(楠見)구미	
		청량리정거장	안도	나카무라	
				와타나베	
경전선		(북부)			
	1	전주~용암	우에노	데쓰도(鐵道)공업	
	2	용암~관촌	구스모토	우치다(内田)구미	
	3	관촌~오류	아라기	사카키다니(榊谷) 구미	
	4	오류~서도	다카하시	스에요시(末吉)구미	
	5	서도~남원	시마사키	스스키(須須木)구미	
			조쇼		
	6	남원~금지	다나베	시바타(柴田)구미	
	7	금지~곡성	다나베	스에요시(末吉)구미	
	8	곡성~구례	다나카	스구로(勝呂)구미	
	9	구례~송음	스가이	미야케(三宅)구미	
	10	송음~상동	모리	아라이(荒井)구미	전선 개통
	11	상동~순천			
		지선			
	1	금지~순창	다카시마	도다(戸田)구미	노반 완성 (미개업)
	2	순창~담양		미키(三木)합자	
		(남부)			
		직전~횡천	와타나베	가지마(鹿島)구미	결전비상조치 요강에 의한 공사 중지
			엔도		
		하동~섬거	스즈키	제니타카(錢高)구미	
			하루나리		
백무선	1	백암~도내	고바야시	구스미(楠見)구미	
	2	도내~산양대	무라카미		
	3	산양대~연암	시라카와		
	4	연암~상파	무라야마		
	5	상파~천수	고다이라타 · 오카다	미키(三木)합자	

☞ 앞 표에 이어서

선명	공구	구간	주임	건설업자	비고
백무선	6	천수~유평동	닛타	시바타(柴田)구미	
	7	유평동~나적	우치카와		
	8	나적~소도	사이		
	9	소도~연사	아라하타		
	10	연사~연수	가지		
	11	연수~흥암	다키구치	제일(第一)합동	
	12	흥암~무산		모리모토(森本)구미	전선 개통
청라선	1	청진~반죽	사이 미야나가	우메바야시(梅林)구미	11.1km 가영업
	2	반죽~청암	도미타 도이	마쓰모토(松本)구미	
	3	청암~망양	도이 후지이	마쓰모토(松本)구미	
	4	망양~연진	이노우에 소노다	미키(三木)합자	결전비상조치요강에 의한 공사 중지
	5	연진~부거	미야나가	니시마쓰(西松)구미	
	6	부거~수평	요시무라	니시마쓰(西松)구미	
	7	수평~낙산	시모나가타	니시모토(西本)구미	
	8	낙산~방진	가토	오쿠라(大倉)토목	
	9	방진~명호	스와	하자마(間)구미	
	10	명호~나진	아베	아가와(阿川)구미	
대삼선	1	삼천포~사천	가와쿠보 가와무라	니시모토(西本)구미	노반 완성 (미개업)
	2	사천~개양	사토 도미다	다케모토(竹本)구미	
	10	오동~금당	다카시마 와타나베	하자마(間)구미	결전비상조치요강에 의한 공사 중지
북청철산선	1	북청~삼기	마쓰모토	나카무라(中村)구미	노반, 궤도모두 완성(미개업)
	2	삼기~상본궁	마쓰오카		

개량비 지불 선로 신설공사

선명	공구	구간	연장 (km)	공사 비 도급 액 (천엔)	공사기간	공사구	구장	건설업자	비고
능의선	1	의정부~부곡	26.8		1944. 2.~1945. 8.	의정부	우노		노반궤도 공사 완료 (미개업)
	2	부곡~일영				일영	이시즈키		
	3	일영~원당							
	4	원당~능곡				능곡	마키조노		
임항선		미평~신월리	약 4.0		1943. 8.~1945. 8.	여수	요시하라 세키구치	도다(戸田) 구미	노반공사 대략 완료
		진해~니동	약 3.0		1943. 2.~1945. 8.	창원	요코미		상동
		울산~울산항	8		1944. 6.~1945. 8.	울산	이와이	호쿠리쿠 (北陸)토목	임시영업
		적기항~수영	약 7.0		1945. 5.~1945. 8.	적기	모리타	미야케 (三宅)구미	노반공사 완성도 20%
		부평~인천	약 18.0		1944. 4.~1945. 8.	경성	나카노		궤도공사 대략 완료 (미개업)

개량공사

선명	공사 명칭	구간	연장 (km)	공사비 또는 도급액 (천엔)	공사기간 또는 (개업기)	공사계 또는 공사구	주임 또는 구장	건설 업자
경의선 (초기의 개량)	노반개량	용산~일산			1905. 3.~1911. 2.			오구라(大 倉)토목
		일산~금촌			〃			아리타(有 田)구미 가메와리 야스조
		금촌~문산			〃			오구라(大 倉)토목
		문산~장단			〃			구메(久米) 구미
		한포~남천			〃			오구라(大 倉)토목
		신막~흥수			〃			오구라(大 倉)토목
		운전~고읍			〃			미야자키 (宮崎)구미 고바야시 (小林長兵エ)
		정주 부근			〃			가지마(鹿 島)구미
		신의주 부근			〃			오구라(大 倉)토목
		중화터널			〃			오구라(大 倉)토목
		구령터널			〃			
		백마터널			〃			
		(기타는 불명)						
	(경성과 경의선의 직결)	경성~수색			1919.~1920. 12.	오카베 (岡部信太郎) 다나베 (田奈部庄吉)		호쿠리쿠 (北陸)토목 고데라(小 寺)구미
	교량 개축							
	임진강	문산~장단	200′×8 60′×2	822	1907. 7.~1909. 12.	이케가미 (池上重政)		스기모토 (杉本)구미 하야카와 (早川)구미

☞ 앞 표에 이어서

선명	공사 명칭	구간	연장 (km)	공사비 또는 도급액 (천엔)	공사기간 또는 (개업기)	공사계 또는 공사구	주임 또는 구장	건설 업자
경의선 (초기의 개량)	대동강 (제1)	조촌~평양	200′×6 60′×4	417	1907. 6.~1909. 7.			
	대동강 (제2)	조촌~평양	200′×6 60′×3	410	1907. 6.~1909. 4.			
	청천강	신안주~맹중리	200′×9 60′×11	695	1908. 8.~1909. 12.		나카노 (中野 探)	세요샤 (盛陽社)
	대령강	맹중리~영미	200′×7 60′×3	447	1908. 7.~1909. 12.		오가와 (小川敬二郎)	하자마(間) 구미
경부선	부산종단시설							
	선로부설	부산~초량			1908. 3.			
		부산정거장			1910. 3.			
		부산잔교			1912. 10.			
	선로증설	부산제2잔교			1917.~1919.			
	선로증설	부산~부산진			1918.~1921.		미야케 (三宅 春市)	나카타니 (中谷)구미
	교량 개축							
	한강구(舊) 교개축				1913.~1914.			
	상동 기 면상승				1926.~1927. 12.			
	선로개량	대구~약목	12,5		1915. 2.~(1916. 2. 1.)		나가야 (永谷 昌雄)	
		약목~김천	35,8		1914. 10.~(1916. 11. 1.)			
		김천~영동	38,2		1917. 1.~(1919. 6. 10.)			
		심천정거장 전후	5,0	280	1918. 4.~1919. 10.	심천	사토 (佐藤 元)	아라이(荒 井)구미
		이원정거장 전후	7,0	650	1917. 10.~1919. 8.	이원		아가와(阿 川)구미
		옥천~대전	14,0	920	1916. 6.~1918. 10.	증약	기타하라 (北原 演活) 우쓰미 (内海純三郎)	시라카와 (白川)구미 하자마(間) 구미
		대전~신탄진	6,0	450	1914. 8.~1916. 3.	대전	스즈키 (鈴木 蔵吉) 사토(佐藤 元)	고바야시 (小林)구미

☞ 앞 표에 이어서

선명	공사 명칭	구간	연장 (km)	공사비 또는 도급액 (천엔)	공사기간 또는 (개업기)	공사계 또는 공사구	주임 또는 구장	건설 업자
경부선	선로개량	신탄진~부강	10.0	720	1914. 8.~1916. 6.	신탄진	스즈키 (鈴木 藏吉)	가메와리 (亀割)구미
	터널 개축							
	성현터널	남성현~삼성	2,323	1,956	1920. 2.~1923. 3.		도다 (戸田 純三)	하자마(間) 구미
	경성역 신축			1,954	1922. 6.~1925. 10. 15.			
경인선	선로개량	인천~서대문		525	1907.~1909. 3.		아오키 (青木 徳三郎)	
	선로개량 (종곡선 완화)	진영~낙동강	6.0		1937. 4.~1939. 3.	유림정	요사다 (吉田 嘉七)	가지마(鹿 島)구미
		창원 전후			1939. 4.	창원	데라다 (寺田 佳之一)	다쓰오카 (竜岡)구미
		마산 부근			1939. 4.	마산	오하사마 (大迫 義治)	–
	교량 개축							
	마산선 낙동강	진영~낙동강		1,608	1938. 9.~1940. 2.	낙동강	우치야마(内山 孝和) · 무라마 쓰(村松 好一)	하자마 (間)구미
	상동 거 더가설				1945. 4. (미완)	낙동강	후노 (布野 一男)	미야치(宮 地)철공
평남선 ·겸이 포선	진남포 조탄장			1,980	1931. 9.~1935. 초	진남포	미야케 (三宅 春市) 마쓰노 (松野 政志)	
	공유수면 매립			398	1931. 9.~1932. 6.			나카히라 (中平)구미
	석탄선적 잔교	진남포역구 내		980	1932. 4.~1932. 10.			하자마(間) 구미
	석탄선 지축			30	1932. 6.~1932. 10.			요시자와 (吉沢)구미
	기계설비	러핑(Luffing) 크레인 · 컨 베이어 선적 기		447	1932. 6.~1932. 12.			스미토모 니하마(住 友 新居浜) 제작소
	조탄설비 확충				1934. 6.~1935. 초			

☞ 앞 표에 이어서

선명	공사 명칭	구간	연장 (km)	공사비 또는 도급액 (천엔)	공사기간 또는 (개업기)	공사계 또는 공사구	주임 또는 구장	건설 업자
평남선 ·겸이 포선	진남포조 차장				1941. 12.~1944. 5. (중지)	진남포	쓰다 (津田 理) 도긴 (当銀 清一) 다카하시 (高橋 正行)	아가와(阿 川)구미
	선로개량	황해황주~ 겸이포			1944. 5.~1945. 8.	겸이포	가지야 (梶谷 正明)	히라테쓰 (平鐵)공업
	역설비 개량	겸이포역			1944. 5.~1945. 8.			아리마(有 馬)구미
전라선	표준궤 개축	이리(익산)~ 삼례	12.8	350	1928. 4.~1929. 9.	이리	구와바라 (桑原 豊)	다카에(高 栄)구미
		삼례	5.0	280				
		삼례~전주	7.5	196		전주	우에노 (上野 一雄)	우치다(内 田)구미
도문선 (서부)	표준궤 개축	회령~학포	40.0		1931. 5.~1932. 11.	회령	다키모토 (滝本 文弥)	일본공업
		학포~상삼봉				상삼봉	무토 (武藤 治吉)	아가와(阿 川)구미
		상삼봉~종성	17.7	140	1932. 3.~1933. 8.	종성	우에마스 (上升 主計)	이와무라 (岩村)구미
		종성~동관진		170				야마모토 (山本)구미
동해선 (남부)	표준궤 개축	울산~입실	39.5		1935. 6.~1936. 12.	입실	우에노 (上野 又八)	야마모토 (山本)구미
		입실~불국사			1935. 6.~1936. 2.			오카(岡) 구미
		불국사~동방			1935. 6.~1936. 12.			진나이(陣 内)구미
		동방~경주			1936. 1.~1936. 12.	경주	나마이 (生井 浅吉) 오오야 (大谷 検次)	니치만(日 滿)토목
		경주~안강			1939. 11.~1941. 3.	경주	데라다(寺田 佳之一)	시키(志岐) 구미
		안강~포항			1939. 11.~1941. 3.	안강	요시미 (吉見 威男)	
		포항~학산			1939. 11.~1941. 3.	포항		

☞ 앞 표에 이어서

선명	공사 명칭	구간	연장 (km)	공사비 또는 도급액 (천엔)	공사기간 또는 (개업기)	공사계 또는 공사구	주임 또는 구장	건설 업자
동해선 (남부)	동래 객 차조차장 신설	동래		5,000	1945. 5.~	동래	이와이 (岩井 吉雄)	아가와(阿 川)구미
대구선	표준궤 개축	대구~동촌	38.4		1936. 9.~1938. 7.	대구	누마카미 (沼上 末松) 우에하시 (上橋 善十)	야마모토 (山本)구미
		동촌~반야월				반야월	우에노 (上野 又八)	
		반야월~금호				금호	우에노 (上野 又八) 누마카미 (沼上 末松)	
		금호~영천				영천	다케다 (竹田 澄夫)	
경경선	표준궤 개축	영천~임포	37.5		1937. 7.~1939. 6.	영천	기무라 (木村 弘)	
경경선	표준궤 개축	임포~광명				아화	다무라 (田村 辰雄)	가지마(鹿 島)구미
		광명~경주				경주	데라다 (寺田 佳之一)	시기(志岐) 구미
황해선	표준궤선 신설	사리원~하성	41.7		1943. 12.~1944. 10.	사리원	마쓰모토 (松本 登) 시마다 (島田 繁)	아가와(阿 川)구미
						하성	사쿠타 (作田 正治)	니시모토 (西本)구미
경부선 (복선)	복선공사	부산진~사상		130	1937. 5.~1937. 12.	초량	쓰시미 (都志見克己)	나카타니 (中谷)구미
		사상~구포		150	1936. 4.~1938. 3.	구포	오카미 (大上 信雄)	나카타니 (中谷)구미
		구포~물금			1937. 6.~1940. 3.	구포	미야타 (宮田 八郎) 다케다 (武田 研一)	야마모토 (山本)구미
		물금~원동 원동~삼랑진				원동 삼랑진	우에노 (上野 又八) 모리타 (守田 穣造)	니시모토 (西本)구미

III. 지정 공사 시행자 일람표　329

☞ 앞 표에 이어서

선명	공사 명칭	구간	연장 (km)	공사비 또는 도급액 (천엔)	공사기간 또는 (개업기)	공사계 또는 공사구	주임 또는 구장	건설 업자
경부선 (복선)	복선공사	삼랑진~밀양	11.1		1941. 5.	삼랑진	요시미 (吉見 威男) 이와사 (岩佐 市助)	경성토목
		밀양~유천	8.6	3,279	1940. 5.~1945. 3.	밀양	오타케 (大竹 正美) 이와사 (岩佐 市助)	니시마쓰 (西松)구미
		유천~청도	10.6			유천	스가(菅 明)	다쓰오카 (竜岡)구미
		청도~남성현	9.6	900	1941. 7.	청도	오다이 (尾台 三吉) 마쓰오카 (松岡 忠雄)	호쿠리쿠 (北陸)구미
		남성현~삼성	9.4	3,888	1941.~1943. 3.	남성현	우에노 (上野 又八) 다야 (多谷 虎男)	하자마(間) 구미
		삼성~경산	7.3	2,395	1941.~1942. 2.	삼성	다야 (多谷 虎男)	
	왜관 낙 동강교량 상행선	경산~고모	7.7	280	1940. 5.~1942. 10.	경산	무라마쓰 (村松 好一)	마쓰오카 (松岡)공업
		고모~대구	7.0	310		대구남		
	왜관 낙 동강교량 하행선 개축	대구~지천	10.3	960	1940. 5.~1945. 3.	대구북	쓰루사키 (鶴崎 敏彦)	야마모토 (山本)구미
		지천~왜관	12.7			신동		
		왜관~약목	7.4	790	1940. 5.~1945. 2.	왜관	나카니시 (中西 武)	니치만(日 滿)토목
		약목~구미	10.1			약목	하라다 (原田 國雄)	아리마(有 馬)구미
		왜관~약목			1936. 10.~1937. 9.	왜관	우치야마 (內山 孝和)	구스미(楠 見)구미
		구미~아포	11.4		1940. 5.~1945. 3.	구미	요시다 (吉田 嘉七)	아리마(有 馬)구미
		아포~대신	11.7			대신		도다(戸田) 구미
		대신~김천	9.8		1940. 5.~1945. 3.	김천	다케다 (武田 硏一)	도다(戸田) 구미

☞ 앞 표에 이어서

선명	공사명칭	구간	연장(km)	공사비 또는 도급액 (천엔)	공사기간 또는 (개업기)	공사계 또는 공사구	주임 또는 구장	건설업자
경부선 (복선)	왜관 낙동강교량 하행선 개축	김천~직지사				직지사	안도 (安藤 賢治) 데라다 (寺田 正弘)	우메바야시 (梅林)구미
		직지사~추풍령				추풍령	니시시마 (西嶋 国造)	니시모토 (西本)구미
		추풍령~황간				황간	하시모토 (橋本 貞雄)	니시모토 (西本)구미
		황간~영동		900	1940. 5.~1945. 3.	영동	니이미 (新実 三男) 야스이 (安井 巧)	니시모토 (西本)구미
		영동~심천				심천	이케다 (池田 新雄)	다쓰오카 (竜岡)구미
		심천~이원				이원	기무라 (木村すけ太郎)	스스키(須須木)구미
		이원~옥천				옥천	기타야 (北谷忠次郎)	스에요시 (末吉)구미
		옥천~대전		2,395		세천	고노 (河野 三郎)	하자마(間)구미
		대전~신탄진				신탄진	이토 (伊藤 治)	하자마(間)구미
		신탄진~조치원			1937. 4.~1939. 6.	부강	이토 (伊藤 直)	
		조치원~전동				조치원	후루카와 (古川市之助)	
		전동~전의		550		전의	사야시 (鞘師 正雄)	하자마(間)구미
		전의~천안		900				
		천안~성환				성환	하시모토 (橋本 貞雄)	고바야시 (小林)구미
		성환~수원				오산	야타 (矢田重次郎)	
		수원~군포장	12.2	120	1936. 6.~1937. 3.	수원	다카기 (高木 一雄)	우치다(内田)구미
		군포장~영등포		160	1937. 5.~1938. 3.	안양		야마모토 (山本)구미

☞ 앞 표에 이어서

선명	공사 명칭	구간	연장 (km)	공사비 또는 도급액 (천엔)	공사기간 또는 (개업기)	공사계 또는 공사구	주임 또는 구장	건설 업자
경의선 (복선)	용산~경성 복복선	영등포~경성			1940.~	경성	나카노 (中野 一)	구노(久野) 구미 구마시로 (熊城)구미
	왜관 낙동강교량 하행선 거더 가설	왜관~약목			1938. 10.~1939. 4.	왜관	우치야마 (内山 孝和)	미야치(宮地)철공
	〃 상행선 〃	왜관~약목			1944. 9.~1945. 3.	왜관	마에다 (前田 薫)	미야치(宮地)철공
	한강교량 개축	노량진~용산	1,315		1939. 3.~1940. 6.	한강	야나기하라 (柳原 俊市)	제니타카 (銭高)구미
	〃 거더 가설	노량진~용산				한강	나카노 (中野 定一) 니이미 (新実 三男)	미야치(宮地)철공
	부산조차장 신설	부산	7,800		1940. 2.~	부산 조차장	나카노 (中野 一) 다이와 (大和 芳雄) 가와이 (乾 貞一) 쓰루사키 (鶴崎 敏彦)	제니타카 (銭高)구미
	대전조차장 신설	대전			1938.		사야시 (鞘師 正雄) 스즈치 (鈴木 徳太郎)	아라이(新井)구미 니치만(日滿)토목 다케나카 (竹中)구미
	대구조차장 신설	대구			1939.~1940. 4.			
	복선공사	경성~신촌			1938.	신촌	스게이 (菅井 捷造)	
		신촌~수색			〃	수색	이토 (伊藤 治)	
		수색~일산			〃	능곡	와타 (和田 國雄)	

☞ 앞 표에 이어서

선명	공사 명칭	구간	연장 (km)	공사비 또는 도급액 (천엔)	공사기간 또는 (개업기)	공사계 또는 공사구	주임 또는 구장	건설 업자
경의선 (복선)	복선공사	일산~문산				금촌	오하라 (小原 猛彦)	
	임진강 교량 개축	문산~장단	16.6	660	1938. 8.~1940. 12.	임진강	미즈타니 (水谷 義男) 다무라 (田村 辰雄)	가지마(鹿 島)구미
		장단~봉동				봉동	곤도 (近藤 薫)	아리마(有 馬)구미
		봉동~개성			1938. 8.~1942. 5.	개성	쇼지 (庄司 幸治)	
		개성~한포				학정	이사마쓰 (伊茉末俊光) 미야모토 (宮本 利三)	오바야시 (大林)구미
		한포~평산				한포	요시다 (吉田 嘉七)	
		평산~물개				남천	야타 (矢田 重次郎)	
		물개~서흥				신막	오시마 (大島 鎭八)	
		서흥~흥수			1938. 8.~1942. 5.	흥수	요시후지 (吉藤 佐平治)	
		흥수~신봉산				마동	미쓰무네 (三宗 誠)	
		신봉산~침촌				사리원	마쓰다 (松田 三郎) 마쓰모토 (松本 登)	
		침촌~흑교			1938. 8.~1942. 5.	황해~ 황주	장재학 (張載学)	
		흑교~역포			1938. 8.~1942. 5.	중화	이봉인 (李鳳寅)	
		역포~평양			1939.~1942. 5.	평양	오쿠무라 (奧村 重敬)	
	대동강 교량 개축	대동강~평양		1,025	1938. 5.~1939. 10.	대동강	마쓰오 (松尾 成喜) 다무라 (田村 辰雄)	제니타카 (錢高)구미

☞ 앞 표에 이어서

선명	공사 명칭	구간	연장 (km)	공사비 또는 도급액 (천엔)	공사기간 또는 (개업기)	공사계 또는 공사구	주임 또는 구장	건설 업자
경의선 (복선)	대동강 교량 개축	평양~서포				평양북	다마키 (田巻 春造)	
		서포~순안			1940. 6.~1943.	순안	사쿠타 (作田 正治)	모리모토 (森本)구미
		순안~어파				어파	오치 (越智 胤礼)	
		어파~만성				만성	와타베 (渡辺 國彦)	
		만성~신안주				신안주	이무라 (居村 喜久雄) 미우라 (三浦 重一)	제니타카 (銭高)구미
	청천강 교량 개축	신안주~ 맹중리		885	1937. 3.~1937. 11.	맹중리	야나기하라 (柳原 俊市) 이마무라 (今村 武雄)	제니타카 (銭高)구미
	대령강 교량 개축	맹중리~영미		548	1938. 3.~1939. 2.	맹중리	이봉인 (李鳳寅)	제니타카 (銭高)구미
		영미~고읍				운전	장재학 (張載学)	
		고읍~정주	12	850	1940. 2.~1944. 3.	정주	사치다 (幸田 久雄)	마쓰모토 (松本)구미
		정주~노하				곽산	미쓰무네 (三宗 誠) 사치다 (幸田 久雄)	마쓰모토 (松本)구미
		노하~동림				선천	장재학 (張載学) 요시후지 (吉藤 佐平治)	
		동림~남시				차련관	시마다 (島田 繁) 요시후지 (吉藤 佐平治)	사카키다니 (榊谷)구미
		남시~ 남신의주			1944.~1945.	양시	가지와라 (梶原 受難)	경성토목
		남신의주~ 신의주				신의주	이봉인 (李鳳寅)	

☞ 앞 표에 이어서

선명	공사명칭	구간	연장 (km)	공사비 또는 도급액 (천엔)	공사기간 또는 (개업기)	공사계 또는 공사구	주임 또는 구장	건설업자
경의선 (복선)	삼교천 교량 개축	백마~석하				백마	에이고 (永後 熊次郎)	나카히라 (中平)구미
	압록강 교량 개축	신의주-안동	1,450	1936. 11.~1938. 11.	신의주	히라이 (平井 邦次) 우치야마 (内山 幸和)	하자마(間)구미
	거더 가설	임진강				임진강		미야치(宮地)철공
		대동강 제1 대동강 제2				대동강		미야치(宮地)철공
		청천강			1945. 4.~1945. 6.	맹중리	호리마쓰 (堀松 和夫)	미야치(宮地)철공
		대령강			1944. 4.~1945. 4.	맹중리	요시토미 (吉富 彰)	미야치(宮地)철공
		압록강			1942. 4.~1943. 4.	신의주	이구치 (井口 敬太郎)	미야치(宮地)철공
	우회교 신설	청천강			1945. 4.~1945. 7.	신안주	호리마쓰 (堀松 和夫)	경철(京鐵)공업
		압록강			1944. 11.~1945. 4.	신의주	이와사 (岩佐 市助) 이봉인 (李鳳寅)	하자마 (間)구미
	수색조차장신설 선로 증설	용산~수색 (제1공구)			1939.~1942. 12.	신촌	스게이 (菅井 捷造)	구스미(楠見)구미 와타나베 (渡辺)구미
	조차장	수색(제2공구) 수색(제3공구) 수색(제4공구)			1939. 4.~1941. 12	수색	이토 (伊藤 治) 데라베 (寺部 康雄)	하자마 (間)구미
	평양조차장 신설	평양	400		1938.~1939.	평양	미야타 (宮田 八郎) 시마다 (島田 繁)	제니타카 (錢高)구미
경원·함경선 (복선)	복선공사	용산~왕십리			1939. 6.~1941. 12.	왕십리	미야모토 (宮本 利三)	경성토목
		왕십리~청량리						
		의정부~덕정			1942. 6.~1943.	의정부	기무라 (木村助太郎)	

☞ 앞 표에 이어서

선명	공사명칭	구간	연장(km)	공사비 또는 도급액 (천엔)	공사기간 또는 (개업기)	공사계 또는 공사구	주임 또는 구장	건설업자
경원·함경선 (복선)	복선공사	동두천~전곡		950	1942.~	전곡	가와무라 (川村福太郎) 스즈키 (鈴木德太郎)	와타나베 (渡辺)구미
		대광리~철원			1942.~	철원	사야시 (鞘師 正雄)	구스미(楠見)구미
		철원~가곡			1942. 8.~	월정리	사카모토 (坂本憲一郎)	
		문천~용담			1942.~1943. 11.	문천	아라하타 (荒畑 譲)	
		정평~함흥			1942.~	함흥	니시야마 (西山 栄吉)	
		세포리~삼호			1942.~	삼호	사카타 (坂田 研一)	
		건자~나흥			1942.~	건자	스가(菅 明)	
		나흥~증산			1942.~	나흥	하시모토 (橋本 太助)	모리모토 (森本)구미
		증산~차호			1942.~	차호	하시모토 (橋本 丘雄)	
		학중~원평			1942.~	업억	이시이 (石井 羊二) 쇼지 (庄司 幸治)	마쓰모토 (松本)구미
		원평~호동			1942.~	호동	쓰가와 (津川 清)	
		온수평~고참			1943.~	온수평	아이자와 (相沢 潤) 후지나가 (藤永 秀夫)	
		고참~내포		5,732	1943.~	고참	이마이 (今井 義郎)	니시마쓰 (西松)구미
		나남~청진			1939. 5.~1941. 10.	강덕	나마이 (生井 浅吉) 와다베 (渡辺 新三) 하시모토 (橋本 太助) 다카쿠와 (高桑末太郎)	사이키(佐伯)구미

☞ 앞 표에 이어서

선명	공사 명칭	구간	연장 (km)	공사비 또는 도급액 (천엔)	공사기간 또는 (개업기)	공사계 또는 공사구	주임 또는 구장	건설 업자
경원· 함경선 (복선)	복선공사	수성~고무산			1939. 6.~1941. 10.		(만철 시공)	
		고무산~창평		1,500	1945. 2.~	고무산	미야나가 (宮永 静二)	아가와(阿 川)구미
		창평~전거리		3,000	1943. 12.~	전거리	미야나가 (宮永 静二)	마쓰모토 (松本)구미
		전거리~중도			1944. 4.~	풍산	시모나가타 (下永田 実)	제일(第一) 합동
		중도~회령			1944.~	중도	다카쿠와 (高桑末次郞)	
	원산 조차장	원산			1939.~1940.	원산		이시다(石 田)구미
	본궁 조차장	본궁			1944.~	함흥